"十四五"职业教育国家规划教材

供应链管理
（第 4 版）

杨国荣　编著

北京理工大学出版社
BEIJING INSTITUTE OF TECHNOLOGY PRESS

版权专有　侵权必究

图书在版编目(CIP)数据

供应链管理 / 杨国荣编著. — 4 版. — 北京：北京理工大学出版社，2019.10（2024.1 重印）

ISBN 978-7-5682-7691-7

Ⅰ.①供… Ⅱ.①杨… Ⅲ.①供应链管理 Ⅳ.①F252.1

中国版本图书馆 CIP 数据核字(2019)第 227177 号

责任编辑：李玉昌　　　**文案编辑**：李玉昌
责任校对：周瑞红　　　**责任印制**：施胜娟

出版发行 /	北京理工大学出版社有限责任公司
社　　址 /	北京市丰台区四合庄路 6 号
邮　　编 /	100070
电　　话 /	(010) 68914026（教材售后服务热线）
	(010) 68944437（课件资源服务热线）
网　　址 /	http://www.bitpress.com.cn
版 印 次 /	2024 年 1 月第 4 版第 8 次印刷
印　　刷 /	三河市天利华印刷装订有限公司
开　　本 /	787 mm×1092 mm　1/16
印　　张 /	18.25
字　　数 /	429 千字
定　　价 /	49.00 元

图书出现印装质量问题，请拨打售后服务热线，负责调换

再版前言

一个完整的供应链始于原材料的供应商,止于最终用户,由原材料供应商、制造商、仓库、产品数量和质量、与作业管理相关的物流信息,以及与订货、发货、货款支付相关的商流信息组成的有机系统。供应链构建强调核心企业与最杰出的企业建立战略合作关系,委托这些企业完成一部分业务工作,自己则集中精力发展比竞争对手更擅长的关键性业务,从而提高本企业的竞争力,并使供应链上的其他企业受益。供应链管理所强调的快速反映市场需求、战略管理、高柔性、低风险、成本—效益目标等优势,将成为企业未来竞争的重点。

党的二十大报告指出"我们要坚持以推动高质量发展为主题,把实施扩大内需战略同深化供给侧结构性改革有机结合起来,增强国内大循环内生动力和可靠性,提升国际循环质量和水平,加快建设现代化经济体系,着力提高全要素生产率,着力提升产业链供应链韧性和安全水平,着力推进城乡融合和区域协调发展,推动经济实现质的有效提升和量的合理增长",第4版改版的宗旨,一是突破以课堂为中心的教学模式,也就是以相对完整的职业技能培养为目标,使学生懂得怎么做,并且能做、会做,同时还要注重新技术、新技能的选择与整合,准确把握行业企业对高技能人才在知识、能力、素质等方面的具体要求;二是坚持"三面向、一提高",即面向社会需求、面向学生基础、面向教育规律、提高培养质量,社会需求是出发点,学生基础是前提,教育规律是保障,提高培养质量是目标;三是围绕"职教20条"寻找科学发展,也就是根据培养目标的要求统筹考虑知识、能力、素质之间的关系,找到三者之间最佳的结构平衡点,使学生的知识、能力、素质得到科学发展。

第4版改版的具体措施，一是在每一章的后面增加若干范文——从"四大名著"看《供应链管理》，二是增加了一个附件——"教学做"一体化的相关要求，这两个方面是基于工作过程课程体系的开发，编者进行了6个周期的教学，开展了以启发学生动手、动脑、动口、动心、动情的课堂实践，指导学生通过带着问题重温"四大名著"的工作任务，不仅强化了知识点，而且使学生的团队合作、沟通等社会能力不断增强，分析能力、获取信息能力、解决问题、运用方法与策略等能力得以提升，这一教学活动的创新，效果是非常的理想。在36个知识点增加了38个二维码的视频链接，以便学生开阔视野，加深对知识点的理解。

我在乎人生中随处可见的真诚和感动，我珍惜生命中每一位一起走过的亲人和朋友，我祈祷我认识的和认识我的人都健康、幸福、快乐！

本书的写作过程与出稿，要感谢供应链管理研究的大师与前辈所奉献的知识精华与宝典，如本书有疏漏、不足的方面，敬盼师长不吝赐教与斧正！由于作者水平有限，书中难免有错误和不足之处，敬请有关专家、学者和读者给予海涵为感。

杨国荣
E-mail：2234700754@qq.com

前言 PREFACE

世界经济一体化是全球化制造的最新趋势,在增加了企业管理复杂性的同时,也进一步确立了物流战略与实践在当今企业管理中尤为重要的地位,特别是在电子商务环境下的后工业经济时代。企业在降低生产成本、改善产品品质和扩大销售方面的竞争已经发展到相当成熟的地步,企业在生产领域进一步挖掘利润的空间已十分有限,在此大环境下,企业要在多变的市场环境中立足并谋求发展,就必须不断地寻求新的竞争优势。

供应链管理作为"横向一体化"的一种战略管理模式为此应运而生,企业的管理者认识到要摒弃"麻雀虽小,五脏俱全"的"大而全,小而全"的思想,要树立通过与合作伙伴的真诚合作,达到利益共享、风险共担的理念。毕竟今后的市场竞争不是某一单个企业与另一单个企业之间的竞争,而是这些企业各自所处在的供应链企业之间的竞争,简言之,是军团作战,而非散兵游勇之为。供应链管理强调全面规划供应链中的商流、物流、信息流、资金流等,并进行计划、组织、协调与控制,体现了人们对管理各环节、环节之间以及各环节内部构成要素之间内在关系的再认识。

本书在编写过程中体现了以下特点:一是编者出于理论与实践的辩证关系,较为明了地布局了全书的编写框架;二是归类集中和详细介绍了几个供应链管理的具体方法;三是以较丰富的图表的方式,系统阐述了供应链管理的产生背景、概念、结构模型、特征、理念、目标等。

本书可供高职高专院校物流管理、市场营销、电子商务、企业管理等专业作教材,也可作为企业管理人员的参考书。

在我的成长过程中得到很多师长和朋友的关心和帮助。在此我首先要感谢我的父母，是他们把我带到这个世界，才有了今天的我，我同样要感谢我的岳父母，是他们培养了一位好女儿，我才会家有贤妻，从而有了一位非常支持我的乖女儿；在我心目中永远留有崇高地位的是我所有的老师，是他们无私奉献，把我带进了知识的宝殿，尤其是法国普瓦提埃大学的老师；我也不会忘记我曾经服务了15年的江西长运股份有限公司的众多友人及其他众多亲朋好友对我成长的帮助；我更不会忘记江西旅游商贸学院，是她让我登上三尺讲台，从事神圣的教学。

在本书的编写过程中，得到了北京理工大学出版社的大力支持，在此表示感谢。在编写中，参考了国内外有关专家学者不少最新研究成果，并引用了其中有关的概念和观点，尽可能在参考文献中列出，在此对本书所引用论著的作者表示衷心的谢意；对于引用的论著，有可能因为转载等原因有所遗漏，如有此情况发生，在此表示万分歉意并衷心感谢这些作者。

由于编者水平有限和对供应链这个领域认识不深，书中难免有错误和不足之处，敬请有关专家、学者和读者给予海涵，不吝斧正。

杨国荣

E-mail：gaelyang@126.com

目录 CONTENTS

- 第1章 供应链管理概论 ··· 1
  - 1.1 21世纪企业面临的环境特点 ··· 1
  - 1.2 21世纪全球市场竞争的主要特点 ··· 3
  - 1.3 供应链研究的演化过程 ·· 4
  - 1.4 供应链的基本理论 ·· 8
  - 1.5 供应链管理的基本理论 ··· 12

- 第2章 供应链管理的方法 ··· 26
  - 2.1 QR 快速反应方法 ··· 26
  - 2.2 ECR 有效顾客反应 ··· 32
  - 2.3 EOS 电子订货系统 ··· 41
  - 2.4 ERP 企业资源计划 ··· 48
  - 2.5 CPFR 协同、规划、预测和连续补货 ·· 54
  - 2.6 ABC 管理法 ·· 57
  - 2.7 VCA 价值链分析法 ··· 59
  - 2.8 JIT 准时化管理 ·· 61

- 第3章 采购管理 ·· 73
  - 3.1 采购的重要性 ··· 73
  - 3.2 采购的目标 ·· 74
  - 3.3 采购过程 ··· 76
  - 3.4 采购活动与其他部门的关系 ··· 77
  - 3.5 采购流程 ··· 78
  - 3.6 采购决策 ··· 85
  - 3.7 选择供应商考虑的因素 ··· 88
  - 3.8 使用多少供应商 ·· 90

1

3.9　选择供应商的步骤 91
　　3.10　采购模式 93
　　3.11　国际采购/全球外包 94
　　3.12　及时采购 96
　　3.13　传统采购模式与现代供应链采购模式的比较 98

第4章　库存管理 105
　　4.1　库存与库存管理的基本原理 105
　　4.2　供应链管理环境下的库存问题 109
　　4.3　VMI供应链管理环境下的库存管理策略 116

第5章　供应链的构建 126
　　5.1　供应链结构模型 126
　　5.2　供应链体系的设计策略与方法 128
　　5.3　供应链设计原则 133

第6章　供应链合作伙伴的选择 140
　　6.1　供应链合作关系的含义和特征 140
　　6.2　建立供应链合作伙伴关系的重要意义 141
　　6.3　建立供应链合作关系的制约因素 144
　　6.4　现阶段我国企业合作模式中存在的问题 145
　　6.5　选择供应链合作伙伴的方法 146
　　6.6　选择供应链合作伙伴的步骤 147
　　6.7　建立供应链合作伙伴关系需要注意的问题 149
　　6.8　供应链合作伙伴的评价与管理 152

第7章　供应链业务流程重组 159
　　7.1　业务流程重组产生的原因 159
　　7.2　业务流程重组的定义、核心内容和特点 163
　　7.3　供应链流程整合的障碍 166
　　7.4　供应链整合模型 170
　　7.5　供应链管理环境下的企业组织与业务流程的主要特征 175
　　7.6　基于供应链管理模式的企业业务流程模型 176
　　7.7　供应链管理业务流程重组 177

第 8 章　供应链绩效评价 193
- 8.1　传统的绩效评价指标的不足 193
- 8.2　世界一流的绩效评估体系 194
- 8.3　供应链绩效评价指标的原则、特点及作用 196
- 8.4　供应链绩效评估体系 198
- 8.5　供应链运作参考模型 199
- 8.6　BSC 平衡计分卡 200
- 8.7　SMM 供应链管理成熟度表现及应用 202

第 9 章　供应链企业的激励机制、标杆管理与风险管理 212
- 9.1　供应链企业激励机制 212
- 9.2　标杆管理 217
- 9.3　供应链风险的概念与特点 220

第 10 章　供应链客户关系管理 231
- 10.1　客户关系管理概述 231
- 10.2　客户关系管理的功能与应用的要点 232
- 10.3　客户关系管理的客户服务要素分析 234
- 10.4　客户服务绩效标准与检查 236

A 卷试卷 248
A 卷答案 251
B 卷试卷 253
B 卷答案 256
C 卷试卷 258
C 卷答案 261
物流相关术语中英对照 263
"教学做"一体化的相关要求 265
参考文献 275

第 1 章
供应链管理概论

本章学习重点

21 世纪企业面临的环境特点，21 世纪全球市场竞争的主要特点；供应链研究的演化过程；供应链的定义，供应链的结构模型，供应链的类型，供应链的特征；供应链管理的定义，供应链管理的内容，供应链管理的思想，供应链管理的理念与目标，供应链管理的驱动要素，供应链管理的运营机制。

1.1 21 世纪企业面临的环境特点

21 世纪企业面临的环境特点如图 1-1 所示。

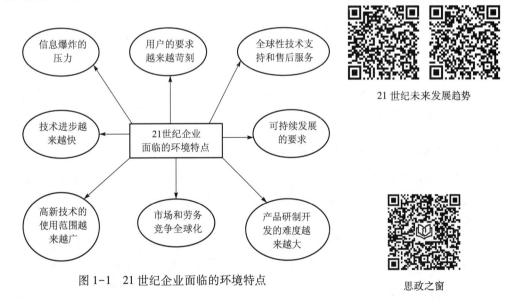

图 1-1 21 世纪企业面临的环境特点

1.1.1 信息爆炸的压力

21 世纪大量信息的爆炸和通信技术的更新换代日益加快的发展状况，迫使企业把工作重心从如何迅速获得信息转到如何准确地过滤和有效利用各种信息。

1.1.2 技术进步越来越快

新技术、新产品的不断涌现,一方面使企业受到空前未有的压力(为满足顾客的个性化需求,自己与竞争对手是否掌握新技术,谁先掌握,谁先推向市场);另一方面也使每个企业员工受到巨大的挑战,企业员工必须不断地学习新技术,否则他们将面临由于掌握的技能过时而遭淘汰。

1.1.3 高新技术的使用范围越来越广

全球高速信息网使所有的信息都极易获得,而更敏捷的教育体系将使越来越多的人能在越来越少的时间内掌握最新技术,面对一个机遇,可以参与竞争的企业越来越多,从而大大加剧了国际竞争的激烈性。以计算机及其他高新技术为基础的生产技术在企业中的应用是21世纪的主要特色之一。例如,计算机辅助设计、计算机辅助制造、柔性制造供应链管理系统、自动存储和拣出系统、自动条码识别系统等,在世界各国尤其是工业发达国家的生产和服务中得到广泛应用。虽然高新技术应用的初始投资很高,但它会带来许多竞争上的优势。

高新技术的应用不仅在于节省人力,降低劳动成本,更重要的是提高了产品和服务质量,降低了废品和材料损耗,缩短了对用户需求的响应时间。高新技术的应用可以在很短时间内就把新产品或服务介绍给市场,让企业赢得时间上的优势。这种趋势在21世纪还会进一步加强。

1.1.4 市场和劳务竞争全球化

企业在建立全球化市场的同时也在全球范围内造就了更多的竞争者。尽管发达国家认为发展中国家需要订单和产品,许多发展中国家却坚持他们更需要最新技术,希望也能成为国际市场上的供应商。商品市场国际化的同时也创造了一个国际化的劳动力市场。教育的发展使得原本相对专业的工作技能成为大众化的普通技能,从而使得工人的工资不得不从原有的水准上降下来,以维持企业的竞争优势。

1.1.5 产品研制开发的难度越来越大

越来越多的企业认识到新产品开发对企业创造收益的重要性,因此许多企业不惜工本予以投入,但是资金利用率和投入产出比却往往不尽人意。原因之一是,产品研制开发的难度越来越大,特别是那些大型、结构复杂、技术含量高的产品在研制中一般都需要各种先进的设计技术、制造技术、质量保证技术等,不仅涉及的学科多,而且大都是多学科交叉的产物,因此如何能成功地解决产品开发问题是摆在企业面前的头等大事。

1.1.6 可持续发展的要求

人类只有一个地球!维持生态平衡和环境保护的呼声越来越高。臭氧层、热带雨林、全球变暖、酸雨、核废料、能源储备、可耕地减少,一个又一个的环境问题摆在人们面前。在全球制造和国际化经营趋势越来越明显的今天,各国政府将环保问题纳入发展战略,相继制定出各种各样的政

可持续发展的要求

策法规,以约束本国及外国企业的经营行为。人类在许多资源方面的消耗都在迅速接近地球的极限。

随着发展中国家工业化程度的提高,如何在全球范围内减少自然资源的消耗成为全人类能否继续生存和持续发展的大问题。一位销售经理曾说:"过去生产经理常问我该生产什么,现在是我问他能生产什么。"原材料、技术工人、能源、淡水资源、资金及其他资源越来越少,各种资源的短缺对企业的生产造成很大的制约,而且这种影响在将来会越加严重。在市场需求变化莫测、制造资源日益短缺的情况下,企业如何取得长久的经济效益,是企业制定战略时必须考虑的问题。

可持续发展
让世界变得更美好

1.1.7 全球性技术支持和售后服务

赢得用户信赖是企业保持长盛不衰的竞争力的重要因素之一。赢得用户不仅要靠具有吸引力的产品质量,而且还要靠售后的技术支持和服务网络。许多世界著名企业在全球拥有健全而有效的服务网络就是最好的印证。

1.1.8 用户的要求越来越苛刻

随着时代的发展,大众知识水平的提高和激烈竞争带给市场的产品越来越多、越来越好,用户的要求和期望越来越高,消费者的价值观发生了显著变化,需求结构普遍向高层次发展。

(1) 对产品的品种规格、花色品种、需求数量呈现多样化、个性化要求,而且这种多样化要求具有很高的不确定性。

(2) 对产品的功能、质量和可靠性的要求日益提高,而且这种要求提高的标准又是以不同用户的满意程度为尺度的,产生了判别标准的不确定性。

(3) 要求在满足个性化需求的同时,产品的价格要向大批量生产的那样低廉。

制造商将发现,最好的产品不是他们为用户设计的,而是他们和用户一起设计的。全球供应链使得制造商和供货商得以紧密联系在一起来完成一项任务。这一机制也同样可以把用户结合进来,使得生产的产品真正满足用户的需求和期望。

1.2 21世纪全球市场竞争的主要特点

与严峻的市场环境相呼应的是市场竞争的特点也在不断变化。

1.2.1 企业在市场上竞争因素的变化

随着经济的发展,影响企业在市场上获取竞争优势的主要因素也发生着变化。

认清主要竞争因素的影响力,对于企业管理者充分利用、获取最大竞争优势具有非常重要的意义。与20世纪的市场竞争特点相比,21世纪的竞争又有了新的特点:产品寿命周期越来越短、产品品种数飞速膨胀、对交货期的要求越来越高、对产品和服务的期望越来越高。

1.2.2 企业面临经营过程与发展带来的不确定性

包括市场因素(顾客对产品、产量、质量、交货期的需求和供应方面)和企业经营目标（新产品、市场扩展等）的变化。这些变化增加了企业管理的复杂性，主要表现在：

（1）企业面临的环境，无论是企业内部环境，还是外部环境，均存在许多事先难以预测的不确定性因素。

对少品种、大批量的生产，一般说是一种平稳的随机过程；而对多品种、小批量的需求，则是非平稳过程和单件类型等的突发事件。

（2）大维数的离散事件使得企业的经营处于动态过程。

与化工、石油、电力等连续生产过程的企业不同，加工装配式的制造企业是一种离散过程，尽管也有流水线，但是它的零件是在不同设备上一个个生产出来的，它的最终产品是由各种零件装配而成的。这种过程在生产组织上遇到了计算上的复杂性困难，要想得到优化结果几乎是不可能的。

（3）过程中具有大量的非线性与非结构化的问题，出现在现代制造业的生产管理过程中，除了可以用现有理论和数学方法描述的结构化问题成分外，还有目前尚不能或只能部分描述的非结构化的成分。

对于结构化部分，也有不少过程呈现非线性关系。这说明人们对生产管理中的许多规律还没有掌握，只能靠管理人员的经验甚至是直觉来把握。

总之，企业要想在这种严峻的竞争环境下生存，必须具有较强的处理环境的变化和由环境引起的不确定性的能力。

1.3 供应链研究的演化过程

1.3.1 传统企业的功能组织

1. 功能对立

功能对立见图 1-2。

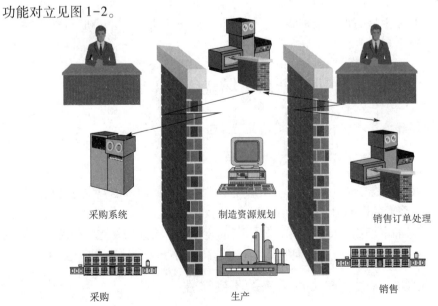

图 1-2 功能对立

第1章 供应链管理概论

2. 传统企业的表象

传统企业的表象见图1-3。

3. 传统的结果

影响企业的结果见图1-4，服务水平不变，但作业成本上升；作业成本不变，但服务水平下降；作业成本上升，服务水平下降。

（1）成本压力将顺着供应链而往下推，如实时生产陷阱处于疲于应对的状态。

（2）泰勒主义：① 专家文化，理论上是对的，实际运作是错的；② 局部最佳解，只看到了整体中的一部分忽视了全局利益。

（3）系统是仅仅用来做协调：① 临时应对处理相关紧急出现的事情导致增加成本；② 更多数据不进行分析加工，导致并不等于拥有更多的信息。

（4）供应链不透明。

（5）局部最佳解：① 决策往往是主观性的非程序导向；② 在某个部门或项目的专家不具有其他领域的知识。

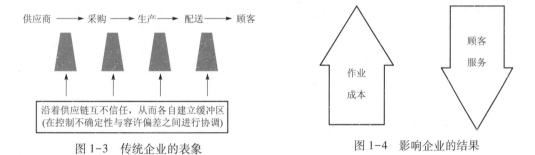

图1-3 传统企业的表象　　　　图1-4 影响企业的结果

4. 曾经经历了生存、发展的企业，他们所积累的经验在如今的时代为何不再有功能和效率

（1）由卖方市场变成买方市场。

（2）质量是可以追求的。

（3）市场全球化。

（4）后工业时代的开始。

（5）大量订制化、客制化。

（6）供应链的复杂性。

（7）崩溃中的供应链。

5. 引发转变流动的因素

（1）成功的模式已经改变，已由"订单导向"转变为"顾客导向"。

（2）企业、部门、个人是否有供应链？目标一致吗？是否有效率？

（3）设计、购买、自制、搬运、储存、销售在运作方面都是相同类似吗？是否同类项？产生规模效应了呢？产生的效应有多大呢？

1.3.2 供应链管理模式——迈向市场领导者之路

1. 基础阶段：注重质量

供应链管理基础阶段见表1-1。

表 1-1　供应链管理基础阶段

企业的痛处	品质成本
推动的目标	品质与成本
组织的重心	个别部门
程序改变	标准作业步骤
衡量尺度	可预测的成本与费率
信息科技的重心	自动化
规划	速算表
执行	物料需求规划与其他自行开发的应用软件

2. 跨部门小组阶段：服务顾客

供应链管理跨部门小组阶段见表 1-2。

表 1-2　供应链管理跨部门小组阶段

企业的痛处	不可靠的订单处理
推动的目标	顾客服务
组织的重心	统合的作业
程序改变	跨部门的沟通
衡量尺度	准时、完美配送
信息科技之重心	包装
规划	点的工具
执行	制造资源规划

3. 整合性企业阶段：有效推动企业

供应链管理整合性企业阶段见表 1-3。

表 1-3　供应链管理整合性企业阶段

企业的痛处	顾客服务的成本
推动的目标	可获利之顾客反应度
组织的重心	整合性供应链（内部）
程序改变	跨部门程序
衡量尺度	整体配送成本
信息科技的重心	整合
规划	企业供应链规划
执行	企业资源规划

4. 延伸供应链阶段：创造市场价值

供应链管理延伸供应链阶段见表 1-4。

表1-4 供应链管理延伸供应链阶段

企业的痛处	缓慢的增长，少量的害处
推动的目标	有利的增长
组织的重心	整合性供应链（外部）
程序改变	特有的顾客程序
衡量尺度	顾客的分享
信息科技的重心	相互可操作
规划	销售额驱动供应链规划
执行	客户管理系统

5. 供应链社群阶段：成为市场领导者

供应链管理的供应链社群阶段见表1-5。

表1-5 供应链管理的供应链社群阶段

企业的痛处	不提升供应商
推动的目标	市场的领导者
组织的重心	有效快速反应
程序改变	重组程序
衡量尺度	净价值
信息科技的重心	有效的工作
规划	使供应链规划同步
执行	将有效的商业活动置于中心

1.3.3 供应链研究的演化过程

供应链研究的演化过程见图1-5。

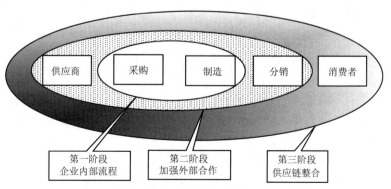

图1-5 供应链研究的演化过程

1.4 供应链的基本理论

供应链的定义

1.4.1 供应链的定义

供应链的概念是20世纪80年代初提出的，但其真正发展却是在90年代后期。对于供应链的定义，目前尚未形成统一的定义，许多学者从不同的角度出发给出了许多不同的理解。

早期的观点认为供应链是制造企业中的一个内部过程，它是指把从企业外部采购的原材料和零部件，通过生产转换和销售等活动，再传递到零售商和用户的一个过程。传统的供应链概念局限于企业内部的操作层上，注重企业自身的资源利用。

有些学者把供应链的概念与采购、供应管理相关联，用来表示与供应商之间的关系，这种观点得到了研究合作关系、JIT 关系、精细供应、供应商行为评估和用户满意度等问题的学者的重视。但这样一种关系也仅局限在企业与供应商之间，并且供应链中的各企业独立运作，忽略了与外部供应链成员企业的联系，往往造成企业间的目标冲突。

后来供应链的概念注意了与其他企业的联系，注意了供应链的外部环境，认为它应是一个"通过链中不同企业的制造、组装、分销、零售等过程将原材料转换成产品，再到最终用户的转换过程"，这是更大范围、更为系统的概念。例如，美国的史迪文斯（Stevens）认为："通过增值过程和分销渠道控制从供应商的供应商到用户的用户的流就是供应链，它开始于供应的源点，结束于消费的终点"。马士华认为："供应链是围绕核心企业，通过对信息流、物流、资金流的控制，从采购原材料开始，制成中间产品以及最终产品，最后由销售网络把产品送到消费者手中的将供应商、制造商、分销商、零售商、直到最终用户连成一个整体的功能网链结构模式。"

这些定义都注意了供应链的完整性，考虑了供应链中所有成员操作的一致性，注重了供应链中成员的关系。

最新的关于供应链的概念更加注重围绕核心企业的网链关系，如核心企业与供应商、供应商的供应商乃至与一切前向性的关系，与用户、用户的用户及一切后向性的关系。此时对供应链的认识形成了一个网链的概念，像丰田、耐克、尼桑、麦当劳和苹果等公司的供应链管理都是从网链的角度来实施。哈理森（Harrison）将供应链定义为："供应链是执行采购原材料、将它们转换为中间产品和成品，并且将成品销售到用户的功能网"。这些概念同时强调供应链的战略伙伴关系问题。菲利浦（Phillip）和温德尔（Wender）认为，供应链中战略伙伴关系是很重要的，通过建立战略伙伴关系，可以与重要的供应商和用户更有效地开展工作。

在以上研究分析的基础上，我国国家标准 GB/T 18345—2001《物流术语》给出供应链的定义："生产及流通过程中，涉及将产品或服务提供给最终用户的上游与下游企业，所形成的网链结构。"

总之，供应链是指产品在达到消费者手中之前所涉及的原材料供应商、生产商、批发商、零售商以及最终消费者组成的供需网络，即由物料获取、物料加工，并将成品送到用户手中这一过程所涉及的企业和部门组成的一个网络。

1.4.2 供应链的结构模型

根据供应链的定义，其结构可以简单地归纳为如图 1-6 所示的模型。典型的供应链中，厂商先进行原材料的采购，然后在一家或多家工厂进行产品的生产，把产成品运往仓库做暂时储存，最后把产品运往分销商或顾客。为了降低成本和提高服务水平，有效的供应链战略必须考虑供应链各环节的相互作用。

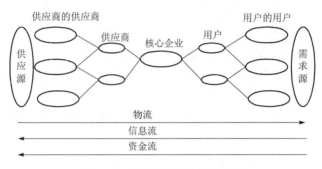

图 1-6　供应链的网链结构模型

从图 1-6 中可以看出，供应链由所有加盟的节点企业组成，其中一般有一个核心企业（可以是产品制造企业，如我国的海尔；可以是大型零售企业，如美国的沃尔玛；也可以是第三方物流企业，如我国的远成物流有限公司），节点企业在需求信息的驱动下，通过供应链的职能分工与合作（生产、批发、零售等），以资金流、物流或服务流为媒介实现整个供应链的不断增值。

供应链上集成了物流、信息流、资金流等要素。并且，这些要素常常是跨部门、跨企业，甚至是跨行业的。物流的价值和价值增值由上游企业流向下游企业，需求信息则由下游企业流向上游企业。

对于一个具体产品或产品大类的供应链，情况可能十分复杂，是一个复杂系统，存在多个行为主体、多渠道、多层结构和多个决策点。

1.4.3 供应链的类型

供应链的类型见表 1-6。

表 1-6　供应链的类型

分　类　标　准	分　　类
按制造企业供应链的发展过程	内部供应链
	外部供应链
根据供应链存在的稳定性	稳定的供应链
	动态的供应链
根据供应链容量与用户需求的关系	平衡的供应链
	倾斜的供应链

续表

分 类 标 准	分 类
按供应链的主导主体控制能力	盟主型供应链
	非盟主型供应链
按供应链的功能模式（物理功能和市场中介功能）	有效性供应链
	反应性供应链

下面介绍供应链的一般分类标准。

1. 按制造企业供应链的发展过程分为内部供应链和外部供应链

（1）从结构上讲，内部供应链是指企业内部产品生产和流通过程中所涉及的采购部门、生产部门、仓储部门、销售部门等组成的供需网络。

最初的供应链概念局限于企业的内部操作，注重企业内部各部门的协调，通过团队精神和运行机制，以争取更满意的企业利益目标。

（2）外部供应链则是指涵盖企业的与企业相关的产品生产和流通过程中所涉及的供应商、生产商、储运商、零售商以及最终消费者组成的供需网络。

外部供应链是新的供应链的概念，注重与外部资源、与其他企业的联系，注重供应链的外部环境，偏向于供应链中不同企业的制造、组装、分销、零售等过程，即将原材料转换成产品给最终用户的转换过程，外部供应链是更大范围、更为系统的概念。

2. 根据供应链存在的稳定性分为稳定的供应链和动态的供应链

（1）基于相对稳定、单一的市场需求而组成的供应链稳定性较强。

（2）基于相对频繁变化、复杂的需求而组成的供应链动态性较高。

（3）在实际管理运作中，需要根据不断变化的需求，相应地改变供应链的组成。

3. 根据供应链容量与用户需求的关系分为平衡的供应链和倾斜的供应链

（1）当供应链的容量能满足用户需求时，供应链处于平衡状态，见图 1-7。

（2）当市场变化加剧，造成供应链成本增加、库存增加、浪费增加等现象时，企业不是在最优状态下运作，供应链则处于倾斜状态，见图 1-8。一个供应链具有一定的、相对稳定的设备容量和生产能力（所有节点企业能力的综合，包括供应商、制造商、运输商、分销商、零售商等）。

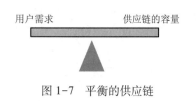

图 1-7 平衡的供应链

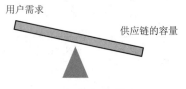

图 1-8 倾斜的供应链

4. 按供应链的主导主体控制能力分为盟主型供应链和非盟主型供应链

所谓盟主型供应链，即某一企业成员在供应链中占有主导地位，对其他企业成员具有很强的辐射能力和吸引能力，通常称该企业为核心企业或主导企业。

盟主型供应链相对于非盟主型供应链，是比较典型的一种供应链类型。从供应链的主导主体分析,可以将供应链划分为制造企业主导供应链、商业企业主导供应链和第三方物流企业主导供应链等形式。

5. 按供应链的功能模式(物理功能和市场中介功能)分为有效性供应链和反应性供应链

(1) 有效性供应链也称物质效率型供应链。是以最低的成本将原材料转化成零部件、半成品、产品,并以尽可能低的价格有效地实现以供应为基本目标的供应链管理系统。此类产品需求一般是可以预测的,在整个供应链各环节中总是力争存货最小化,并通过高效率物流过程形成物资、商品的高周转率,从而在不增加成本的前提下尽可能缩短导入期。选择供应商时着重考虑服务、成本、质量和时间因素。

(2) 反应性供应链也称灵敏反应型供应链。主要体现供应链的市场中介的功能,即把产品分配到满足用户需求的市场,对未预知的需求做出快速反应的供应链管理系统。此类产品需求一般是不可预见的,需要做到因商品脱销、降价销售和存货过少时所造成的损失最小化,因此,生产系统需要准备足够的缓冲生产能力,存货需准备有效的零部件和成品的缓冲存货,同时,需要以多种方式投资以缩短市场导入期。在选择供应商时主要考虑速度、灵活性和质量因素。

(3) 在供应链管理设计中,功能性产品强调有效实物供给,创新性产品强调市场灵敏反应,无论是提高物质效率过程或提高市场灵敏反应过程都需要相应投资。根据企业产品及市场战略创建供应链管理体系,应当能够提高设计的针对性,强化信息流、物流同期化程度,重点提高供应链实物效率过程或市场灵敏反应过程,实现和增加供应链给客户带来的附加价值。

(4) 有效性供应链和反应性供应链的比较,见表1-7。

表 1-7 有效性供应链和反应性供应链的比较表

	市场反应性供应链	物理有效性供应链
基本目标	尽可能快地对不可预测的需求做出反应,使缺货、降价、库存造成的损失最小化	以最低的成本供应可预测的需求
制造的核心	配置多余的缓冲库存	保持高的平均利用率
库存策略	安排好零部件和成品的缓冲库存	创造高收益而使整个供应链的库存最小化
提前期	大量投资以缩短提前期	尽可能缩短提前期
供应商的标准	速度、质量、柔性	成本、质量
产品设计策略	采用模块化设计,尽可能差异化	绩效最大化、成本最小化

1.4.4 供应链的特征

供应链的特征,如图1-9所示。

1. 复杂性

供应链是一个复杂的网络系统。首先,受不同外部经济环境、不同行业、不同生产技术和不同产品的影响,会产生不同形态结构、不同行为主体构成和采用不同控制方式的供应链。其次,因为供应链节点企业组成的跨度(层次)不同,供应链往往由多个、多类型甚

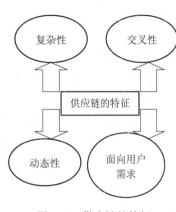

图 1-9 供应链的特征

至多国企业构成,所以供应链结构模式比一般单个企业的结构模式更为复杂。因此,对某一企业来说,要找到最优的供应链发展战略,其本身就是一项很具有挑战性的工作。

2. 动态性

供应管理的目标,既要满足消费需求,又要实现系统成本最小化。然而,消费需求和成本结构参数都是随着时间不断变化,这增大了供应链管理的难度。另外,还受行业竞争的制约。最后,原材料供应商、制造商、物流者和分销商等合作伙伴的组成结构和行为方式,也需要不断优化组合。

3. 面向用户需求

供应链的形成、存在、重构,都是基于一定的市场需求而发生,并且在供应链的运作过程中,只有用户的需求拉动才是供应链中信息流、物品流、服务流、资金流运作的驱动源。

4. 交叉性

节点企业可以是这个供应链的成员,同时又是另一个供应链的成员,众多的供应链形成交叉网状结构,增加了协调管理的难度。

1.5 供应链管理的基本理论

1.5.1 供应链管理的定义

1. 对于供应链管理,曾有许多不同的定义和称呼

对于供应链管理的定义和称呼有快速反应(QR)、虚拟物流(VL)、连续补充、有效用户反应(ECR)等。

这些称呼考虑的层次、角度不同,但都是通过计划和控制来实现企业内部和外部之间的合作,实质上它们一定程度上都集成了供应链和增值链两个方面的内容。

2. 供应链管理是一种集成的管理思想和方法

从供应链的构成分析,在供应链管理中仅强调对单个部门的物流活动进行控制是不够的,必须要对整条供应链的所有环节或关系较近的几个关键环节的物流活动进行协同运作,实施一体化管理,它执行供应链中从供应商到最终用户的物流的计划和控制等职能。

例如,伊文斯认为:"供应链管理是通过前馈的信息流和反馈的物料流及信息流,将供应商、制造商、分销商,直到最终用户连成一个整体的管理模式。"菲利浦则认为供应链管理不是供应商管理的别称,而是一种新的管理策略,它把不同企业集成起来以增加整个供应链的效率,注重企业之间的合作。美国物流协会认为:"以提高企业个体和供应链整体的长期绩效为目标,对特定企业内部跨职能部门边界的运作和在供应链成员中跨企业边界的运作进行战术控制的问题。"

最早人们把供应链管理的重点放在管理库存上,作为平衡有限的生产能力和适应用户需求变化的缓冲手段,它通过各种协调手段,寻求把产品迅速、可靠地送到用户手中所需要的

费用与生产、库存管理费用之间的平衡点,从而确定最佳的库存投资额。因此其主要的工作任务是管理库存和运输。现在的供应链管理则把供应链上的各个企业作为一个不可分割的整体,使供应链上各企业分担的采购、生产、分销的职能成为一个协调发展的有机体。

3. 国家标准对供应链管理的定义

国家标准 GB/T 18354—2001《物流术语》给出供应链管理的定义为:"利用计算机网络技术全面规划供应链中的商流、物流、信息流、资金流等并进行计划、组织、协调与控制。"

可以这样理解:

(1) 供应链管理的范围包括由供应商的供应商、客户的客户所构成的网链结构及所涉及的资源范畴。

(2) 供应链管理的目的是追求整个系统的效率和费用的有效性,使系统效益最大、总成本最低。

(3) 管理内容是围绕网链各方经营主体、设施资源、功能服务等的一体化与集成管理,资源有效利用、资源整合将贯穿于企业战略层、战术层直到作业层的决策、经营和作业管理活动之中。

4. 集成化供应链管理(ISCM)与集成化供应链的定义

集成化供应链管理与集成化供应链是指购买者、供应商和顾客的联盟以及他们共同努力达到一个更具有竞争力的先进组织的过程,见图 1-10。

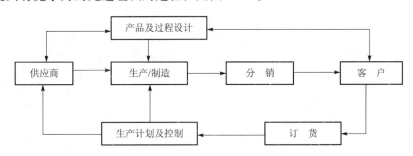

图 1-10 集成化供应链管理与集成化供应链

1.5.2 供应链管理的内容

1. 供应链管理涉及的领域

(1) 供应链管理研究的内容主要涉及四个主要领域:供应、生产作业、物流、需求,见图 1-11。

(2) 供应链管理研究的内容还涉及:战略性供应商和用户伙伴关系管理;供应链产品需求预测和计划;全球节点企业的定位,设备和生产的集成化计划、跟踪和控制;企业内部与企业之间物料供应与需求管理;基于供应链管理的产品设计与制造管理;基于供应链的用户服务和运输、库存、包装等管理;企业间资金流管理(如汇率、成本等问题);基于 Internet/Intranet 的供应链交互信息管理。

2. 供应链管理涉及的主要问题

供应链管理涉及的主要问题见图 1-12。

(1) 随机性问题。包括供应商可靠性、分销与物流渠道可靠性、需求不确定性、价格

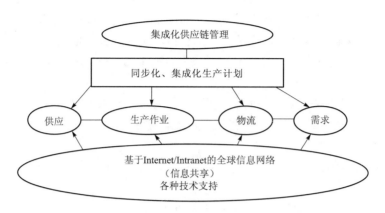

图 1-11　供应链管理研究的主要领域

波动影响、汇率变动影响、随机固定成本、提前期的确定、顾客满意度的确定等方面。

（2）供应链结构性问题。包括规模经济性、选址决策、生产技术选择、产品决策、联盟网络确定等方面，见图 1-13。

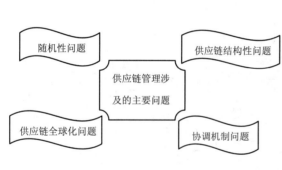

图 1-12　供应链管理涉及的主要问题　　　　图 1-13　供应链结构性问题

（3）供应链全球化问题。包括贸易壁垒、税收、政治环境、产品差异性等方面。

（4）协调机制问题。包括供应—生产协调、生产—销售协调、库存—销售协调等方面。

1.5.3　供应链管理的思想

对供应链这一复杂系统，要想取得良好的绩效，必须找到有效的协调管理方法，供应链管理思想就是在这种环境下提出的。

计算机网络的发展进一步推动了制造业的全球化、网络化过程。虚拟制造、动态联盟等制造模式的出现，更加迫切需要新的管理模式与之相适应。传统的企业组织中的采购（物资供应）、加工制造（生产）、销售等看似整体，但却是缺乏系统性和综合性的企业运作模式，已经无法适应新的制造模式发展的需要，而那种大而全，小而全的企业自我封闭的管理体制，更无法适应网络化竞争的社会发展需要。因此，供应链的概念和传统的销售链是不同的，它已跨越了企业界限，从建立合作制造或战略伙伴关系的新思维出发，从产品生命线的源头开始，到产品消费市场；从全局和整体的角度考虑产品的竞争力，使供应链从一种运作性的竞争工具上升为一种管理性的方法体系，这就是供应链管理提出的实际背景。

综上所述，供应链管理的基本思想可以概括为如图 1-14 所示的内容。

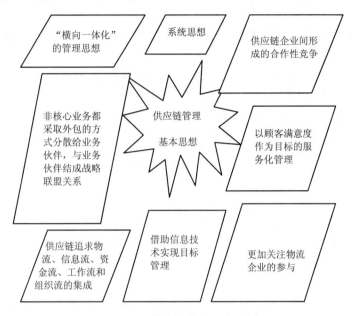

图 1-14　供应链管理基本思想

下面系统地介绍供应链管理的基本思想。

1. "横向一体化"的管理思想

强调企业的核心竞争力，这也是当今人们谈论的共同话题。为此，要清楚地辨别本企业的核心业务，狠抓核心资源，以提高核心竞争力。供应链上的企业应向专业化方向发展，克服原来的"大而全、小而全"，努力发展自身的核心竞争能力。企业自身核心竞争能力的形成，有助于保持和强化供应链上的合作伙伴关系。

2. 系统思想

把供应链看成一个整体，而不是将供应链看成是由采购、制造、分销等构成的一些分离的功能块。例如，从库存管理来看，供应链管理中的库存水平是在供应链成员中协调，以使库存投资与成本最小。而传统的管理方法是把库存向前推或向后延，根据供应链成员谁最有主动权而定。例如，汽车制造商采用 JIT 存货管理时，供应商的库存水平大大地提高了，以满足汽车制造商强加的 JIT 送货计划。把库存推向供应商并降低管道中的库存投资，仅仅是转移了库存。解决这个问题可通过提供有关生产计划的信息，共享有关预期需求、订单、生产计划等信息的方法，减少不确定性，并使安全库存点降低。但是让公司共享信息需要克服一些困难，比如共享方担心竞争对手知情太多会降低其竞争优势等。

3. 供应链企业间形成的合作性竞争

合作性竞争可以从两个层面理解：一是过去的竞争对手相互结盟，共同开发新技术，成果共享；二是将过去由本企业生产的非核心零部件外包给供应商，双方合作共同参与竞争。这实际上也是体现出核心竞争力的互补效应。

4. 非核心业务都采取外包的方式分散给业务伙伴，与业务伙伴结成战略联盟关系

建立新型的企业伙伴关系，以实现信息共享、风险共担。通过科学的选择业务伙伴，减少供应商数目，将过去企业与企业之间的敌对关系改变为紧密合作的业务伙伴，通过企业间的协调机制来降低成本、提高质量。

5. 以顾客满意度作为目标的服务化管理

对下游企业来讲，供应链上游企业的功能不是简单的提供物料，而是要用最低的成本提供最好的服务。

6. 供应链追求物流、信息流、资金流、工作流和组织流的集成

供应链管理的目的是降低整个供应链的总成本，包括采购时的价格及送货成本、库存成本等。在传统的管理中，公司一般只注重本公司发生的成本，不太意识到它们与供应商的关系如何将影响到最终产品的成本。由于竞争的原因，一般公司不会向供应商提供备货时间的信息，或要求顾客大批量购买，这样会增加他们的库存成本，最终此成本沿着供应链传递到最终客户中去。但是，信息共享是一个难处理的问题，尤其是在供应商或顾客也与它的竞争对手有业务往来的情况。但信息共享是成功的关键因素。

7. 借助信息技术实现目标管理

这是信息流管理的先决条件，况且传统型企业与现代型企业最大的区别就在于信息技术的不同。

8. 更加关注物流企业的参与

在供应链管理环境下，物流的作用特别重要，因为缩短物流周期比缩短制造周期更关键。供应链管理强调的是一种从整体上响应最终用户的协调性，没有物流企业的参与是不可想象的。

1.5.4 供应链管理的理念与目标

1. 供应链管理的理念

供应链管理的理念包括：

（1）面向顾客理念。

（2）双赢和多赢理念。

（3）管理手段、技术现代化。

2. 供应链管理的目标

供应链管理的目标，见表1-8。

竞争的本质是要盯着顾客，不要盯着对手

表1-8 供应链管理目标

供应链管理目标	
	根据市场需求的扩大，提供完整的产品组合
	根据市场需求的多样化，缩短从生产到消费的周期
	根据市场需求的不确定性，缩短供给与需求的距离
	降低供应链整体的物流成本和费用，提高供应链整体的运作效率，增强整体供应链的竞争力

1.5.5 供应链管理的驱动要素

供应链管理者必须针对影响供应链运营的相对独立的主要驱动要素——库存、运输、设

施和信息（图 1-15），在反应能力和盈利水平之间进行平衡。

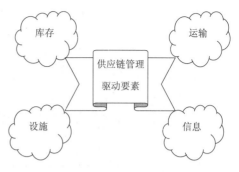

图 1-15 供应链管理驱动要素

1. 库存

库存的改变会在很大程度上影响整个供应链的反应能力和盈利水平。

厂商可以通过提高库存水平来增强反应能力，然而，库存量的增大将增加厂商的成本，从而降低盈利水平。反之，减少库存会提高厂商的盈利能力，却又降低了反应能力。

2. 运输

运输有多种方式与多种路径的组合可供决策与选择，不同组合有各自不同的运营特点。

选择更为快捷的运输方式，提高供应链的反应能力，意味着要支付更高的运输成本，降低了盈利能力。

选择速度较慢的运输方式，降低运输成本，提高盈利能力，但意味着必须以降低反应能力为代价。

3. 设施

设施无论是在生产场所还是储存场所，有关设施的选址、功能和灵活性决策对供应链的绩效有着决定性的作用。例如，一家汽车零配件分销商为了提高自己的反应能力，可以选择在靠近消费者的地方建设许多仓储设施，但这样做会降低盈利水平。若为了追求利盈利，它可能会减少仓库数量，这样做又会降低反应能力。

4. 信息

信息包括整条供应链中有关库存、运输、设施、顾客等的数据资料和分析。

信息为管理者提供决策依据，从而使供应链更具反应能力和盈利水平。

在顾客需求拉动模式中，厂商利用及时、有效、丰富的顾客订单信息和供应信息，在订单履行时间内，快速合理地组织供应、生产和分销配送等活动，既提高了整个供应链的反应能力，也提高了供应链的盈利能力。

1.5.6 供应链管理的运营机制

供应链成长过程体现为企业在市场竞争中的成熟与发展之中，通过供应链管理的合作机制、决策机制、激励机制、自律机制等来实现满足顾客需求、使顾客满意以及留住顾客等功能目标，从而实现供应链管理的最终目标，社会目标（满足社会就业需求）、经济目标（创造最佳利益）、环境目标（保持生态与环境平衡）的统一，见图 1-16。

1. 合作机制

供应链合作机制体现了战略伙伴关系和企业内外资源的集成与优化利用。基于这种企业环境的产品制造过程，从产品的研究开发到投放市场，周期大大地缩短，而且顾客导向化程度更高，模块化、简单化产品、标准化组件，使企业的柔性和敏捷性在多变的市场中显著增强，虚拟制造与动态联盟提高了业务外包策略的利用程度。企业集成的范围扩展了，从原来的中低层次的内部业务流程重组上升到企业间的协作，这是一种更高级别的企业集成模式。

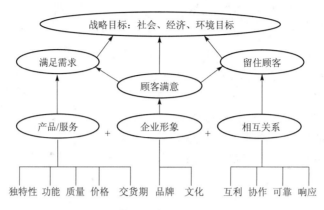

图 1-16　供应链管理目标的实现过程

在这种关系中，市场竞争的策略主要是基于时间的竞争和价值链及价值让渡系统管理或基于价值的供应链管理。

2. 决策机制

由于供应链企业决策信息的来源不再仅限于一个企业内部，而是在开放的信息网络环境下，不断进行信息交换和共享，达到供应链企业同步化、集成化计划与控制的目的，而且随着 Internet/Intranet 发展成为新的企业决策支持系统，企业的决策模式将会产生很大的变化，因此处于供应链中的任何企业决策模式应该是基于 Internet/Intranet 的开放性信息环境下的群体决策模式。

3. 激励机制

为了掌握供应链管理的技术，必须建立、健全业绩评价和激励机制，使我们知道供应链管理思想在哪些方面、多大程度上给予企业改进和提高，以推动企业管理工作不断完善和提高，也使得供应链管理能够沿着正确的轨道与方向发展，真正成为能为企业管理者乐于接受和实践的新的管理模式。

4. 自律机制

自律机制要求供应链企业向行业的领头企业或最具竞争力的竞争对手看齐，不断对产品、服务和供应链业绩进行评价，并不断地改进，以使企业能保持自己的竞争力和持续发展能力。自律机制主要包括企业内部的自律、对比竞争对手的自律、对比同行企业的自律和比较领头企业的自律。企业通过推行自律机制，可以降低成本，增加利润和销售量，更好地了解竞争对手，提高客户满意度，增加信誉，企业内部的部门之间的业绩差距也可以得到缩小，从而提高企业的整体竞争力。

1.5.7　供应链管理与传统管理模式的区别

供应链管理与传统管理模式的主要区别如下：

（1）供应链管理把供应链中所有节点企业看作一个整体，供应链管理涵盖整个物流的从供应商到最终用户的采购、制造、分销等职能领域过程。

（2）供应链管理强调和依赖战略管理。

"供应"是整个供应链中节点企业之间事实上共享的一个概念（任意两节点之间都是供

应与需求关系），同时它又是一个有重要战略意义的概念，因为它影响了或者可以认为它决定了整个供应链的成本和市场占有份额。

（3）供应链管理最关键的是需要采用集成的思想和方法，而不仅是节点企业、技术方法等资源简单的连接。

（4）供应链管理具有更高的目标，通过管理库存和合作关系去达到高水平的服务，而不是仅完成一定的市场目标。

1.5.8 供应链管理的一些关键问题

事实上，供应链管理是一个复杂的系统，涉及众多目标不同的企业，牵扯到企业的方方面面，因此实施供应链管理必须确保要理清思路、分清主次、抓住关键问题。只有这样，才能做到既见"树木"，又见"森林"，避免陷入"只见树木，不见森林"或"只见森林，不见树木"的尴尬境况。

在实施供应链管理中需要注意的关键问题，见图 1-17。

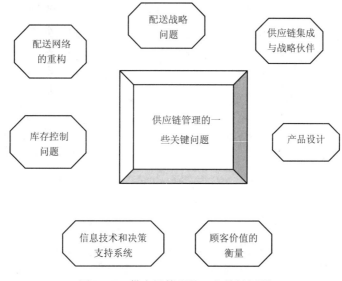

图 1-17　供应链管理的一些关键问题

1. 配送网络的重构

配送网络重构是指采用一个或几个制造工厂生产的产品来服务一组或几组在地理位置上分散的零售商，当原有的需求模式发生改变或外在条件发生变化后，根据需要对配送网络进行的调整。这可能由需求模式的改变，现有的几个仓库租赁合同的终止或零售商的数量发生增减变化等原因引起。另外，需求模式的变化可能要求改变工厂的生产水平，选择新的供应商，设计商品在配送网络中的新的流动方式。在最小化总生产、库存、运输成本和满足服务水平的条件下，管理层如何选择各仓库的地点和容量，确定每一个工厂的生产水平，安排各设施之间的运输呢？

2. 配送战略问题

在供应链管理中配送战略也非常关键，需要考虑采用直接转运战略、经典配送战略还是直接运输战略？需要多少个转运点？哪种战略更适合供应链中大多数的节点企业呢？

大家知道沃尔玛公司的成功与采用直接转运的配送战略有关。所谓直接转运战略就是指在这个战略中终端渠道由中央仓库供应货物，中央仓库充当供应过程的调节者和来自外部供应商的订货的转运站，而其本身并不保留库存。经典配送战略则是在中央仓库中保留有库存。直接运输战略，则相对较为简单，它是指把货物直接从供应商仓库运往终端渠道的一种配送战略。

3. 供应链集成与战略伙伴

由于供应链本身的动态性以及不同节点企业间存在着相互冲突的目标，因此对供应链进行集成是相当困难的。但实践表明，对供应链集成不仅是可能的，而且它能够对节点企业的销售业绩和市场份额产生显著的影响作用。那么集成供应链的关键是什么呢？信息共享与作业计划！显然，什么信息应该共享、如何共享、信息如何影响供应链的设计和作业、在不同节点企业间实施什么层次的集成、可以实施哪些类型的伙伴关系等就成了最为关键的问题。

4. 库存控制问题

例如，关于"一个零售商对某一特定的产品应该持有多少库存？"的问题，因为顾客需求随时间而变化，零售商只能用历史数据来预测需求。零售商的目标在于决定在什么点上再订购一批产品，以及为了最小化库存订购和保管成本，应订多少产品。更基本的问题是，零售商为什么要保留库存？是因为顾客需求的不确定性，供应过程的不确定性，还是其他一些原因？如果是因为顾客需求的不确定性，那么是否可以采用一些措施来减少这种不确定性？零售商的订货量是否应该大于、小于或等于需求的预测值？最后，应该采用多大库存周转率？不同行业是否有不同的库存周转率？

5. 产品设计

众所周知，有效的产品设计在供应链管理中起着多方面的关键作用。最明显的，某些产品设计相对于其他设计会增加库存保管成本或运输成本，而其他一些设计可能有利于缩短制造周期。但是，产品重新设计的代价通常是很昂贵的，需要考虑的问题有：什么时候值得对产品进行设计来减少物流成本或缩短供应链的周期？产品设计是否可以弥补顾客需求的不确定性？为了利用新产品设计，对供应链应该做什么样的修改？最后，诸如大量定制化等新概念越来越流行，在成功地实施这些新概念的过程中，供应链管理扮演着什么样的角色？

6. 信息技术和决策支持系统

信息技术是促成有效供应链管理的关键因素。实际上，目前之所以开始研究供应链管理也是因为信息技术的发展。供应链管理的基本问题不在于是否可以获取数据，而在于应该传递什么数据，即哪些数据对于供应链管理是重要的，哪些是可以忽略的？如何进行数据的分析和利用？Internet的影响是什么？电子商务的作用是什么？在企业内部和供应链伙伴之间需要什么样的基础设施？

7. 顾客价值的衡量

顾客价值是衡量一个企业对其顾客的贡献大小的指标，这一指标是根据企业提供的全部货物、服务以及无形影响来衡量的。最近几年来，这个指标已经取代了质量和顾客满意度等指标。主要包括在不同行业中，是什么因素决定顾客的价值？顾客价值是如何衡量的？在供应链中，信息技术如何用来增强顾客价值？供应链管理如何作用于顾客价值？

思考题

1. 21世纪企业面临的环境特点有哪些？
2. 供应链的类型有哪些？
3. 有效性供应链和反应性供应链有什么区别？
4. 供应链管理涉及什么领域？涉及哪些主要问题？
5. 供应链管理与传统管理模式有什么区别？
6. 供应链管理的一些关键问题有哪些？

案例资料

北电网络的强大供应链

作为一个大的基本设备制造商，北电网络给合约供应商类似生产集成电路板这类的长期订单，但是它与这些供应商关系的性质是远距离的、战术上的。对于这种新的工作程序，北电网络与供应商的沟通必须更加频繁、更加公开。全过程由北电网络全球营运副总裁查兰姆·保洛利为首的领导团队来执行。

建立实效联盟

随着北电网络将大部分制造能力卖给了像Sanmina这些合约公司，北电网络保留在内部生产的只有那些自己特有的部分，像半导体激光。这些合约制造商使公司的生产能够在无须大规模的开支或新的建设的前提下呈指数增长。

北电网络全球营运副总裁查兰姆·保洛利说："我们的供应链必须以客户为中心，如何提高容量和吞吐量必须考虑到第一个因素。不能依据库存来做决定。"在北电网络的新的客户中心模式里，每个大客户拥有自己专用的供应链管理团队，北电网络称之为订货室。订货室的团队成员在地理上均匀分布，没有工厂。订货室积极地为用户服务，了解用户现在和将来的需要，并把这些信息实时地传递给关键的供应商。北电网络现在提供给供应商的客户数据是以每分钟刷新的，并且高级经理至少每个季度会与所有的供应商见面。"过去，像AT&T这样的客户，必须与5个不同的订货室沟通，"供应链运营总裁达夫·格兰特说，"相互买卖的操作要花费双方大量的时间。现在我们取消了这一切，我们把所有的订货管理人员与产品挂钩，并让他们去为客户工作。""我们的重点是服务网络而不是产品，"保洛利说，"我们外购制造业，却不外购供应管理。合约制造商负责采购，现在我们以非常不同的方式利用我们的供应管理人。他们的工作是了解供应商之间在相互衔接上的障碍。"

供应链的智能化

大的供应商已经注意到他们与北电网络的关系发生了快速和巨大的变化。JDS Uniphase公司总裁大卫·金说："北电网络想在供应链中注入智能元素，这对我们预测他们的需要并随之进行自我调整来说是非常有价值的。以前，北电网络是DWDM组件的超级大客户，除非我们预先了解到他们的需要，否则我们没有足够的生产能力。"在其他供应商的记忆中，北电网络是官僚的，反应迟钝的。Sanmina 公司是北电网络的主要合约制造商，该公司主席兼 CEO 朱丽·索拉说："以前，是单向的关系，他们会谈论伙伴关系与长期承诺，但都是空的。现在情况彻底不同了，他们会精确地告诉你，他们要做什么、他们对你的希望是什么、你应该朝什么方向走。"由于接收数据更加及时，Sanmina 把与北电网络的前投标阶段从 6~8 个月的时间缩短为 4~6 个星期。这使 Sanmina 可以给其供应商提前列出他们所需的关键零件。长期以来，合约制造商想要提供像早期产品开发咨询这类的价值附加服务，但是通常北电网络只使用纯粹的产品。但供应商们说，新的北电网络开始倾听并采纳他们的建议，"过去他们习惯于闭门造车，你无法知道他们在干什么，但接着他们就会叫你做这做那，"索拉说，"现在他们在设计的早期就让你参与，你就可以立即投入生产，因为所有的问题都已经解决了。"

诠释战略伙伴的概念

事实上，北电网络正在扮演着发展电子商务和服务提供的活跃角色，还在与供应商交互联络的过程中使用了各种各样的电子商务工具包，包括 Ariba 和 Calico 的软件。北电网络与客户及供应商的每日实时交互联络，还使用了一些由北电网络自己的软件工程师开发的软件。在长期的策略沟通方面，北电网络举办两年一次的供应商研讨会，介绍公司的高级管理层，产品开发团队以及外来的出席者。外来出席者布莱得利说，研讨会是供应商直接接受北电网络的 CEO 约翰·罗斯指导的机会；也是给北电网络提供反馈，了解自己作为客户的表现如何的机会；甚至是与彼此作为对手的供应商之间建立联络的机会。布莱得利说："过去，北电网络为供应商搞活动总是不成功的，多数供应商不参加，因为他们觉得与竞争对手在一起感到很紧张。现在，他们特别喜欢在这样非竞争的研讨会上相互见面的机会。"供应商说，研讨会的重要价值在于使他们了解北电网络的计划，这就给了他们达到北电网络所需的生产能力的信心。"北电网络告诉我们，他们的独特的市场将在哪里，他们的策略是什么。"北电网络的记忆芯片供应商 Advanced Micro Devices 公司总经理沃利得·麦格利贝说。麦格利贝还说，"过去，供应商只与采购经理接触，现在，你要听业务负责人的。因此，当他提出业务计划时，你可以自己决定是否相信他。"研讨会还是北电网络向供应商解释他们所面临的挑战的地方。保洛利说："我们可以让供应商明白，我们不是在要求不可能的东西。不是我们，而是市场。"

评价

北电网络使用了多种指标来测评其新的供应链管理流程。例如，从收到购货订单到确定一个发货日期，过去通常是两星期，现在只需 48 小时；供应商的数量从 1996 年的 40 000 个到现在 90% 的材料购买来自少于 200 个供应商；负责供应链管理的人员从 2 000 人，减少到 950 到 1 000 人左右。

在旧模式里，供应链通常意味着商品管理，为不同的原材料讨价还价。如今，北电网络供应链管理人员成了公司的消费者与其供应商的信息链。北电网络没有降低保留大约两个月的存货水准，把一半的库存从的仓库里转移到分布于全球的 41 个后勤中心。通过与客户更有效的沟通，使公司得以迅速地对不规则的需要做出反应。"我不担心在我的账单上列着的大量的库存，我担心的是我的客户网络中等待上交的存货。"北电网络的 COO 克拉伦斯查得兰说。

（资料来源：www.jctrans.com）

从《三国演义》看《供应链管理》

1.《供应链管理》的知识

在教材"1.4.3 供应链的类型"中有如下表述：

按制造企业供应链的发展过程分为：内部供应链与外部供应链。

（1）从结构上讲，内部供应链是指企业内部产品生产和流通过程中所涉及的采购部门、生产部门、仓储部门、销售部门等组成的供需网络。

最初的供应链概念局限于企业的内部操作，注重企业内部各部门的协调，通过团队精神和运行机制，争取更满意的企业利益目标。

（2）外部供应链则是指涵盖企业的与企业相关的产品生产和流通过程中所涉及的供应商、生产商、储运商、零售商以及最终消费者组成的供需网络。

外部供应链是新的供应链的概念，注重与外部资源、与其他企业的联系，注重供应链的外部环境，偏向于供应链中不同企业的制造、组装、分销、零售等过程，即将原材料转换成产品给最终用户的转换过程，外部供应链是更大范围、更为系统的概念。

2.《三国演义》第三十二回有如下情境

赤壁之战是我国历史上一次著名的战争，正是这场战争奠定三国鼎立的局面，曹操在这场战争中失败后再也没能卷土重来，从此势力仅限于北方，而孙权和刘备在江南和巴蜀的势力则得以巩固。

3. 我们的理解

（1）曹操骄傲自满，过于轻敌。由于曹操在此前的战事中一路高奏凯歌，接连消灭了袁绍、吕布等割据势力，壮大了自己的力量，从而内心开始飘飘然起来，他率领大军来到长江后，根本不把孙刘联军放在眼里，在战斗之前就已经开始盘算胜利后在江东如何享乐，没有像此前官渡之战时那样细心研究战略战术，也没有精心安排细作到江东去探听军情，反而疏于防范，让孙权的耳目三番五次地混进军营刺探消息。

（2）曹操最为疏忽大意的就是没有仔细考察黄盖投降的真伪，以及庞统来献"连环计"的用心，这两件事是导致火烧赤壁的直接原因，由于曹操的骄傲自满，没有及时识破孙刘联军这两次计谋，从而为赤壁之战的失败埋下了伏笔。

（3）曹操的自大还体现在他不听劝告，赤壁之战失败后曹操狼狈地从华容道逃跑，慨叹道："郭奉孝在，不使孤至此"（《三国志·魏书·郭嘉传》），开始后悔没有人给他出谋划策，其实早在他准备挥师南下时，谋士贾诩就力谏曹操不宜南下，因为当时时机并不成熟。《魏志·贾诩传》写道："建安十三年，太祖破荆州欲顺江东下。诩谏曰：'明公昔破袁氏，今收汉南，威名远著，军势既大。若乘旧楚之饶，以飨吏士，抚安百姓，使安土乐业，则不可劳众而江东稽服矣。'太祖不从，军遂无利。"而黄盖诈降、庞统献"连环计"的时候，程昱等人就劝曹操要谨慎小心、明察秋毫，但曹操不听劝告，一意孤行，从而导致上当中计，兵败赤壁。

（4）曹操军队组成混乱，不习水战。曹操的军队从北方而来，大多不习水战，而且组成混乱，其中既有原来袁绍部队的军士、在官渡之战后投降曹军，也有中原平定徐州时候的投降部队,还有平定荆州时收服的投降部队,更有曹操早期镇压黄巾军时投降的黄巾军,真正属于曹操嫡系部队的本来就不多,而且这些各种背景的部队被曹操纳入编制后还没有认真从思想上和心理上加以统一,内部纷争矛盾众多。

(5)若没有环环相扣、渐次推进的科学规划,怎么能使"联手抗曹"的战略决策得以实现呢?以古鉴今,就我们国信的每次重大决策而言,也必须以缜密、科学的实施规划作为制胜条件,即董事长以往所言:战略重要,保证战略实现的战术实施更重要。

4. 给我们的启示

(1)刘备、诸葛亮、关羽、赵云、马超这几个人互相帮助互相扶持是内部供应链。

(2)就像刘备拉拢诸葛亮这样的军师一样,就是当自己不够强大的时候,就要借助别人的力量来强大自己,这是属于外部供应链。

(3)内部供应链和外部供应链是成对出现的。就像黄盖为了尽忠报国,为了打败曹操的侵犯,甘愿用"苦肉计"取得曹操的信任,麻痹曹操,乘机打退曹兵。

(4)对周瑜来说黄盖就是自己的内部供应链,但是曹操却不知道黄盖是外部供应链。大家找供应链一定要找比自己强大与互补的,这样才能对自己有帮助。就像刘备找孙权联盟,当时有那么多诸侯他为什么要找孙权?你的供应链质量越好,你的成功率就越大,给你的事业带来的权重就越大。就如同刘备跟孙权结盟成功造就了历史上著名的赤壁之战一样。

(5)刘备、孙权由相互独自的外部供应链联盟成为相对于曹操的内部供应链"孙刘联军",通过团队精神和运行机制争取了更大的成功。刘备注重于外部资源,与其他团队的联系,注重供应链的外部环境将理想转换成最终目的的过程,是更大范围更为系统的概念。

(10级物流一班:宋尉锋、袁敏超、沈健康、陆超)

▶ 从《红楼梦》看《供应链管理》 ▶▶▶▶

1.《供应链管理》的知识——自律机制

在教材21页有如下表述:

自律机制要求供应链企业向行业的领头企业或最具竞争力的竞争对手看齐,不断对产品、服务和供应链业绩进行评价,并不断地改进,以使企业能保持自己的竞争力和持续发展能力。自律机制主要包括企业内部的自律、对比竞争对手的自律、对比同行企业的自律和比较领头企业的自律。企业通过推行自律机制,可以降低成本,增加利润和销售量,更好地了解竞争对手,提高客户满意度,增加信誉,企业内部的部门之间的业绩差距也可以得到缩小,从而提高企业的整体竞争力。

2.《红楼梦》第十三回有如下情境

秦可卿死封龙禁尉　王熙凤协理宁国府

一时女眷散后,王夫人因问凤姐:"你今儿怎么样?"凤姐道:"太太只管请回去;我须得先理出一个头绪来,才回得去呢。"王夫人听说,便先同邢夫人等回去,不在话下。这里凤姐来至三间一所抱厦中坐了。因想:头一件是人口混杂,遗失东西;二件,事无专执,临期临委;三件,需用过费,滥支冒领;四件,任无大小,苦乐不均;五件,家人豪纵,有脸者不能服钤束,无脸者不能上进。此五件实是宁府中风俗。

3. 我们的理解

说到红楼梦中的管理者，王熙凤当仁不让。此处要讲的是秦可卿死后，王熙凤代宁国府料理其后事，这其中与供应链的自律机制有联系。把宁国府作为一个企业，王熙凤根据宁国府长期以来存在的诟病列出五个问题。王熙凤作为荣国府的掌事人，在分析宁国府的弊端时是有向自己管理的荣国府看齐的，而自律机制要求供应链企业向行业的领头企业或最具竞争力的竞争对手看齐，从《红楼梦》中不难看出在管理府中事务方面荣国府不愧做宁国府的领头。

归纳出的此五项都是宁国府内部自律松散的结果：① 人口混杂，遗失东西；② 事无专执，临期推诿；③ 需用过费，滥支冒领；④ 任无大小，苦乐不均；⑤ 家人豪纵，有脸者不能服钤束，无脸者不能上进。后面十四回的时候经过凤姐整顿安排后呈现的是："某人领物件，开的十分清楚。众人领了去，也都有了投奔，不似先时只拾便宜的做，剩下苦差没个招揽，各房中也不能趁乱失迷东西。便是人来客往，也都安静了，不比先前紊乱无头绪：一切偷安窃取等弊，一概都蠲了。"凤姐通过整顿安排之后制定了相应的自律机制，降低了人力成本，提高了办事效率。凤姐第一次处理丧事且办得如此妥帖，宁国府自然非常满意，而贾母——贾家的权威代表者也是赞赏有加的，这就做到了客户满意，增加信誉度。

4. 给我们的启示

（1）深入企业，制定合适的管理理念，实事求是。
（2）定岗定编，责任到人。
（3）要严于律己、以身作则。
（4）制定规矩，擒贼擒王。
（5）严明纪律，恩威并施。
（10级物流一班：潘萍萍、廖雪萍、黄艺珍、潘雪梅、龙辉）

第 2 章
供应链管理的方法

> **本章学习重点**
>
> QR 的含义，优点，QR 成功的条件，QR 战略的再造；ECR 系统的构建和 ECR 的战略；EOS 流程、业务过程，EOS 与物流管理；ERP 的基本内容；CPFR 的定义和特点，CPFR 实施的框架和步骤；ABC 库存分类管理法的基本原理，ABC 库存管理准则，ABC 库存管理法的优点，基于活动的成本控制——ABC 方法的含义、核算程序及成功实施的关键因素；VCA 概念和定义，VCA 的特征；JIT 的产生及基本思想，准时制的要素。

2.1 QR 快速反应方法

2.1.1 QR 产生的背景和含义

1. QR 产生的背景

1984 年，美国服装纺织以及化纤行业成立了一个委员会，1985 年该委员会为提高美国消费者对本国生产服装的信誉度开始做广告，1985—1986 年，Kurt Salmon 咨询公司进行了分析，结果发现，尽管系统的各个部分都具有高运作效率，但整个系统的效率却十分低。

整个服装供应链，从原材料到消费者购买，总时间为 66 周：有 11 周时间在制造车间，40 周在仓库或转运，15 周在商店，各种费用非常大，更重要的是：基于不精确需求预测的生产和分销，因生产数量过多或过少造成的损失更大。

整个服装供应链系统的总损失每年可达 25 亿美元，其中 2/3 的损失来自零售商或制造商对服装的降价处理以及在零售时的缺货（调查发现，消费者离开商店而不购买的主要原因是找不到合适尺寸和颜色的商品）。

快速反应是零售商及供应商密切合作的策略，应用这种策略，零售商和供应商通过共享 POS 系统信息、联合预测未来需求、发现新产品营销机会等对消费者的需求做出快速的反应。

如何快速反应压制敌方

2. QR 的含义

QR 是指在供应链中，为了实现共同的目标，至少在两个环节之间进行的紧密合作。目的是减少原材料到销售点的时间和整个供应链上的库存，最大限度地提高供应链的运作效率。

一般来说，供应链共同目标包括。

（1）提高顾客服务水平。即用正确的来源、正确的产品、正确的商品、正确的服务、正确的质量、正确的数量、正确的（运输）方式、正确的包装、正确的成本或价格、正确的时间、正确的地点来响应正确的消费者的需求。

（2）降低供应链的总成本，增加零售商和厂商的销售额，从而提高零售商和厂商的获利能力。

2.1.2 QR 的优点

1. QR 对厂商的优点

QR 对厂商的优点，如图 2-1 所示。

（1）更好的顾客服务。快速反应零售商可为店铺提供更好的服务，最终为顾客提供更好的店内服务水平。由于厂商送来的货物与承诺的货物是相符的，厂商能够很好地协调与零售商间的关系。长期的良好顾客服务会增加市场份额。

（2）降低了流通费用。由于集成了对顾客消费水平的预测和生产规划，就可以提高库存周转速度，需要处理和盘点的库存量减少了，从而降低了流通费用。

（3）降低了管理费用。因为不需要手工输入订单，所以采购订单的准确率提高了。额外发货的减少也降低了管理费用。货物发出之前，仓库对运输标签进行扫描并向零售商发出提前运输通知，这些措施都降低了管理费用。

（4）更好的生产计划。由于可以对销售进行预测并能得到准确的销售信息，厂商可以准确地安排生产计划。

2. QR 对零售商的优点

QR 对零售商的优点，如图 2-2 所示。

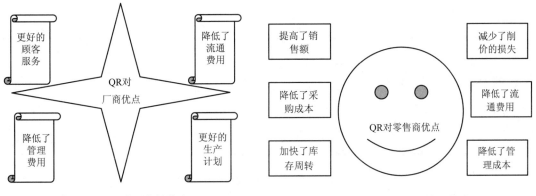

图 2-1　QR 对厂商的优点　　　　　图 2-2　QR 对零售商的优点

2.1.3 QR 成功的条件

QR 成功必须具备以下 5 个条件，见表 2-1。

表 2-1　QR 成功的条件

QR	条件	说　　明
成功条件	改变传统的经营方式，革新经营意识和组织	（1）企业必须改变只依靠独自的力量来提高经营效率的传统经营意识，要树立通过与供应链各方建立合作伙伴关系，努力利用各方资源来提高经营效率的现代经营意识； （2）零售商在垂直型 QR 系统中起主导作用，零售店铺是垂直型 QR 系统的起始点； （3）通过 POS 数据等销售信息和成本信息的相互公开和交换来提高各个企业的经营效率； （4）明确垂直型 QR 系统内各个企业之间的分工协作范围和形式，消除重复作业，建立有效的分工协作框架； （5）通过利用信息技术实现事务作业的无纸化和自动化，改变传统的事务作业的方式
	开发和应用现代信息处理技术	这些信息技术有：商品条形码技术、物流条形码（SCM）技术、电子订货系统（EOS）、POS 数据读取系统、EDI 系统、预先发货清单（ASN）技术、电子资金支付（EFT）系统、生产厂家管理的库存方式（VMI）、连续库存补充方式（CRP）等
	与供应链相关方建立战略伙伴关系	具体内容包括以下两个方面：一是积极寻找和发现战略合作伙伴；二是在合作伙伴之间建立分工和协作关系。合作的目标既要削减库存，又要避免缺货现象的发生，降低商品风险，避免大幅度降价现象发生，减少作业人员和简化事务性作业等
	改变传统的对企业商业信息保密的做法	将销售信息、库存信息、生产信息、成本信息等与合作伙伴交流分享，并在此基础上要求各方在一起发现问题、分析问题和解决问题
	供应方必须缩短生产周期和商品库存	缩短商品的生产周期，进行多品种、少批量生产和多频度、小数量配送，降低零售商的库存水平，提高顾客服务水平，在商品实际需要将要发生时采用 JIT 生产方式组织生产，减少供应商的库存水平

2.1.4　QR 的实施步骤

QR 的实施步骤见表 2-2。

表 2-2　QR 的实施步骤

序号	步　骤	说　　明
1	条形码和 EDI	UPC 和 EDI
2	固定周期补货	自动补货
3	先进的补货联盟	共享预测和 POS 数据
4	零售空间管理	店铺品种补货和购销
5	联合产品开发	跟踪新产品开发和试销
6	快速响应的集成	公司业务重组和系统集成

1. 步骤一：条形码和 EDI

条形码和 EDI 零售商首先必须安装通用产品代码（UPC 码）、POS 扫描和 EDI 等技术设备，以加快 POS 机收款速度、获得更准确的销售数据并使信息沟通更加通畅。

POS 扫描用于数据输入和数据采集，即在收款检查时用光学方式阅读条形码，获取信息，即在收款检查时用光学方式阅读条形码，然后将条形码转换成相应的商品代码。

通用产品代码（UPC 码）是行业标准的 12 位条形码，用作产品识别。正确的 UPC 产品标志对 POS 端的顾客服务和有效的操作是至关重要的。扫描条形码可以快速准确地检查价格并记录交易。

EDI 是在计算机间交换的商业单证，需遵从一定的标准，如 ANSIX.12。零售业的专用标准是"志愿跨行业通信标准"委员会制定的，食品类的专用标准是 UCC 制定的。EDI 要求公司将其业务单证转换成行业标准格式，并传输到某个增值网（VAN），贸易伙伴在 VAN 上接收到这些单证，然后将其从标准格式转到自己系统可识别的格式。电子资金支付系统（EFT）可传输的单证包括订单、发票、销售和存货数据及事先运输通知等。

EDI 的实施一般分为以下几个阶段。

（1）EDI 的技术实现，主要满足贸易伙伴通过 EDI 进行沟通的需要。

（2）将 EDI 系统同厂商和零售商现有的内部系统集成起来，加快信息流的速度，并提高通信数据的准确性。

（3）重新设计业务流程，以支持全面实现 EDI 后带来的角色和责任的变化。快速反应要求厂商和零售商完成本阶段的 EDI 实施。

许多零售商和厂商都了解 EDI 的重要性，所以已经实施了一些基本的交易（如采购订单、发票等）的 EDI 业务。而且很多大型零售商也强制其厂商实施 EDI 来保证快速反应。但 EDI 的全面实施还需要较长时间。

2. 步骤二：固定周期补货

固定周期补货 QR 的自动补货要求供应商更快、更频繁地运输重新订购的商品，以保证店铺不缺货，从而提高销售额。通过对商品实施快速反应并保证这些商品能敞开供应，使零售商的商品周转速度更快，消费者可以选择更多的花色品种。

某些基本商品每年的销售模式实际上都是一样的，一般不会受流行趋势的影响。这些商品的销售量是可以预测的，所以不需要对商品进行考察来确定重新订货的数量。

自动补货是指基本商品销售预测的自动化。自动补货使用基于过去和目前销售数据及其可能变化的软件进行定期预测，同时考虑目前的存货情况和其他一些因素，以确定订货量。自动补货是由零售商、批发商在仓库或店内进行的。

3. 步骤三：先进的补货联盟

先进的补货联盟是为了保证补货业务的流畅。零售商和消费品制造商联合起来检查销售数据，制订关于未来需求的计划和预测，在保证有货和减少缺货的情况下降低库存水平。还可以进一步由消费品制造商管理零售商的存货和补货，以加快库存周转速度，提高投资毛利率。

4. 步骤四：零售空间管理

零售空间管理指根据每个店铺的需求模式来规定其经营商品的花色品种和补货业务。一般来说，对于花色品种、数量、店内陈列及培训或激励售货员等决策，消费品制造商也可以参与甚至制定决策。

5. 步骤五：联合产品开发

联合产品开发这一步的重点不再是一般商品和季节商品，而是像服装等生命周期很短的商品。

厂商和零售商联合开发新产品，其关系的密切超过了购买与销售的业务关系，缩短从新产品概念到新产品上市的时间，而且经常在店内对新产品实时试销。

6. 步骤六：快速响应的集成

快速响应的集成通过重新设计业务流程，将前五步的工作和公司的整体业务集成起来，以支持公司的整体战略。最后一步零售商和消费品制造商重新设计其整个组织、绩效评估系统、业务流程和信息系统，设计的重点围绕着消费者而不是传统的公司职能，要集成的是信息技术。

2.1.5 QR 战略的再造

QR 战略再造环节，如图 2-3 所示。

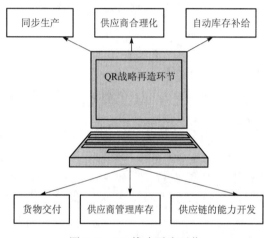

图 2-3　QR 战略再造环节

1. 同步生产

同步生产包括以下内容。

（1）生产设备的投资是灵活的。

（2）以能扩大生产能力的"拉"的模式为指导，重新设计企业流程。

（3）转变强调的重点，生产顺序从"固定物—质量—可变物"转变到"可变物—质量—固定物"的顺序。

（4）在生产线之外采取行动以增强流程的可靠性。

（5）规定工作效率的下限和废品率的上限。

（6）维修、妥善保管在流程中要使用的原材料和零部件。

（7）利用生产改进小组进行流程分析、确定病症所在，并对此加强管理。

2. 供应商合理化

供应商合理化应考虑以下因素。

（1）企业与供应商关系的密切程度。

（2）信息技术的应用。

（3）在单独、双方和多方投资的情况下，各自的投资成本。

（4）评价未来供应商的能力。

（5）具有能够建立和管理与供应商的合作关系的人力资源。

（6）在没有绩效时，维持该战略需要的时间和成本。

（7）市场渠道、技术和财务的风险估计。

（8）为维持技术和竞争优势而投资，存在有失败的可能性。

（9）从合并而扩大规模中得到的成本、价格优势。

（10）竞争程度的削弱对企业的影响。

3. 自动库存补给

自动库存补给管理的方法主要用于制造业和工程中的有多种用途、低价值的商品。它的目的是在订货和补给流程中增加效率，并给供应商更多的自由空间去直接对采购商的要求做出反应。

4. 货物交付

供应商和采购商在交付货物时，需要用合适的协议。这个协议要反映双方的能力、合作关系的性质和各种支出的种类。具体说，要在协议中体现以下方面。

（1）仓储水平的最低和最高限度。

（2）补给的周期。

（3）明确要生产的产品，考虑健康、安全和环境保护问题。

（4）对数据的提供、预测、补给和仓储负责。

（5）库存财产权的分割和转移的原则。

5. 供应商管理库存

供应商管理库存是以通过双方密切合作形成的交付货物的方式为基础的。

供应商管理库存可用的方法包括：使用第三方的资源，由采购商组织的第三方进行经营管理；使用供应商拥有所有权的车辆、设备，交由第三方管理；使用采购商拥有所有权的车辆、设备，交由第三方管理；由供应商组织的第三方管理；供应商通过拥有股权实行管理；采购商通过拥有股权实行管理。

6. 供应链的能力开发

（1）回顾供应商选择的标准，以查明供应商在哪些方面需要改进和是否需要清除水平很差的供应商。

（2）确定选择供应商的标准，以使企业在产品生产和关联关系的管理上获得能力。

（3）对供应商的资格进行审查，建立信息跟踪和回报的体系。

（4）通过与供应商的日常联系、供应商俱乐部、技术训练、讨论会等形式收集反馈意见。

（5）供应商越来越多地涉入产品设计和新产品开发中。

2.1.6 QR 的最新发展

QR 已有 10 多年的发展历史，如今尽管 QR 的原则没有变化，但 QR 的策略以及技术却今非昔比。最初，供应链上的每一个业务实体（如制造商、零售商或物流方）都单独发挥作用，因此，每一个企业都对其贸易伙伴的业务不感兴趣，更谈不上同其贸易伙伴共享信息。随着市场竞争的加剧，业主及经营者逐渐认识到：应改进自己的业务系统，提高产品的质量，以便为客户提供最好的服务。但令人失望的是，他们很少考虑内部系统的改变给他们的前方客户和后方供应商带来的不利影响。

20 世纪 80 年代末到 90 年代初，在市场竞争的强大压力之下，一些先导企业开始评估和重构他们经营的方式，从而导致了对供应链物流和信息的重组活动。在 80 年代，人们对供应链优化的聚焦点是技术解决方案，现在已转变为重组他们经营的方式以及与贸易伙伴的密切合作方面。例如，P&G 与 Wal-Mart 通过密切合作来确定库存水平和营销策略。

1. 在欧美 QR 已跨入第三个阶段

目前在欧美，QR 的发展已跨入第三个阶段，即协同、规划、预测与连续补货（CPFR）阶段。CPFR 是一种建立在贸易伙伴之间密切合作和标准业务流程基础上的经营理念，它应用一系列技术模型，这些模型具有如下特点。

(1) 开放，但安全的通信系统。

(2) 适应于各个行业。

(3) 在整个供应链上是可扩展的。

(4) 能支持多种需求（如新数据类型，各种数据库系统之间的连接等）。

2. 实施 CPFR 达到目标

美国的 KM Salmon 协会通过调查、研究和分析认为，通过实施 CPFR 可以达到如下目标。

(1) 新产品开发的前导时间可以减少 2/3。

(2) 可补货产品的缺货将大大减少，甚至消除（通过供应商与零售商的联合从而保证 24 小时供货）。

(3) 库存周转率可以提高 1~2 倍（通过制造商减少前导时间、零售商利用顾客需求导向策略）。

(4) 通过敏捷制造技术，企业的产品中可以有 20%~30% 是根据用户的特定需求而制造的。

QR 在过去的 10 年中取得了巨大的成功。商品的供应商和零售商通过这一方法为他们的客户提供了更好的服务，同时也减少了整个供应链上的非增值成本。QR 作为一种供应链管理方法，必将向其更高的阶段发展，必将为供应链上的贸易伙伴——供应商、分销商和最终客户带来更大的价值。

2.2 ECR 有效顾客反应

如何有效地
引导顾客

有效顾客反应（ECR）是日杂百货行业的供应链营销战略，即由零售商、批发商与厂商等供应链节点企业相互协调和合作，更好、更快并以更低的成本为顾客提供更多的价值的一种供应链管理方法。

由于降低分销成本的压力越来越大，ECR 对于日杂百货业越来越重要，它的实施能为供应链的各个节点提高顾客满意率，并能大幅度地降低成本。

2.2.1 ECR 产生的背景

ECR 是 1993 年年初由食品业发起的。一些制造商、经纪人、批发商和零售商组成了有共同目标的联合业务小组，其目标是通过降低和消除供应链上的无谓浪费来提高消费者价值。我们先来了解一下 ECR 的产生背景，如图 2-4 所示。

1. 销售增长放慢

20 世纪七八十年代，日杂百货行业的增长率放慢了，主要是因为消费者的食品支出降低了，这就迫使零售商为维持市场份额而展开激烈的竞争，竞争的中心集中在增加商品的花色品种上。这种做法进一步降低了存货的周转率和售价，对利润造成了更大压力。

2. 权力的转移

另一个主要的变化,是厂商和零售商之间的权力转移。过去,零售商是很分散的地区性行业,现在这种情况发生了很大的变化,因为零售商借助通信技术和信息技术组建了一些全国性的大公司。零售行业的这种整合导致了交易的权力从供应商逐渐转向购买方。

3. 敌对关系的产生

由于交易权力的转换,再加上行业增长率的下降引起的激烈竞争,厂商和

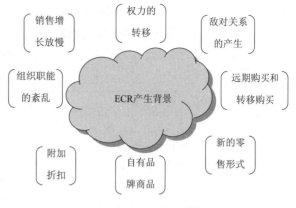

图 2-4 ECR 产生背景

零售商之间的关系恶化了,甚至到了相互不信任的地步。同时还由于组织效率的低下以及绩效衡量系统的过时,使这种情况进一步恶化。

4. 组织职能的紊乱

食品日杂百货行业各个部门和其他部门都是隔绝的,他们只是努力提高自己的效率,由于各部门的激励体系不同,这种隔绝状况加深了,有时各部门的工作目标甚至是针锋相对的。厂商和零售商之间的关系也是如此。例如,厂商衡量业绩的一个主要指标是送货的效率,而零售商衡量业绩的主要指标是利润。

5. 远期购买和转移购买

为了同时满足零售商和厂商的目标,双方增加了一些新的业务,最终增加了经营成本。厂商采用了促销策略,即报价很高,然后利用节日或为了满足季节送货目标而对高价进行打折,采购者可以通过大量低价购进,在厂商促销期结束后高价卖出的办法获利。这些业务带来了额外的库存、运输和其他成本,但获得的额外收益远远抵消了这些成本。

现在这些额外的收益要大打折扣了,为保持竞争优势,现在所有的零售商和批发商都开展了远期购买和转移购买的业务。传统的竞争优势没有了,但额外的成本却仍然存在。

6. 附加折扣

为获得更大的竞争优势,大的零售商要求厂商提供其他的好处,如减免费用、返款、减价和特别的促销资金等,结果厂商只好提高他们的价格来弥补附加折扣的成本。

7. 自有品牌商品

20 世纪 80 年代末以来自有品牌商品大量涌现。由于日杂百货业的厂商把价格提得很高,以弥补给零售商的所有附加折扣,自有品牌商品对消费者越来越有吸引力。直接从制造商那里进货可大大提高零售商的收益,同时这些商品使用的是零售商的自有品牌,在别处买不到。目前美国自有品牌商品占商品总量的 22%,某些公司的自有品牌商品的比重甚至超过 30%。

8. 新的零售形式

在 20 世纪 80 年代末,日杂百货行业又出现了一些新的零售形式,向传统的零售形式发出了挑战。这些新形式包括批发俱乐部、大型综合超市和折扣商店。他们成功的原因是因为强调每日低价、绝对低价进货及快速的存货流转。根据麦卡林公司食品营销研究所的一项研究,如果没有价格的变化,到 2001 年这些新型的零售商在食品杂货市场的份额将增加一倍。

在 1987 年，76%的食品杂货是通过超市销售的，到 1992 年这一数字跌至 56%，相当于销售额减少了 27 亿美元。这个例子很有代表性，其他商品也都表现出了同样的趋势。

麦卡林公司还分析了批发俱乐部和大型综合超市的经营特点，见表 2-3。

表 2-3 批发俱乐部与大型综合超市的特点

批发俱乐部	大型综合超市
强调灵活的商品分类 流水线化的后勤系统 有效的店内经营	广泛的单品选择 强调每日低价 先进的后勤系统 顾客服务 卓越的管理系统

这项研究考察了新的零售形式的基本成本结构。下面来比较一下沃尔玛超市和凯马特批发俱乐部。

沃尔玛的经营成本占总销售额的 17.5%，而凯马特超市占 21%，这意味着沃尔玛拥有 3.5%的成本优势，这主要是因为沃尔玛公司拥有先进的技术设施。

批发俱乐部具有更低的经营成本，经营成本只占总销售额的 7.5%，而毛利率是 11%，这样经营收益率就有 3.5%，与超市相当。但超市的经营成本是批发俱乐部的两倍，这意味着批发俱乐部用一半的经营成本就可以赚到与传统超市同样的钱。

到 1992 年这种竞争更激烈了，因为沃尔玛和凯马特在食品行业开设了新的超级购物中心，面积为 1 万~1.8 万平方米的购物中心，每年实现 4 000 万美元的销售额。另外，从消费者的角度来看，过度竞争往往会使企业在竞争时忽视消费者的需求。通常消费者要求的是商品的高质量、新鲜度、服务和合理价格基础上的多种选择。然而，许多企业往往不是通过提高商品质量、服务和在合理价格基础上的多种选择来满足消费者，而是通过大量的诱导型广告和广泛的促销活动来吸引消费者转换品牌，同时通过提供大量非实质性变化的商品供消费者选择。这样消费者不能得到他们需要的商品和服务，他们得到的往往是高价、眼花缭乱和不甚满意的商品。对于这种状态，客观上要求企业从消费者的需求出发，提供能满足消费者需求的商品和服务。

在上述背景下，美国食品市场营销协会联合包括 COCA—COLA、P&G、Safe Way Store 等在内的 16 家企业与流通咨询企业 Kurt Salmn Associate 公司一起组成研究小组，对食品业的供应链进行调查。报告中系统地提出了 ECR 的概念和体系。经过美国食品市场营销协会的大力宣传，ECR 概念被零售商和制造商所接纳并被广泛用于实践。

2.2.2 ECR 的含义和特征

1. ECR 的含义

有效顾客反应（ECR）是一个由生产厂家、批发商、零售商和供应商供应链组成的，通过相互协调和合作，以更好、更快的服务并以更低的成本满足消费者需要为目的的供应链管理系统。

ECR 的优点在于供应链各方以为了提高消费满意度这个共同的目标进行合作，分享信息和诀窍。ECR 是一种把以前处于分离状态的供应链联系在一起来满足消费者需要的工具。

ECR 概念的提出者认为，ECR 活动是过程，这个过程贯穿供应链各方，见图 2-5。因此，ECR 的战略主要集中在 4 个领域：① 高效率的店铺空间安排；② 高效率的商品补充；③ 高效率的促销活动；④ 高效率的新商品开发与市场投入。

2. ECR 的特征

（1）管理意识的创新。传统的产销双方的交易关系是一种此消彼长的对立型关系，即交易各方以对自己有利的

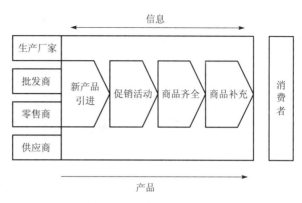

图 2-5 ECR 和供应链过程

买卖条件进行交易。简单地说，是一种输赢型关系。ECR 要求产销双方的交易关系是一种合作伙伴关系。即交易各方通过相互协调合作，实现以低成本向消费者提供更高价值服务的目标，在此基础上追求双方的利益。简单地说是一种双赢型关系。

（2）供应链整体协调。传统流通活动缺乏效率的主要原因在于厂家、批发商和零售商之间存在企业间联系的非效率性和企业内采购、生产、销售和物流等部门或职能之间联系的非效率性。传统的组织是以部门或职能为中心进行经营活动，以各个部门或职能的效益最大化为目标。这样虽然能够提高各个部门或职能的效率，但容易引起部门或职能间的摩擦。同样，传统的业务流程中各个企业以各自企业的效益最大化为目标，这样虽然能够提高各个企业的经营效率，但容易引起企业间的利益摩擦。ECR 要求对各部门、各职能以及各企业之间的隔阂进行跨部门、跨职能和跨企业的管理和协调，使商品流和信息流在企业内和供应链内顺畅地流动。

（3）涉及范围广。既然 ECR 要求对供应链整体进行管理和协调，ECR 所涉及的范围必然包括零售业、批发业和制造业等相关的多个行业。为了最大限度地发挥 ECR 所具有的作用，必须对关联的行业进行分析研究，对组成供应链的各类企业进行管理和协调。

2.2.3 ECR 的应用原则

应用 ECR 时必须遵守 5 个基本原则。

（1）以较少的成本，不断致力于向食品杂货供应链顾客提供更优的产品、更高的质量、更好的分类、更好的库存服务以及更多的便利服务。

（2）ECR 必须由相关的商业带头人启动。该商业带头人应决心通过代表共同利益的商业联盟取代旧式的贸易关系而达到获利之目的。

（3）必须利用准确、适时的信息支持有效的市场、生产及后勤决策。这些信息将以 EDI 的方式在贸易伙伴间自由流动，它将影响以计算机信息为基础的系统信息的有效利用。

（4）产品链必须不断地增值，从生产至包装，直至流动至最终顾客的购物篮中，以确保顾客能随时获得所需产品。

（5）必须建立共同的成果评价体系。该体系注重整个系统的有效性（即通过降低成本与库存以及更好的资产利用，实现更优价值），清晰地标识出潜在的回报（即增加的总值和利润），促进对回报的公平分享。

总之，ECR 是供应链各方推进真诚合作来实现消费者满意和实现基于各方利益的整体效益最大化的过程。

2.2.4 ECR 系统的构建

ECR 作为一个供应链管理系统，需要把营销技术、物流技术、信息技术和组织革新技术有机结合起来作为一个整体使用，以实现 ECR 的目标。ECR 系统的结构见图 2-6，构筑 ECR 系统的具体目标是：实现低成本的流通、基础关联设施建设、消除组织间的隔阂、协调合作满足消费者需要。组成 ECR 系统的技术要素主要有：营销技术、物流技术、信息技术和组织革新技术。

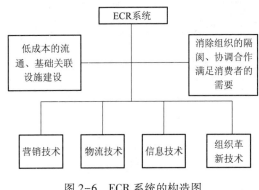

图 2-6　ECR 系统的构造图

1. 营销技术

在 ECR 系统中采用的营销技术主要是商品类别管理（CM）和店铺货架空间管理（SM）。

（1）商品类别管理。商品类别管理是以商品类别为管理单位，寻求整个商品类别全体收益最大化。具体来说，企业对经营的所有商品按类别进行分类，确定或评价每一个类别商品的功能、收益性、成长性等指标。在此基础上，结合考虑各类商品的库存水平和货架展示等因素，制定商品品种计划，对整个商品类别进行管理，以便在提高消费者服务水平的同时增加企业的销售额和收益水平。例如，企业把某类商品设定为吸引顾客的商品，把另一类商品设定为增加企业收益的商品，努力做到在满足顾客需要的同时兼顾企业的利益。商品类别管理的基础是对商品进行分类。分类的标准、各类商品功能和作用的设定依企业的使命和目标不同而不同。但是原则上，商品不应该以是否方便企业来进行分类，而应该以顾客的需要和顾客的购买方法来进行分类。

（2）店铺空间管理。店铺空间管理是对店铺的空间安排、各类商品的展示比例、商品在货架上的布置等进行最优化管理。在 ECR 系统中，店铺空间管理和商品类别管理同时进行，相互作用。在综合店铺管理中，对于该店铺的所有类别的商品进行货架展示面积的分配，对于每个类别下的不同品种的商品进行货架展示面积分配和展示布置，以便提高单位营业面积的销售额和单位营业面积的收益率。

2. 物流技术

ECR 系统要求及时配送（JIT）和顺畅流动。实现这一要求的方法有：连续库存补充计划（CRP）、自动订货（CAO）、预先发货通知（ASN）、供应商管理用户库存（VMI）、交叉配送、店铺直送（DSD）等。

（1）连续库存补充计划（CRP）。即利用及时准确的 POS 数据确定销售出去的商品数量，根据零售商或批发商的库存信息和预先规定的库存补充程序确定发货补充数量和发送时间。以小批量、高频率方式进行连续配送，补充零售店铺的库存，提高库存周转率，缩短周期。

（2）自动订货（CAO）。自动订货系统是基于库存和需要信息，利用计算机进行自动订货的系统。

(3) 预先发货通知（ASN）。预先发货通知是生产厂家或者批发商在发货时利用电子通信网络提前向零售商传送货物的明细清单。这样零售商事前可以做好货物进货准备工作，同时可以省去货物数据的输入作业，使商品检验作业效率化。

(4) 供应商管理用户库存（VMI）。供应商管理用户库存是生产厂家等上游企业对零售商等下游企业的流通库存进行管理和控制。具体地说，生产厂家基于零售商的销售、库存等信息，判断零售商的库存是否需要补充。如果需要补充的话，自动地向本企业的物流中心发出发货指令，补充零售商的库存。VMI 方法包括了 POS、CAO、ASN 和 CRP 等技术。在采用 VMI 的情况下，虽然零售商的商品库存决策主导权由作为供应商的生产厂家把握，但是，在店铺的空间安排、商品货架布置等店铺空间管理决策方面仍然由零售商主导。

(5) 交叉配送。交叉配送是指零售商的流通中心，把来自各个供应商的货物按发送店铺迅速进行分拣装车，向各个店铺发货。在交叉配送的情况下，流通中心便是一个具有分拣装运功能的中转型中心，有利于缩短交货周期、减少库存、提高库存周转率，从而节约成本。

(6) 店铺直送（DSD）。店铺直送方式是指商品不经过流通配送中心，直接由生产厂家运送到店铺的运送方式。采用店铺直送方式可以保持商品的新鲜度，减少商品运输破损，缩短周期。

3. 信息技术

ECR 系统应用的信息技术主要有：电子数据交换（EDI）和 POS 销售时点信息。

(1) 电子数据交换（EDI）。ECR 系统的一个重要信息技术是 EDI，信息技术最大的作用之一是实现事务作业的无纸化或电子化。一方面，利用 EDI 在供应链企业间传送、交换订货发货清单、价格变化信息、付款通知单等文书单据。例如，厂家在发货的同时预先把产品清单发送给零售商，这样零售商在商品到货时，用扫描仪自动读取商品包装上的物流条形码获得进货的实际数据，并自动地与预先到达的商品清单进行比较。因此，使用 EDI 可以提高事务作业效率。另一方面，利用 EDI 在供应链企业间传送、交换销售时点信息、库存信息、新产品开发信息和市场预测信息等直接与经营有关的信息。例如，生产厂家可利用销售时点信息把握消费者的动向，安排好生产计划；零售商可利用新产品开发信息预先做好销售计划。因此使用 EDI 可以提高整个企业，乃至整个供应链的效率。

(2) POS 销售时点信息。ECR 系统的另一个重要信息技术是 POS。对零售商来说，通过对在店铺收银台自动读取的 POS 数据进行整理分析，可以掌握消费者的购买动向，找出畅销商品和滞销商品，做好商品类别管理。可以通过利用 POS 数据做好库存管理、订货管理等工作。对生产厂家来说，通过 EDI 利用及时、准确的 POS 数据，可以把握消费者需要，制订生产计划，开发新产品，还可以把 POS 数据和 EOS 数据结合起来分析和把握零售商的库存水平，进行供应商管理用户库存（VMI）的库存管理。

现在，许多零售企业把 POS 数据和顾客卡、点数卡等结合起来使用。通过顾客卡可以知道某个顾客每次在什么时间、购买了什么商品、金额多少，到目前为止总共购买了哪些商品、总金额是多少。这样可以分析顾客的购买行为，发现顾客不同层次的需要，做好商品促销等方面的工作。

4. 组织革新技术

应用 ECR 系统不仅需要每个企业内部各个部门间紧密协调和合作，还需要组成供应链的每一个成员紧密协调和合作,因此,成功地应用 ECR 需要对企业的组织体系进行革新。

(1) 在企业内部的组织革新。需要把采购、生产、物流、销售等按职能划分的组织形式改变为以商品流程为基本职能的横向组织形式。也就是把企业经营的所有商品按类别划分,对应于每一个商品类别设立一个管理团队,以这些管理团队为核心构成新的组织形式。在这种组织形式中,给每一个商品类别管理设定经营目标(如顾客满意度、收益水平、成长率等),同时在采购、品种选择、库存补充、价格设定、促销等方面赋予相应的权限。每个管理团队由一个负总责的商品类别管理人和 6~7 个负责各个职能领域的成员组成。由于商品类别管理团队规模小,内部容易交流,各职能间易于协调。

(2) 在组成供应链的企业间需要建立双赢型的合作伙伴关系。具体讲,厂家和零售商都需要在各自企业内部建立以商品类别为管理单位的组织。这样双方相同商品类别的管理就可聚集在一起,讨论从材料采购、生产计划到销售状况、消费者动向的有关该商品类别的全盘管理问题。另外需要在企业间进行信息交换和信息分享。当然,这种合作伙伴关系的建立有赖于企业最高决策层的支持。

前面已经谈到 ECR 是供应链各方通过真诚合作来实现消费者满意和实现基于各方利益的整体效益最大化的过程。这就引申出一个问题,即由供应链全体协调合作所产生的利益如何在各个企业之间进行分配。为了解决这个问题,需要弄清楚什么活动带来多少效益,什么活动耗费多少成本。为此,需要把按部门和产品区分的成本计算方式改变为基于活动的成本计算方法(ABC)。基于活动的成本计算方法于 20 世纪 80 年代后期在美国开始使用。ABC 方法把成本按活动进行分摊,确定每个活动在各个产品上的分配,以此为基础计算出产品的成本。同时进行基于活动的管理(ABM),即改进活动内容,排除不需要的无效活动,从而减少成本。

2.2.5 ECR 战略

ECR 的战略如图 2-7 所示。

1. 有效的店内布局

实施这一战略,其目的是通过有效地利用店铺的空间和店内布局以便最大限度地提高商品的获利能力。利用计算机化的空间管理系统,零售商可以提高货架的利用率。有效的商品分类要求店铺储存消费者需要的商品,把商品范围限制在高销售率的商品上,从而提高所

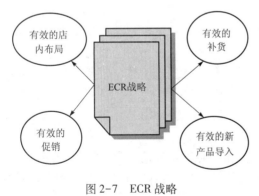

图 2-7 ECR 战略

有商品的销售业绩。

了解消费者的意见是商品品种决策对企业的要求。消费者调查的信息有力地帮助了企业了解消费者的购买行为。

企业应经常监测店内空间分配以确定商品的销售业绩。优秀的零售商至少每月检查一次商品的空间分配情况,甚至每周检查一次。这样能够使品种经理可以对新产品的导入、老产品的撤换、促销措施及季节性商品的摆放制订及时、准确的决策。同时,通过分析各种商品的投资回报率,这种检查有助于企业了解商品的销售趋势,据此可以使企业对商品的空间分配进行适当的调整,从而保证商品的销售,实现事先确定的投资收益水平。

2. 有效的补货

有效补货战略是通过努力降低系统的成本，从而降低商品的售价。其目的是将正确的产品在正确的时间和正确的地点以正确的数量和最有效的方式送给消费者。有效补货的构成要素主要包括：POS 机扫描、店铺商品预测、店铺的电子收货系统、商品的价格和促销数据库、动态的计算机辅助订货系统、集成的采购订单管理、厂商订单履行系统、动态的配送系统、仓库电子收货、直接出货、自动化的会计系统、议付等。

3. 有效的促销

有效的促销战略的主要内容是简化贸易关系，将经营重点从采购转移到销售。快速周转消费品行业现在把更多的时间和金钱用于对促销活动的影响进行评价。消费者则可以从这些新型的促销活动所带来的低成本中获利。食品行业的促销活动主要有三种：消费者广告、消费者促销、贸易促销。

4. 有效的新产品导入

不管哪一个行业，新产品导入都是一项重要的创造价值的业务。它们能够为消费者带来新的兴趣、快乐，为企业创造新的业务机会。特别是食品工业在这个方面表现得更加活跃。

有效的新产品导入包括让消费者和零售商尽早接触到这种产品。首要的策略就是零售商和厂商应为了双方的共同利益而密切合作。这个业务包括把新产品放在一些店铺内进行试销，然后再按照消费者的类型分析试销的结果。根据这个信息决定怎样处理这种新产品，处理办法包括：淘汰该产品、改进该产品、改进营销技术、采用不同的分销策略。

2.2.6 ECR 与 QR 的比较

ECR 主要以食品行业为对象，其主要目标是降低供应链各环节的成本，从而提高效率。而 QR 主要集中在一般商品和纺织行业，其主要目标是对客户的需求作出快速反应，并快速补货。这是因为食品杂货行业与纺织服装行业经营的产品的特点不同：食品杂货业经营的产品多数是一些功能型产品，每一种产品的寿命相对较长（生鲜食品除外），因此，订购数量的过多（或过少）的损失相对较少。纺织服装业经营的产品多属创新型产品，每一种产品的寿命相对较短，因此，订购数量过多（过少）造成的损失相对较大。

二者共同特征表现为：超越企业之间的界限，通过合作追求物流效率变化。具体表现在如下 3 个方面。

（1）贸易伙伴间商业信息的效率。即零售商将原来不公开的 POS 系统单品管理数据提供给制造商或分销商，制造商或分销商通过对这些数据的分析来实现高精度的商品进货、调达计划，降低产品库存，防止出现次品，进一步使制造商能制订、实施所需对应型的生产计划。

（2）商品供应方进一步涉足零售业，提供高质量的物流服务。作为商品供应方的分销商或制造商比以前更接近位于流通最后环节的零售商，特别是零售业的店铺，从而保障物流的高效运作。当然，这一点与零售商销售、库存等信息的公开是紧密相连的，即分销商或制造商所从事的零售补货机能是在对零售店铺销售、在库情况迅速了解的基础上开展的。

（3）企业间订货、发货业务全部通过 EDI 来进行，实现订货数据或出货数据的传送无纸化。企业间通过积极、灵活运用这种信息通信系统，来促进相互间订货、发货业务的高效化。计算机辅助订货（CAO）、卖方管理库存（VMI）、连续补货（CRP）以及建立产品与促销数据库等策略，打破了传统的各自为政的信息管理、库存管理模式，体现了供应链的集成化管理思想，适应市场变化的要求。

从具体实施情况来看，建立世界通用的、唯一的标识系统，以及用计算机连接的能够反映物流、信息流的综合系统，是供应链管理必不可少的条件，即在 POS 信息系统基础上确立各种计划和进货流程。也正因为如此，通过 EDI 的导入，从而达到最终顾客全过程的货物追踪系统和贸易伙伴的沟通系统的建立，成为供应链管理的重要因素。

2.2.7 ECR 带来的利益

根据欧洲供应链管理委员会的调查报告，接受调查的 392 家公司，其中制造商实施 ECR 后，预期销售额增加 5.3%，制造费减少 2.3%，销售费用减少 1.1%，货仓费用减少 1.3% 及总盈利增加 5.5%。而批发商与零售商也有相似的获益：销售额增加 5.4%，毛利增加 3.4%，货仓费用减少 5.9%，存货量减少 13.1% 及每平方米的销售额增加 5.3%。由于在流通环节中缩减了不必要的成本，零售商和批发商之间的价格差异也随之降低，这些节约了的成本最终将使消费者受益，各贸易商也将在激烈的市场竞争中赢得一定的市场份额。

对客户、分销商和供应商来说，除这些有形的利益以外，ECR 还有着重要的不可量化的无形利益，见表 2-4。

表 2-4 ECR 的无形利益

类型	ECR 带来的利益
客户	增加选择和购物便利，减少无库存货品，货品更新鲜
分销商	提高信誉，更加了解客户情况，改善与供应商的关系
供应商	减少供货现象，加强品牌的完整性，改善与分销商的关系

ECR 战略的实施，还可以减少多余的活动费用和节约相应的成本。具体来说，节约的成本包括商品的成本、营销费用、销售和采购费用、管理费用和店铺的经营费用等。从表 2-5 中可以看到节约这些成本的原因。

表 2-5 ECR 带来的企业成本和费用的节约

费用的类型	ECR 带来的节约
商品的成本	损耗降低，制造费用降低，包装费用降低，更有效的材料采购
营销费用	促销费用降低，产品导入失败的可能性减小
销售和采购费用	现场和总部的费用降低，简化了管理
后勤费用	更有效地利用了仓库和卡车，跨月台物流，仓库空间要求降低
管理费用	减少了一般的办事员和财务人员
店铺的经营费用	自动订货，单位面积的销售额更高

ECR 的导入可能会导致营业利润暂时下降。所谓营业利润指去掉所有的经营费用后的净收入，它主要是用来支付税收、利息和红利，剩下的钱是用于继续发展的留存盈余。

尽管营业利润降低了，但实际上制造商和零售商并没有损失，这是因为随着固定资产和流动资金（存货）的降低，投资收益率增加了。

2.3 EOS 电子订货系统

贵州乡里乡亲电子商务
有限公司订货系统

电子订货系统（EOS）是指将批发、零售商场所发生的订货数据输入计算机，通过计算机通信网络连接的方式将资料传送至总公司、批发业、商品供货商或制造商处。因此，EOS 能处理从新商品资料的说明直到会计结算等所有商品交易过程中的作业，可以说 EOS 涵盖了整个商流。在寸土寸金的情况下，零售业已没有许多空间用于存放货物，在要求供货商及时补足售出商品的数量且不能有缺货的前提下，更必须采用 EOS 系统。EDI/EOS 因内含了许多先进的管理手段，因此在国际上使用非常广泛，并且越来越受到商业界的青睐。

2.3.1 EOS 流程

EOS 系统并非是由单个的零售店与单个的批发商组成的系统，而是许多零售店和许多批发商组成的大系统的整体运作方式。EOS 系统基本构成是：① 在零售店的终端利用条码阅读器获取准备采购的商品条码，并在终端机上输入订货材料；② 利用电话线通过调制解调器传到批发商的计算机中；③ 批发商开出提货传票，并根据传票，同时开出拣货单，实施拣货，然后依据送货传票进行商品发货；④ 送货传票上的资料便成为零售商的应付账款资料及批发商的应收账款资料，并接到应收账款的系统中去；⑤ 零售商对送到的货物进行检验后，便可以陈列与销售了。EOS 系统构成图如图 2-8 所示。

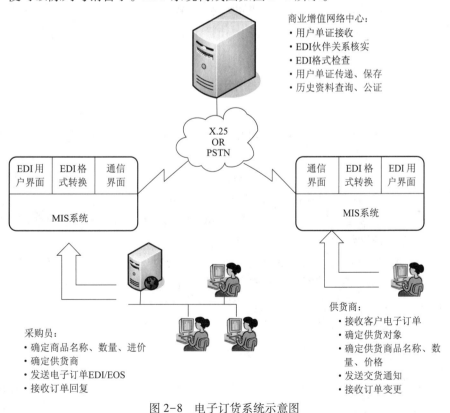

图 2-8 电子订货系统示意图

从商流的角度来看电子订货系统，不难分析批发、零售商场，商业增值网络中心，供货商在商流中的角色和作用。

（1）批发、零售商场。采购人员根据 MIS 系统提供的功能，收集并汇总各机构要货的商品名称、要货数量，根据供货商的可供商品货源、供货价格、交货期限、供货商的信誉等资料，向指定的供货商下达采购指令。采购指令按照商业增值网络中心的标准格式进行填写，经商业增值网络中心提供的 EDI 格式转换系统而成为标准的 EDI 单证，经由通讯界面将订货资料发送至商业增值网络中心，然后等待供货商发回的有关信息。

（2）商业增值网络中心（VAN）。VAN 是共同的情报中心，它是通过通信网络让不同机种的计算机或各种连线终端相通，促进情报的收发更加便利的一种共同情报中心。实际在这个流通网络中，VAN 也发挥了莫大的功能。VAN 不单单是负责资料或情报的转换工作，也可与国内外其他地域的 VAN 相连并交换情报，从而扩大了客户资料交换的范围。

商业增值网络中心不参与交易双方的交易活动，只提供用户连接界面，每当接收到用户发来的 EDI 单证时，自动进行 EOS 交易伙伴关系的核查，只有互有伙伴关系的双方才能进行交易，否则视为无效交易；确定有效交易关系后还必须进行 EDI 单证格式检查，只有交易双方均认可的单证格式，才能进行单证传递；对每一笔交易进行长期保存，供用户今后的查询或在交易双方发生贸易纠纷时，可以根据商业增值网络中心所储存的单证内容作为司法证据。当然，交易双方交换的信息不仅是订单和交货通知，还包括：订单更改、订单回复、变价通知、提单、对账通知、发票、退换货等信息。

（3）供货商。根据商业增值网络中心传来的 EDI 单证，经商业增值网络中心提供通讯界面和 EDI 格式转换系统而成为一张标准的商品订单，根据订单内容和供货商的 MIS 系统提供的相关信息，供货商可及时安排出货，并将出货信息通过 EDI 传递给相应的批发、零售商场，从而完成一次基本的订货作业。

2.3.2 EOS 业务过程

1. 销售订货业务过程

销售订货作业流程如图 2-9 所示，批发、订货作业过程中的业务往来可划分成以下几个步骤。

（1）各批发、零售商场或社会网点根据自己的销售情况，确定所需货物的品种、数量，按照：同体系商场某店中非独立核算单位根据实际网络情况补货需求，通过商业增值网络中心或通过实时网络系统发送给总公司管理业务部门；不同体系商场某店中独立核算单位或社会网点通过商业增值网络中心发出 EOS 订货需求。

（2）商业增值网络中心将收到的补货、订货需求资料发送至总公司业务管理部门。

（3）总公司业务管理部门对收到的数据汇总处理后，通过商业增值网络中心向不同体系的商场或社会网点发送批发订单确认。

（4）不同体系的商场或社会网点从商业增值网络中心接收到批发订单确认信息。

（5）总公司业务管理部门根据库存情况通过商业增值网络或实时网络系统向仓储中心发出配送通知。

（6）仓储中心根据接收到的配送通知安排商品配送，并将配送通知通过商业增值网络传送到客户。

第 2 章 供应链管理的方法

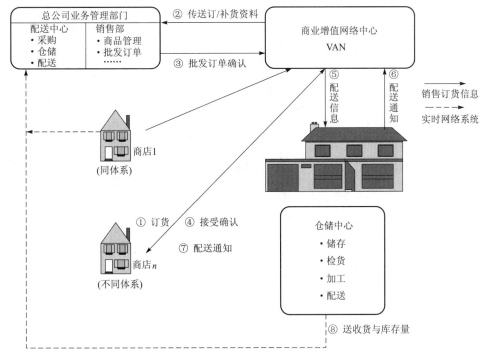

图 2-9 销售订货作业流程图

（7）不同体系的商场或社会网点从商业增值网络中心接收到仓储中心对批发订单的配送通知。

（8）各批发、零售商场，仓储中心根据实际网络情况将每天进出货物的情况或通过增值网络中心或通过实时网络系统，报送总公司业务管理部门，让业务部及时掌握商品库存数量，以合理保持库存；并根据商品流转情况，合理调整商品结构等工作。

上述 8 个步骤组成一个基本的电子批发、订货流程，通过这个流程，将某店与同体系商场、不同体系商场和社会网点之间的商流、信息流结合在一起。

2. 采购订货业务过程

采购订货作业流程如图 2-10 所示，向供货商采购作业流程中的业务往来划分成以下几个步骤。

（1）总公司业务管理部门根据仓储中心商品库存情况，向指定的供货商发出商品采购订单。

（2）商业增值网络中心将总公司业务管理部发出的采购单发送至指定的供应商处。

（3）指定的供应商在收到采购订货单后，根据订单的要求通过商业增值网络对采购订单加以确认。

（4）商业增值网络中心将供货商发来的采购订单确认发送至总公司业务管理部门。

（5）总公司业务管理部门根据供应商发来的采购订单确认，向仓储中心发订货信息，以便仓储中心安排检验和仓储空间。

（6）供应商根据采购单的要求，安排发运货物，并在向总公司交运货物之前，通过商业增值网络中心向仓储中心发送交货通知。

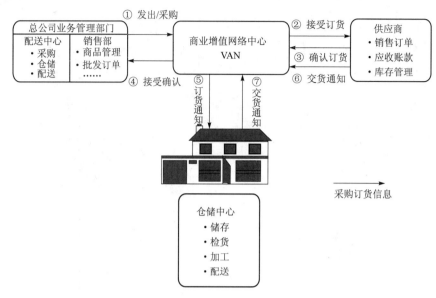

图 2-10　采购订货作业流程图

（7）仓储中心根据供货商发来的交货通知安排商品检验并安排仓库、库位或根据配送要求进行备货。

上述 7 个步骤组成一个基本的采购订货流程，通过这个流程，将某店供货商之间的商流、信息流结合在一起。

2.3.3　EOS 与物流管理

1. 物流作业过程

物流作业流程如图 2-11 所示，将供货商发运作业过程中的业务往来划分成以下几个步骤。

（1）供货商根据采购合同要求将发货单通过商业增值网络中心发给仓储中心。

（2）仓储中心对接收到商业增值中心传来的发货单进行综合处理，或要求供应商送货至仓储中心或发送至各批发、零售商场。

（3）仓储中心将送货要求发送给供应商。

（4）供应商根据接收到的送货要求进行综合处理，然后根据送货要求将货物送至指定地点。

上述 4 个步骤完成了一个基本的物流作业流程，通过这个流程，将物流与信息流牢牢地结合在一起了。

综上所述，某店配销中心管理系统可根据实际情况，参照对商流、物流、信息流的流程分析，并掌握住资金流，组合成一个完整并强有力的配销管理系统。常说商场如战场，只有牢牢控制住商业几大流之间的关系，才能牢牢地把握住商机，从而在商战中赢得胜利。但是某店若急于一步到位，便可能会因为没有积累正确的经验而导致最终失败，因此必须明确地定出应用目的，分阶段来进行。此外完全由自己公司的人力和成本来进行也非良策，不如多加利用外面的专门机构，通过商业增值网络进行资料传送、分析、加工，处理成有用的数据资料再回馈到公司，待基础管理扎实之后再全面展开才是明智之举。

第 2 章 供应链管理的方法

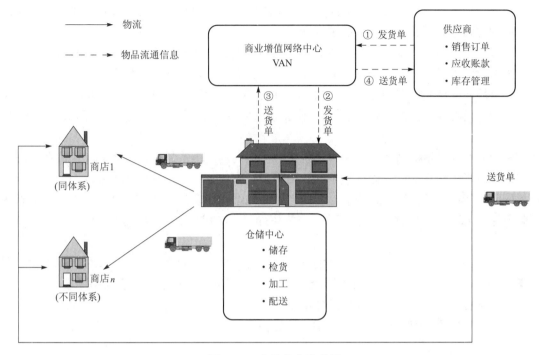

图 2-11 物流作业流程图

2. 仓储作业过程

公司（采购部）向供应商发出定购单，供应商接单后按订购单上商品和数量组织货品，并按订购单指定地点送货，可以向多个仓库送货，也可直接送到指定的商店。

（1）商品的入库。供应商把商品送到某一仓库后发生的商品流动全过程如下。

商品送到某仓库（送/收货单）后，一般卸在指定的进货区，在进货区对新进入的商品进行商品验收手续，验收合格的商品办入库手续，填写收/验/入库单（商品名、数量、存放位置等信息），然后送入指定的正品存放区的库位中，正品存放区的商品是可供配送的，这时总库存量增加。对验收不合格的商品，填写退货单，并登录在册，另行暂时存放，适时退给供货商以调换合格商品。调换回的商品同样有收/验产入库的过程。

（2）商品的出库。当仓库收到配货中心配货清单后，按清单要求（商品名、数量、库位等）备货，验证正确出库待送。若是本地批发，按销货单配货发送，配送信息要及时反馈给配货中心，这时配货中心的总库存量减少，商品送交客户后，也有客户对商品验收过程。当客户发现商品包装破损、商品保质期已到、送交的商品与要求的商品不符等情况时，客户会退货（退库单）。客户退货后配货中心要补货给客户，对退回的商品暂存待处理区，经检验后做处理，如完好的商品（错配退回）送回正品存放区（移转单），对质量和包装有问题的商品归回给供应商（退货单），过期和损坏的商品作报废处理（报废单）等。这一些商品处理的流动过程也影响到总库存量的变化，掌握和控制这些商品的流转过程也就有效地控制和掌握了总库存量。

在库存的管理中也会发现某些商品因储运移位而发生损伤，有些商品因周转慢使保质期即将到期等情况，这时应及时对这些商品作转移处理，移至待处理区（移转单），然后作相应的退货、报废、削价等处理。商品在此流动过程中也会使仓库的总库存量发生变化，因此这些流动过程也必须在配货中心的掌握和控制之中。

配货中心掌握了逻辑上的商品总库存量和物理上的分库商品库存量，在配货过程中如果发现因配货的不平衡引起某仓库某商品库存告急，而另一仓库此商品仍有较大库存量时，配货中心可用库间商品调拨的方式（调拨单）来调节各分库的商品库存量，满足各分库对商品的需求，增加各库配货能力，但并不增加总库存，从而提高仓库空间和资金的利用率。

配货中心通过增值网还可掌握本系统中各主体商场、连锁超市的进销调存的商业动态信息。由于商场架构不同、所处区域不同，面对消费对象也不同，因此各商场动销的商品结构也不同。配货中心的计算机系统会对各商场的商品结构作动态的调整（内部调拨），从而达到降低销售库存，加速商品的流通，加快资金流转的目的，以较低的投入获得最高的收益。

在某店的配货中心系统中，商品的选配应是自动化和智能化的。这样便可降低配货过程的工作量、提高配货效率、提高正确配货率、合理配货的数量、减少商品库存数和库存资金，达到资源优化配置和资产存量盘活的目的。

自动化选配商品有两种方式：被动式配送和主动式配送。

2.3.4 EOS 的效益

EOS 系统的效益可以从给零售业和批发业带来明显的好处，如图 2-12 所示。

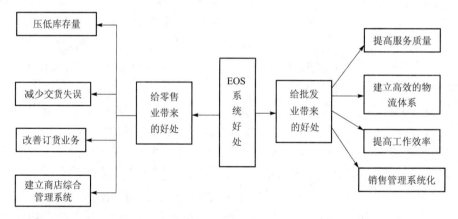

图 2-12 EOS 系统好处

1. EOS 系统给零售业带来的好处

（1）压低库存量。零售业可以通过 EOS 系统将商店所陈列的商品数量缩小到最小的限度，以便使有限的空间能陈列更多种类的商品，即使是销量较大的商品也无须很大库房存放，可压低库存量，甚至做到无库存。商店工作人员在固定时间去巡视陈列架，将需补足的商品以最小的数量订购，在当天或隔天即可到货，不必一次订购很多。

（2）减少交货失误。EOS 系统订货是根据通用商品条码来订货的，可做到准确无误。批发商将详细的订购资料用计算机处理，可以减少交货失误，迅速补充库存。若能避免交错商品或数量不足的情况，那么，把对商品的检验由交货者来完成是十分可取的，零售商店只作抽样检验即可。

（3）改善订货业务。由于 EOS 系统的操作十分方便，任何人都可正确迅速地完成订货业务，并根据 EOS 系统可获得大量的有用信息，如，订购的控制、批发订购的趋势、紧俏商品的趋势、其他信息等。若能将订货业务管理规范化，再根据 EOS 系统就可更加迅速、准确地完成订货业务。

（4）建立商店综合管理系统。以 EOS 系统为中心确立商店的商品文件、商品货架系统管理、商品货架位置管理、进货价格管理等，便可实施商店综合管理系统。如，将所订购的商品资料存入计算机，再依据交货传票，修正订购与实际交货的出入部分，进行进货管理分析，可确定应付账款的管理系统。批发业可运用零售商店中商品的货架标签来销售，也可据此提供商品咨询等，从而大大改善了交货体系。

2. EOS 系统给批发业带来的好处

（1）提高服务质量。EOS 系统可以满足顾客对某种商品少量、多次的要求，缩短交货时间，能迅速、准确和廉价地出货、交货。EOS 系统提供准确无误的订货，因此减少了交错商品，减少了退货。计算机的库存管理系统可以正确、及时地将订单输入，并因出货资料的输入而达到正确的管理从而减少缺货现象的出现，同时增加了商品品种，为顾客提供商品咨询。共同使用 EOS 系统，使得零售业和批发业建立良好的关系，做到业务上相互支持，相辅相成。

（2）建立高效的物流体系。EOS 系统的责任制避免了退货、缺货现象，缩短了交货时检验时间，可大幅度提高送货派车的效率，降低物流的成本。同时，可使批发业内部的各种管理系统化、规范化，大幅度降低批发业的成本。

（3）提高工作效率。实施 EOS 系统可以使员工减轻体力劳动。如以前专门派人去收订购单，登记、汇总等繁杂的手工劳动以前需 3 小时至半天的手工工作量，在实施 EOS 系统后，10 分钟即可完成。实施 EOS 系统可减轻员工事务性工作。如，通常的退货处理要比一般订货处理多花 5 倍的工时，在实施 EOS 系统后，避免了退货，从而减少了繁杂的事务性工作。

（4）销售管理系统化。EOS 系统使得销售管理系统化、一体化，大大提高了企业的经济效益。

2.3.5 EOS 的发展趋势——标准化、网络化

要实施 EOS 系统，必须做一系列的标准化准备工作。以日本 EOS 的发展为例，从 20 世纪 70 年代起即开始了包括对代码、传票、通讯及网络传输的标准化研究，如商品的统一代码、企业的统一代码、传票的标准格式，通讯程序的标准格式以及网络资料交换的标准格式等。

在日本，有许多中小零售商和批发商在各地设立了地区性的 VAN 网络，即成立区域性的 VAN 营运公司和地区性的咨询处理公司，为本地区的零售业服务，支持本地区的 EOS 系统的运行。

在贸易流通中，常常是按商品的性质划分专业的，如食品、医药品、玩具、衣料等，因此形成了各个不同的专业。1975 年，日本各专业为了流通现代化的目标，分别制定了自己的标准，形成专业 VAN。目前已提供服务的有食品、日用杂货品、医药品等专业。

2.4 ERP 企业资源规划

2.4.1 ERP 的产生

企业资源规划系统
Argo ERP 瞄准泰国市场

企业资源规划（ERP）的产生可追溯到物料需求计划（MRP）和准时化运作（JIT）。

1. 物料需求计划（MRP）

1970 年在 APICS 的学术年会上，首先提出了物料需求计划的概念和基本框架，并得到该协会的大力支持和推广。物料需求计划是根据市场需求预测和顾客订单制订产品的生产计划，然后基于产品生成进度计划、组成产品的材料结构表和库存状况，通过计算机计算所需材料的需求量和需求时间，从而确定材料的加工进度和订货日程的一种实用技术。

在实施 MRP 时，与市场需求相适应的销售计划是 MRP 成功的最基本的要素。如果销售领域能准确、及时地提供每个时间段的最终产品需求的数量和时间，则企业就能充分发挥 MRP 的功能，有效地实现 MRP 的目标。从这一思路出发，人们把 MRP 的原理应用到流通领域，发展出营销渠道需求计划（DRP），即分销（配送）需求计划。

1981 年在物料需求计划的基础上，将 MRP 的领域由生产、材料和库存管理扩大到营销、财务和人力资源管理等方面，提出了制造资源计划（MRP Ⅱ）。

2. 准时化运作（JIT）

准时化运作方式最早由日本丰田汽车以"看板"管理的名称开发出来，并应用于电子商务与现代物流生产制造系统，其后 JIT 方式的"及时"哲学被广泛地接受并大力推广。近年来，在供应链管理中，特别是由制造业和零售企业组成的生产销售联盟中，极其重视 JIT 哲学。及时生产、及时管理、及时采购等概念都是在 JIT 哲学的影响下产生的。

应该指出的是，准时化运作方式与物料需求计划在经营目标、生产要求方面是一致的，但在管理思想上是不同的。MRP 讲求推动概念和计划性，而 JIT 讲求拉动概念和及时性；MRP 认为库存必要，而 JIT 认为一切库存都是浪费。

随着全球化经济的形成，社会消费水平和消费结构的深刻变革，产品呈多样性、个性化、系统化和国际化的特征，以面向企业内部信息集成为主，单纯强调离散制造环境和流程环境的 MRP Ⅱ 系统已不能满足全球化经营管理的要求。因为随着网络通信技术的迅速发展和广泛应用，为了实现柔性制造，迅速占领市场，取得高回报率，生产企业必须转换经营管理模式，改变传统的"面向生产经营"的管理方式，转向"面向市场和顾客生产"。注重产品的研究开发、质量控制、市场营销和售后服务等环节，把经营过程的所有参与者，如供应商、客户、制造工厂、分销商网络纳入一个紧密的供应链中。

3. 企业资源规划（ERP）

企业资源规划 ERP 就是在 MRP Ⅱ 和 JIT 的基础上，通过前馈的物流和反馈的物流和资金流，把客户需求和企业内部的生产活动，以及供应商的制造资源结合在一起，体现完全按用户需求制造的一种供应链管理思想的功能网链结构模式。

作为一项重要的供应链管理的运作技术，ERP 在整个供应链的管理过程中，更注重对信息流和资金流的控制；同时，通过企业员工的工作和业务流程，促进资金、物料的流动和价值的增值，并决定了各种流的流量和流速。ERP 已打破了 MRP Ⅱ 只局限在传统制造业的格局，并把它的触角伸向各行各业，如金融业、高科技产业、通讯业、零售业等，从而使 ERP 的应用范围大大扩展。为给企业提供更好的管理模式和管理工具，ERP 还在不断地吸收先进的管理技术和 IT 技术，如人工智能、Internet/Intranet、数据库、精益生产、并行工程等。未来的 ERP 将在动态性、集成性、优化性和广泛性方面得到发展，若将 ERP 与卖方管理库存技术（VMI）相结合，可以开发出下一代的 ERP 产品——供应链规划（SCP）。SCP 可以将企业所在的供应链中的所有职能都集成到单一的框架中，使得整个供应链就像一个扩展企业一样运作。

2.4.2 MRP 是 ERP 的核心功能

只要是制造业，就必然要从供应方买来原材料，经过加工或装配，制造出产品，销售给资源缺乏方，即需求方，这也是制造业区别于金融业、商业、采掘业（石油、矿产）、服务业的主要特点。任何制造业的经营生产活动都是围绕其产品开展的，制造业的信息系统也不例外，MRP 就是从产品的结构或物料清单（对食品、医药、化工行业则为"配方"）出发，实现了物料信息的集成——一个上小下宽的锥状产品结构：其顶层是出厂产品，是属于企业市场销售部门的业务；底层是采购的原材料或配套件，是企业物资供应部门的业务；介乎其间的是制造件，是生产部门的业务。如果要根据需求的优先顺序，在统一的计划指导下，把企业的"销、产、供"信息集成起来，就离不开产品结构（或物料清单）这个基础文件。

在产品结构上，反映了各个物料之间的从属关系和数量关系，它们之间的连线反映了工艺流程和时间周期；换句话说，通过一个产品结构就能够说明制造业生产管理常用的"期量标准"。MRP 主要用于生产"组装"型产品的制造业，如果把工艺流程（工序、设备或装置）同产品结构集成在一起，就可以把流程工业的特点融合进来。

通俗地说，这种保证既不出现短缺，又不积压库存的计划方法，解决了制造业所关心的缺件与超储的矛盾。所有 ERP 软件都把 MRP 作为其生产计划与控制模块，因此 MRP 是 ERP 系统不可缺少的核心功能。

2.4.3 MRP 是 ERP 的重要组成

MRP 解决了企业物料供需信息集成，但是还没有说明企业的经营效益。MRP 同 ERP 的主要区别就是它运用管理会计的概念，用货币形式说明了执行企业"物料计划"带来的效益，实现物料信息同资金信息集成。衡量企业经营效益首先要计算产品成本，产品成本的实际发生过程，要以 MRP 系统的产品结构为基础，从最底层采购件的材料费开始，逐层向上将每一件物料的材料费、人工费和制造费（间接成本）累积，得出每一层零部件直至最终产品的成本。再进一步结合市场营销，分析各类产品的获利性。

MRP 把传统的账务处理同发生账务的事务结合起来，不仅能说明账务的资金现状，而且可追溯资金的来龙去脉。例如将体现债务债权关系的应付账、应收账同采购业务和销售业务集成起来，同供应商或客户的业绩或信誉集成起来，同销售和生产计划集成起来等，按照物料位置、数量或价值变化，定义"事务处理"，使与生产相关的财务信息直接由生产活动生成。在定义事务处理相关的会计科目之间，按设定的借贷关系，自动转账登录，保证了

"资金流（财务账）"同"物流（实物账）"的同步和一致，改变了资金信息滞后于物料信息的状况，便于实时做出决策。

ERP 是一个高度集成的信息系统，它必然体现了物流信息同资金流信息的集成。传统的 MRP 系统主要包括的制造、供销和财务三大部分依然是 ERP 系统不可欠缺的重要组成。所以，MRP 的信息集成内容既然已经包括在 ERP 系统之中，就没有必要再突出 MRP，形象地说，MRP 已经"融化"在 ERP 之中，而不是"不再存在"。

总之，从管理信息集成的角度来看，从 MRP 到 MRP Ⅱ 再到 ERP，是制造业管理信息集成的不断扩展和深化，每一次进展都是一次重大的质的飞跃，然而，又是一脉相承的。

2.4.4 ERP 同 MRP 的区别

世界经济形势、管理思想和信息技术都是在不断发展的。随着全球化经济的形成，以面向企业内部信息集成为主的 MRP 系统已不能满足企业多元化、多行业、跨地区、多供应和销售渠道的全球化经营管理模式的要求。

思政之窗

进入 20 世纪 90 年代，随着网络通信技术迅速发展和广泛应用，一些跨国经营的制造企业开始朝着更高的管理信息系统层次——ERP 迈进。需要再次指出的是——MRP 不是"过时了"，而是"不够了"，不能满足新形势的需求了。

ERP 是由美国加特纳公司在 20 世纪 90 年代初首先提出的，那时的 ERP 概念的报告，还只是根据计算机技术的发展和供应链管理，推论各类制造业在信息时代管理信息系统的发展趋势和变革；当时 Internet 的应用还没有广泛普及。随着实践和发展，ERP 至今已有了更深的内涵，概括起来主要有 6 方面特点，也是 ERP 同 MRP 的主要区别，如图 2-13 所示。

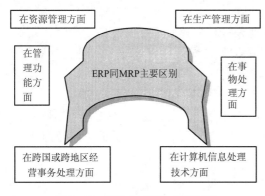

图 2-13 ERP 同 MRP 主要区别

1. 在资源管理方面

MRP Ⅱ 系统主要侧重对企业内部人、财、物等资源的管理；ERP 系统则提出了供应链的概念，即把客户需求和企业内部的制造活动以及供应商的制造资源整合在一起，并对供应链上的所有环节进行有效管理，这些环节包括订单、采购、库存、计划、生产制造、质量控制、运输、分销、服务与维护、财务管理、人事管理、项目管理、实验室管理等。

2. 在生产管理方面

MRP Ⅱ 系统把企业归类为几种典型的生产方式来进行管理，如重复制造、批量生产、按订单生产、按订单装配、按库存生产等，针对每一种类型都有一套管理标准。而在 20 世纪 80 年代末、90 年代初，企业为了紧跟市场的变化，多品种、小批量生产以及看板生产成为企业主要采用的生产方式，而 ERP 系统则能很好地支持和管理了这种混合型制造环境，满足了企业多元化的经营需求。

3. 在管理功能方面

ERP 系统除包括了 MRP Ⅱ 系统的制造、供销、财务管理功能外，还增加了支持整个供应链上物料流通体系中供、产、需各个环节之间的运输管理和仓库管理；支持生产保障体系的质量管理、实验室管理、设备维修和备品备件管理；支持对工作流（业务处理流程）的管理。

4. 在事物处理方面

MRP Ⅱ 系统是通过计划的及时滚动来控制整个生产过程，它的实时性较差，一般只能实现事中控制。而 ERP 系统支持在线分析处理（OLAP），售后服务及质量反馈，强调企业的事前控制能力，它可以将设计、制造、销售、运输等通过集成进行各种相关的作业，为企业提供了对质量、适应变化、客户满意、绩效等关键问题的实时分析能力。

此外，MRP Ⅱ 系统中，财务系统只是一个信息的归结者，它的功能是将供、产、销中的数量信息转变为价值信息，是物流的价值反映。而 ERP 系统则将财务功能和价值控制功能集成到整个供应链上，如在生产计划系统中，除了保留原有的主生产计划、物料需求计划和能力计划外，还扩展了销售执行计划和利润计划。

5. 在跨国或跨地区经营事务处理方面

电子商务的发展使得企业内部各个组织单元之间、企业与外部的业务单元之间的协调变得越来越多和越来越重要，ERP 系统运用完善的组织架构，从而可以支持跨国经营的多国家、多地区、多工厂、多语种、多币制应用需求。

6. 在计算机信息处理技术方面

随着 IT 技术的飞速发展，网络通信技术的应用，使得 ERP 系统实现了对整个供应链信息进行集成管理。ERP 系统除了已经普遍采用的诸如图形用户界面技术（GUI）、SQL 结构化查询语言、关系数据库管理系统（RDBMS）、面向对象技术（OOT）、第四代语言/计算机辅助软件工程、客户机/服务器和分布式数据处理系统等技术之外，还要实现更为开放的不同平台交互操作，采用适用于网络技术的编程软件，加强用户自定义的灵活性和可配置性功能，以适应不同行业用户的需要。网络通信技术的应用，使 ERP 系统得以实现供应链管理信息集成。

此外，ERP 系统同企业业务流程重组（BPR）是密切相关的。信息技术的发展加快了信息传递速度和实时性，扩大了业务的覆盖面和信息的交换量，为企业进行信息的实时处理、作出相应的决策提供了极其有利的条件。为了使企业业务流程能够预见并反映环境的变化，企业的内外业务流程必须保持信息的敏捷通畅。正如局限于企业内部的信息系统是不可能实时掌握瞬息万变的全球市场动态一样，多层次、臃肿的组织机构也必然无法迅速实时地对市场动态变化作出有效的反应。

因此，提高企业供应链管理的竞争优势，必然会带来企业业务流程、信息流程和组织机构的改革。这个改革，已不限于企业内部，而是把供应链上的供需双方合作伙伴包罗进来，系统考虑整个供应链的业务流程。ERP 系统应用程序使用的技术和操作必须能够随着企业业务流程的变化而相应地调整。只有这样，才能把传统 MRP 系统对环境变化的"应变性"上升为 ERP 系统通过网络信息对内外环境变化的"能动性"。BPR 的概念和应用已经从企业内部扩展到企业与需求市场和供应市场整个供应链的业务流程和组织机构的重组。

2.4.5 ERP 的核心管理思想

ERP 的核心管理思想是供应链管理，主要体现在以下 3 个方面，如图 2-14 所示。

1. 体现对整个供应链资源进行管理的思想

在电子商务时代仅靠企业自身的资源不可能有效地参与市场的竞争，还必须把经营过程

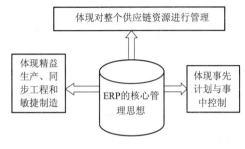

图 2-14　ERP 核心管理思想

中的有关各方，如供应商、制造工厂、分销网络、客户等纳入一个紧密的供应链中，才能有效地安排企业的产、供、销活动，满足企业利用全社会一切资源快速、高效地进行生产经营的需求，以期进一步提高效率和在市场上获得竞争的优势。换句话说，现代企业竞争不是单一企业与单一企业的竞争，而是一个企业的供应链与另一个企业供应链之间的竞争。ERP 系统实现了对整个企业供应链的管理，适应了企业在电子商务时代市场竞争的需要。

2. 体现精益生产、同步工程和敏捷制造的思想

ERP 系统支持对混合型生产方式的管理，其管理思想表现在两个方面。

（1）"精益生产"（LP）思想。该思想是由美国麻省理工学院提出的一种企业经营战略体系，即企业按照大批量生产方式组织生产时，把客户、销售代理商、供应商、协作单位纳入生产体系。企业同其销售代理、客户和供应商的关系，已不再是简单的业务往来关系，而是利益共享的合作伙伴关系，这种合作伙伴关系组成了企业的一个供应链，这是"精益生产"的核心思想。

（2）"敏捷制造"（AM）思想。当市场发生变化，企业偶有特定的市场和产品需求时，企业的基本合作伙伴不一定能满足新产品开发生产的要求，这时，企业就会组织一个由特定的供应商和销售渠道组成的短期或一次性供应链，形成"虚拟工厂"，把供应和协作单位看成是企业的一个组成部分，运用"同步工程"（SE）组织生产，用最短的时间将新产品打入市场，时刻保持产品的高质量、多样化和灵活性，这就是"敏捷制造"的核心思想。

3. 体现事先计划与事中控制的思想

（1）ERP 系统中的计划体系主要包括：主生产计划、物料需求计划、能力计划、采购计划、销售执行计划、利润计划、财务预算和人力资源计划等，且这些计划功能与价值控制功能已完全集成到整个供应链系统当中。

（2）ERP 系统通过定义事物处理相关的会计核算科目与核算方式，以便在事物处理发生时同时自动生成会计核算分录，保证了资金流与物流的同步处理和数据的一致性。从而实现了根据财务资金现状，可以追溯资金的来龙去脉，并可以进一步追溯所发生的相关业务活动，改变了资金信息滞后于物料信息的状况，便于实现事中控制和实时做出决策。

（3）计划、事物处理、控制与决策功能都在整个供应链的业务处理过程中实现，要求在每个业务流程处理过程中最大限度地发挥每个人的工作潜力与责任心，流程与流程之间则强调人与人之间的合作精神，以便在组织中充分发挥个人的主观能动性与潜能，实现企业管理从"金字塔式"组织结构向"扁平式"结构的转变，提高企业对市场动态变化的反应速度。

（4）在供应链上除了人们已经熟悉的商流、物流、资金流、信息流外，还有容易被人们所忽略的增值流和工作流。就是说，供应链上有 5 种基本"流"在流动。

从形式上看，客户是在购买商品或服务，但实质上，客户是在购买商品或服务提供的能带来效益的价值。各种物料在供应链上移动，是一个不断增加其技术含量或附加值的增值过程，在此过程中，还要注意消除一切无效劳动与浪费，因此，供应链还有价值增值链（VAC）的含义。不言而喻，只有当产品能够售出，增值才有意义。企业单靠成本、生产率

或生产规模的优势打价格战是不够的,要靠价值的优势打创新战,这才是企业竞争的真正出路,ERP 系统可提供企业分析增值过程的功能。

信息、物料、资金都不会自己流动,物料的价值也不会自动增值,要靠人的劳动来实现,要靠企业的业务活动——工作流或业务流程,它们才能流动起来。工作流决定了各种流的流速和流量,是企业业务流程重组(BPR)研究的对象。ERP 系统提供各种行业的行之有效的业务流程,而且可以按照竞争形势的发展,随着企业工作流(业务流程)的改革在应用程序的操作上作出相应的调整。

总之,ERP 所包含的管理思想是非常广泛和深刻的,这些先进的管理思想之所以能够实现,同信息技术的发展和应用分不开。ERP 不仅面向供应链,体现精益生产、敏捷制造、同步工程的精神,而且必然要结合全面质量管理(TQM)以保证质量和客户满意度;结合准时制生产(JIT)以消除一切无效劳动与浪费、降低库存和缩短交货期;它还要结合约束理论(TOC)(它是优化生产技术 OPT 的发展),来定义供应链上的瓶颈环节、消除制约因素来扩大企业供应链的有效产出。

随着信息技术和现代管理思想的发展,ERP 的内容还会不断扩展。让我们共同探讨 ERP 系统具有跨世纪意义的深刻内涵,为提高我国企业在全球市场的竞争力、提供全面的企业管理解决方案作出贡献。

2.4.6 ERP 系统的优缺点

如果 ERP 系统能够正确地安装并运转,那一定会给企业带来很大的竞争优势,其成果弥补资金和时间的投入应该是不成问题的。一个功能完整的 ERP 系统可以提高企业产能的利用,更准确地安排生产进度,减少库存,满足装运日期,提高供应链的高效运作。

1. ERP 的优点

ERP 系统优于 MRP 系统的地方就在于使用统一的数据库和架构,提供更广泛、更新的信息,从而实现更好的高层决策并从供应链中获益。ERP 也很擅长提供实时信息,便于供应链中的合作伙伴及时沟通和交流运营变化,避免运输延误。ERP 的设计也可以充分享用互联网的优势,使用户可以通过互联网交流和分享信息。

ERP 通过供应链过程的可视化降低整个供应链的库存,在订单的执行过程中,过程的可视化可以使供应、生产和物流更加顺畅。供应链可视化可以减少"牛鞭效应",帮助供应链成员更好地安排生产和产品的运输。

ERP 系统还可以帮助企业实现生产流程的标准化。许多制造企业存在不同业务单元生产相同产品,但使用不同流程和信息系统的情况。ERP 可以帮助制造企业的某些步骤实现自动化。生产过程的标准化可以减少资源的浪费并提高生产能力。

ERP 可以使企业特别是业务多元化的企业有效地跟踪雇员的操作并通过标准的方法和他们进行沟通。全公司的运营可以采用相同的评估体系和标准进行监控。统一软件平台和数据库还可以整合财务、生产、供应和客户订单信息。公司在一套软件中拥有所有信息,就可以跟踪物料、订单和财务状况并同时协调在各地的相同和不同业务单元的生产、库存和装运。

2. ERP 的缺点

可以看出 ERP 的优点是很明显的,但也并非没有缺点。例如,实施 ERP 需要一笔可观的资金。在前期评审 ERP 功能和供应商的时候就要花费大量的时间和金钱,还要采购必要的硬件和软件,还需要对员工进行培训。最近的一份调研显示,ERP 的平均拥有成本是 1 500万美元,最高达 3 亿美元,最低也要 40 万美元。ERP 的拥有成本包括购买硬件、软件、专业服务和内部的员工成本。另外,ERP 系统很复杂,不易实施。

然而,对 ERP 的最主要的批评还在于它是在特有的商业模式的基础上专门针对特定的业务流程而设计的。因为 ERP 软件中的业务流程都是参考行业内最好的公司而设计的,所以采用 ERP 的企业就要针对这个已经设计好的流程来调整自己的业务流程。这就造成了一种不利局面,即用软件去决定公司的业务流程和模式,而不是根据公司的业务流程和模式来设计软件。

2.5 CPFR 协同、规划、预测和连续补货

2.5.1 协同、规划、预测和连续补货(CPFR)出现的背景

随着经济环境的变迁,信息技术的进一步发展以及供应链管理逐渐为全球所认同和推广,供应链管理开始更进一步地向无缝连接转化,促使供应链的整合程度进一步提高。

高度供应链整合的项目就是沃尔玛所推动的 CFAR 和 CPFR,这种新型系统不仅是对企业本身或合作企业的经营管理情况给予指导和监控,更是通过信息共享实现联动的经营管理决策。

CFAR 是利用互联网通过零售企业与生产企业的合作,共同做出商品预测,并在此基础上实行连续补货的系统。CPFR 是在 CFAR 共同预测和补货的基础上,进一步推动共同计划的制订,即不仅合作企业实行共同预测和补货,同时将原来属于各企业内部事务的计划工作(如生产计划、库存计划、配送计划、销售规划等)也由供应链各企业共同参与。

2.5.2 CPFR 的定义

CPFR 是一种协同式的供应链库存管理技术,它能同时降低销售商的存货量,增加供应商的销售量。CPFR 的最大优势是能及时、准确地预测由各项促销措施或异常变化带来的销售高峰和波动,从而使销售商和供应商都能做好充分的准备,赢得主动。CPFR 采取了双赢的原则,始终从全局的观点出发,制定统一的管理目标以及实施方案,以库存管理为核心,兼顾供应链上其他方面的管理。因此,CPFR 能在合作伙伴之间实现更加深入广泛的合作。

2.5.3 CPFR 的特点

1. 协同

CPFR 要求双方长期承诺公开沟通、信息分享,从而确立其协同性的经营战略。

协同的第一步就是保密协议的签署、纠纷机制的建立、供应链计分卡的确立以及共同激励目标的形成。在确立协同性目标时,不仅要建立起双方的效益目标,更要确立协同的盈利驱动性目标,只有这样,才能使协同性能体现在流程控制和价值创造的基础之上。

京津冀协同发展规划,疏解非首都功能

2. 规划

CPFR 要求有合作规划(品类、品牌、分类、关键品种等)以及合作财务(销量、订单满足率、定价、库存、安全库存、毛利等)。此外,为了实现共同的目

标还需要双方协同制订促销计划、库存政策变化计划、产品导入和中止计划以及仓储分类计划。

3. 预测

CPFR 强调买卖双方必须做出最终的协同预测。CPFR 所推动的协同预测不仅关注供应链双方共同做出最终预测，同时也强调双方都应参与预测反馈信息的处理和预测模型的制定和修正，特别是如何处理预测数据的波动等问题。最终实现协同促销计划是实现预测精度提高的关键。

4. 连续补货

销售预测必须利用时间序列预测和需求规划系统转化为订单预测。一方面由于供应方的约束条件，如订单处理周期、前置时间、订单最小量、商品单元，另一方面零售方长期形成的购买习惯等，都需要供应链双方加以协商解决。协同运输计划也被认为是补货的主要因素。

例外状况出现的比率、需要转化为存货的百分比、预测精度、安全库存水准、订单实现的比例、前置时间以及订单批准的比例，这些都需要在双方公认的计分卡基础上定期协同审核。

2.5.4 CPFR 供应链的实施

1. CPFR 供应链的体系结构

CPFR 供应链的体系结构见表 2-6。

表 2-6 CPFR 供应链体系结构

	分　类	说　明
CPFR供应链体系结构	决策层	主要负责管理合作企业领导层，包括企业联盟的目标和战略的制定、跨企业的业务流程的建立、企业联盟的信息交换和共同决策
	运作层	主要负责合作业务的运作，包括制定联合业务计划、建立单一共享需求信息、共担风险和平衡合作企业能力
	内部管理层	主要负责企业内部的运作和管理，包括商品或分类管理、库存管理、商店运营、物流、顾客服务、市场营销、制造、销售和分销等
	系统管理层	主要负责供应链运营的支撑系统和环境管理及维护

2. CPFR 实施的框架和步骤

CPFR 实施的框架和步骤见表 2-7。

表 2-7 CPFR 实施框架和步骤

	名　称	说　明
CPFR实施的框架和步骤	识别可比较的机遇	订单预测的整合
		销售预测的协同
	数据资源的整合运用	不同层面的预测比较
		商品展示与促销包装的计划
		时间段的规定
	组织评判	
	商业规则界定	

(1) 识别可比较的机遇。CPFR 有赖于数据间的比较,这既包括企业间计划的比较,又包括一个组织内部新计划与旧计划,计划与实际绩效之间的比较,这种比较越详细,CPFR 的潜在收益越大。

在识别可比较的机遇方面,关键在于:① 订单预测的整合,CPFR 为补货订单预测和促销订单提供了整合、比较的平台,CPFR 参与者应该搜集所有的数据资源和拥有者,寻求一对一的比较;② 销售预测的协同,CPFR 要求企业在周计划促销的基础上再做出客户销售预测,这样将这种预测与零售商的销售预测相对照,就可能有效地避免销售预测中没有考虑促销、季节因素等产生的差错。

CPFR 的实施要求 CPFR 与其他供应和需求系统相整合。对于零售商,CPFR 要求整合比较的资源有:商品销售规划、分销系统、店铺运作系统;对于供应商而言,CPFR 需要整合比较的资源有:顾客关系管理(CRM)、高级计划与定时系统(APS)以及企业资源规划(ERP);CPFR 的资源整合和比较不一定都要求 CPFR 系统与其他应用系统的直接相连,但是这种比较至少是形成共同的企业数据库的基础,即这种数据库的形成是来源于不同企业计划系统在时间整合以及共同的数据处理的基础上。

(2) 数据资源的整合运用。

- 不同层面的预测比较。不同类型的企业由于自身的利益所驱使,计划的关注点各不相同,造成信息的来源不同,信息常常因不同来源产生不一致。CPFR 要求协同团队寻求到不同层面的信息,并确定可比较的层次。

例如,一个供应商提供 4 种不同水果香味的香水,但是零售商不可能对每一种香味的香水进行预测,这时供应商可以输入每种香味的预测数据,CPFR 解决方案将这些数据搜集起来,并与零售商的品类预测相比较。

- 商品展示与促销包装的计划。CPFR 系统在数据整合运用方面一个最大的突破在于它对每一个产品进行追踪,直到店铺,并且以包含展示信息的销售报告形式反映出来,这样预测和订单的形式不仅是需要多少产品,而且包含了不同品类、颜色及形状等特定展示信息的东西,这样数据之间的比较不再是预测与实际绩效的比较,而是建立在单品基础上,包含商品展示信息的比较。

- 时间段的规定。CPFR 在整合利用数据资源时,非常强调时间段的统一,由于预测、计划等行为都是建立在一定时间段基础上,所以,如果交易双方对时间段的规定不统一,就必然造成交易双方的计划和预测很难协调。

供应链参与者需要就管理时间段的规定进行协商统一,诸如预测周期、计划起始时间、补货周期等。

(3) 组织评判。一旦供应链参与方有了可比较的数据资源,他们必须建立一个企业特定的组织框架体系以反映产品和地点层次、分销地区以及其他品类计划的特征。

企业通常在现实中采用多种组织管理方法,CPFR 能在企业清楚界定组织管理框架后,支持多体系的并存,体现不同框架的映射关系,CPFR 所支持的多层组织框架,见图 2-15。

(4) 商业规则界定。当所有的业务规范和局部资源的整合以及组织框架确立后,最后在实施 CPFR 的过程中需要决定的是供应链参与方的商业行为规则,这种规则主要表现在例外情况的界定和判断。

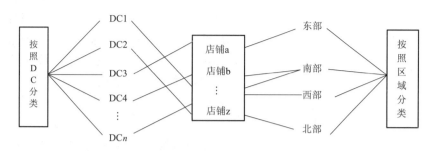

图 2-15 CPFR 所支持的多层组织框架

2.5.5 CPFR 实施过程中应当关注的因素

（1）以"双赢"的态度看待合作伙伴和供应链相互作用。
（2）为供应链成功运作提供持续保证和共同承担责任。
（3）抵御转向机会。
（4）实现跨企业、面向团队的供应链。
（5）制定和维护行业标准。

2.6 ABC 管理法

物动量 ABC 分类

2.6.1 ABC 库存分类管理法

1. ABC 库存分类管理法的基本原理

由于各种库存物品的需求量和单价各不相同，其年耗用金额也各不相同。那些年耗用金额较大的库存物品，由于其占压企业的资金较大，对企业经营的影响也较大，因此需要进行特别的重视和管理。ABC 库存分类法就是根据库存物品的年耗用金额的大小，把库存物品划分为 A、B、C 共三类。

（1）A 类库存品。其年耗用金额占总库存金额的 75%~80%，其品种数却占库存品种数的 15%~20%。

（2）B 类库存品。其年耗用金额占总库存金额的 10%~15%，其品种数占总库存品种数的 20%~25%。

（3）C 类库存品。其年耗用金额占总库存金额的 5%~10%，其品种数却占总库存品种数的 60%~65%。

2. ABC 库存分类管理法的实施步骤

（1）先计算每种库存物资在一定期间，例如一年内的供应金额，用单价乘以供应物资的数量。

（2）按供应金额的大小排序，排出其品种序列。

（3）按供应金额大小的品种序列计算供应额的累计百分比，并绘 ABC 分析图，见图 2-16。

3. ABC 库存管理准则

（1）A 类库存商品。对于这类品种少、价值高的商品，应当投入较大力量精心管理、

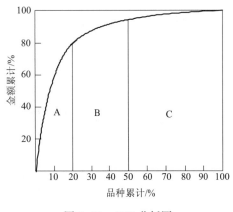

图 2-16　ABC 分析图

严格控制，防止缺货或超储，尽量将库存量压缩到最低，并保持最高的服务水平，即最少 98% 的存货可得性。按库存模型计算每种商品的订货量，按最优批量、采用定量订购方式订货；严密监视库存量变化情况，当库存量一旦降到报警点时便马上订货；库存进、出库记录填写严格；对需求进行较精确的预测，尽量减少安全库存量。

（2）B 类库存商品。这类库存品属于一般的品种。按经营方针调节库存水平，保持较高的服务水平，至少 95% 的存货可得性。单价较高的库存品采用定量订货方式；其他的采用定期订货方式，可对若干商品进行联合统一订货，存货检查较频繁，物品进、出库记录填写比较严格，并保持较多的安全存货。

（3）C 类库存商品。对企业的经营影响最小，对其的管理也最不严格。集中大量订货，以较高的库存来减少订货费用，并保持一般的服务水平，即大约 90% 的存货可得性；存货检查按年度或季度进行。简单填写物品进出库记录，多准备安全存货，减少订购次数，降低订货费用。

4．ABC 库存管理法的优点

（1）压缩了总库存量。

（2）解放了被占压的资金。

（3）使库存结构合理化。

（4）节约管理力量。

2.6.2　基于活动的成本控制——ABC 方法

1．概述

ABC 方法是一个过程，它超越了传统成本会计的界限，将企业的直接成本与间接成本分配到各个主要活动中去，然后将这些活动分配给相关的产品和服务。通过把企业主要活动和特定的产品或服务联系起来，帮助管理者了解耗费资源的真正原因和每项产品与服务的真实成本。

作为一种现代战略管理工具，ABC 方法克服了传统的成本会计过程中的许多不足。它的出现基于这样一个概念，即活动消耗资源，产品和服务消耗活动。ABC 方法的基本原理见图 2-17。

2．实施步骤

（1）获得最高管理层的支持和同意。ABC 要求与企业不同部门的代表组成跨部门小组，最高管理层的支持会鼓励小组成员相互合作。

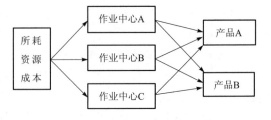

图 2-17　ABC 方法的基本原理

ABC 方法将对企业及其活动的传统观念形成挑战，可能会要求企业机构的改革。高层管理者必须能够支持这种根本性的改革。

（2）实施小组必须获得必要的信息以确定资源、活动成本指示器和成本对象。

（3）是跨部门小组利用企业总账及平衡账目的信息来为各个成本对象分配活动，为各项活动分配资源。

3. 核算

（1）程序。
- 确定各项作业的成本动因，可与技术业务人员共同讨论易获得；
- 对作业进行筛选，建立作业成本中心和作业成本中心库；
- 依据资源动因，把各项作业消耗的资源追加到各作业中心；
- 根据产品对作业的消耗，将成本分配给最终产品项目。

（2）作业成本分配。
- 某项作业成本分配率＝该作业中心作业成本总额/该中心的成本动因量化总和；
- 某产品的某项作业成本分配率＝该产品消耗某作业量的总和×该项作业成本分配率。

4. 成功实施的关键因素

（1）开展企业内部全体员工针对 ABC 方法的教育学习。

（2）适当的定位。

（3）企业内部清晰的目标沟通。

（4）鼓励企业内部各部门提供各种帮助，并且识别相应的行为变化，参与 ABC 过程的各个员工必须广泛地获取各种信息，搜集来自各个部门的意见。

（5）用试验项目开始实施过程。

（6）能够看到实施 ABC 所带来的好处和成功。

5. 用途

（1）把管理费用分配到各项产品或服务。

（2）了解企业内部各项活动的实际成本。

（3）了解各项产品或服务的实际成本。

（4）了解企业产品、服务和顾客的赢利能力。

（5）量化、测量、分析和改进企业的业务流程。

2.7　VCA 价值链分析法

价值链分析

2.7.1　VCA 概念和定义

VCA 是一个过程，是企业使用的一套工具，用来评估当前的经营状况，评价拟定的改进措施的潜在影响。

（1）VCA 不同于传统方法，它为企业内部影响其产品或服务价值的所有活动分配成本，同时也能从贸易伙伴的角度来看待成本。

（2）VCA 意味着，企业应根据拟定的变革方案对各贸易伙伴所产生的综合影响来确定削减成本的重点，以避免供应链某个环节的变化导致的整个价值链成本增加、效率下降。价值链分析的过程包括搜集数据并把数据输入到一系列模型中，现在这些模型可以用计算机程序来实现。企业利用这些模型作为工具来分析数据并形成报告。

2.7.2 为什么使用 VCA

企业实施 ECR 计划时，使用 ECR 来确定工作重点和战略方向，其原因在于 VCA 可以为企业解决下面几个十分棘手的问题。

（1）企业当前的业绩如何，ECR 对企业的经营和生产产生哪些影响？

（2）在特定的业务目标和品种战略下，哪些 ECR 的概念最重要，应如何实施？哪些产品品种能提供最好的机会？应与哪些贸易伙伴合作？

（3）在认识到企业应付和管理环境变化的能力的前提下，如何进行试验并筛选 ECR 概念？相关联的工作计划和现金流又怎样？

回答了以上问题，企业就能确定实施计划的方向，或者证明当前的计划已足够完备且重点突出。

成功实施 ECR 的关键在于进行一场变革，这场变革可以使企业能够循序渐进地发展所需的管理技能。但变革的步伐应该与企业特定的业务需要相一致，与员工和企业吸收变化的能力相适应。

2.7.3 VCA 的特征

一般来说，VCA 的整个实施过程至少需要两周时间，但也可能长达两个月。VCA 的实施过程有以下特征。

（1）不管是零售商、批发商、经纪人还是日用百货制造商都可以开展研究，来评估实施 ECR 对企业当前的经营和业绩的潜在影响。

（2）上述研究的内容包括 VCA 模型中的 ECR 改进方法组合的影响。

（3）第一次使用 VCA，其范围通常局限在对企业最为重要的产品品种上。一般来说，生产者可选出 3~5 个品种，而零售商或批发商往往选 12~15 个。但必须谨慎选择产品品种，以保证所选品种对供应链上的所有贸易伙伴都有意义。经常用的一条实用准则是：所选的品种应与一般零售店安排货架的方式相一致，即以方便购买为目的给产品分类。

（4）对于所选的每个品种，VCA 都要分析处理其在整个供应链的所有产品流——从原材料开始经过所有贸易伙伴到消费者付款台的整个过程。

（5）依靠贸易伙伴所扮演的不同角色，供应渠道可以包括自我配送零售连锁，需送货批发商供应系统、自提货批发商供应系统、只送货直接店铺送货、全面服务直接店铺送货 5 种基本分销渠道的任何组合，以确保在合适的时间、合适的地点、把合适数量的产品以合适的价格送到合适的地点。

2.7.4 VCA 的实施任务

VCA 的实施任务如下。

（1）为 VCA 研究做准备。

（2）确定当前成本基准。

（3）收集主要业绩指标。

（4）评估 ECR 的成熟程度。

(5) 估测成本的降低额。
(6) 准备最终报告。

2.8 JIT 准时化管理

准时化生产 JIT

2.8.1 JIT 的产生及基本思想

JIT 技术是由日本丰田汽车公司开发出来的看板管理方式,又称为及时管理方式,是顺应市场需求多样化的要求,作为一种在多品种、小批量的混合生产条件下,高质量、低成本地进行生产的方式在实践中被创造出来的。

JIT 的基本思想是库存就是浪费,消除库存就是消除浪费。这就要求企业只在必要的时间、按必要的数量、生产必要的产品,不过多、过早地生产暂不需要的产品。

2.8.2 准时制的要素

表 2-8 介绍了 JIT 主要组成以及每项组成的简要描述。要根据企业各自的资源、产品和加工的特点以及从前实施类似项目的成功经验和失败教训,采取不同内容的 JIT 以及其他精益项目。企业成功实施 JIT 一般都要包括下面这些要素。

表 2-8 JIT 组成

组 成	描 述
减少浪费	减少浪费是 JIT 思想中至关重要的一个观念,包括减少多余的库存、物料的移动、生产步骤、废料的丢弃、退货和返工
JIT 合作伙伴	与买家和客户以及相关的有共同目标的企业协同工作,目标就是减少浪费、提高速度和降低成本
JIT 布局	在制品库存被放在靠近每个生产线的地方,设备的布局要设计得尽可能减少人员和物料的移动,流程的设计要顺畅
JIT 库存	通过减少批量、缩短启动时间和减少安全存货可以降低库存,由此会揭示出流程中的各种问题,然后再控制和解决这些问题
JIT 进度安排	企业生产小批量多批次的产品,便于实现产品的更换和达到平稳生产;与供应商就更小更频繁的采购订单进行沟通,给客户提供更频繁的运送服务;系统中使用看板管理对在制品进行拉式管理
持续改进	当排队和等待时间减少,就更需要持续地关注来解决问题和改进流程;当安全库存降低,就更需要高水平的质量来避免生产过程中断,就会更加关注供应商的供货质量
人力支持	员工经过相互培训可以增加流程操作的灵活性以及解决问题的能力;员工在零部件进入生产线的时候就监控它的质量;员工被授予更大的职责,被给予更多的权力和资源来发现和解决问题
JIT Ⅱ	供应商联盟的进一步发展更为流行;供应商的代表就在买家公司上班并以买家的身份进行采购;供应商代表可以了解买家的设备和数据

1. 减少浪费

所有 JIT 项目贯穿始终的目标就是尽可能减少浪费。企业通过减少生产系统中的浪费，实现产品的成本降低和价值增加。这里的浪费包括额外的等候时间、多余的库存、物料和人员移动、处理步骤、变化以及任何其他不产生价值增加的行为。Syncra Systems 是一家致力于提高供应链效率的公司，它估计：在一个典型的供应链中有 20%～30% 的库存是被错误配置的，企业的员工和经理必须对流程、方法和物料进行持续的评估，看它们对公司的产品和服务的贡献程度。在这个过程中还包括员工的互动管理、对减少浪费的持续投入以及与客户的沟通和反馈。浪费的减少会带来更低的成本、更短的订货周期、更好的质量和竞争优势。减少浪费是 JIT 中的主旋律。

2. JIT 合作伙伴

一般情况下，公司都要保持一定程度的安全库存，因为供应商的运输时间可能不稳定或者质量不能总是满足特定的要求。在配送方面，成品在装运给客户前保存在库房里，在某些情况下经常要几个月时间。保存这些库存要消耗企业的资金并且不产生任何价值，因此被视为浪费。

当核心企业与它的供应商和客户开始协同工作，降低浪费，减少成本，提高质量和客户服务时，这就意味着 JIT 合作伙伴关系的形成。通过供应商成本降低（SCORE）项目，戴姆勒—克莱斯勒鼓励它的供应商在生产流程中找到减少浪费的方法。供应商提交的减少浪费方案涉及物流、设计、生产、资源和管理。在几年当中，戴姆勒—克莱斯勒从 SCORE 中节约了数百万美元。因此，JIT 合作伙伴关系常常存在于公司与它的核心供应商当中，或者是公司与它的核心客户当中。在与供应商发展合作伙伴关系的时候，企业确定它最好的供应商并且为核心供应商提供培训和大部分的采购订单，同时与绩效差的供应商减少合作直至取消采购。这样企业就可应用采购杠杆获得最好的质量和服务保证。福特汽车公司甚至还设立了福特供应商学习学院来帮助供应商提高运营水平。

JIT 采购包括将小批量，多批次的物品运送到核心企业的指定地点。这样可以使采购企业保持比较低的库存水平。但频繁的运输势必增加供货企业的成本，为降低这些成本，供应商经常被要求在采购企业的附近设厂或建立仓库。如今的许多配送中心就为客户提供货物周转和再包装。

从几家供应商进行小批量、多批次的采购可以使采购企业处于更有利的位置。因为保持的库存水平较低，所以每次的运输就必须准时，数量要准确，质量要可靠。为达到这个目标，汽车工业策进会（AIAG）最近出版了管理手册，指导原料在 EDI 中的标准化。这样，采购商就可以通过 EDI 系统进行较大批量的采购。随着 JIT 的熟练使用，合作伙伴之间就可以建立起长期的、平等互利关系。例如，福特汽车公司就将所有内部和外部的商品流动和运输都委托给 Ryder 物流公司，以达到物流效率的最大化。

核心企业还一直努力和他们的关键客户建立这种平等互利的 JIT 合作伙伴关系。一旦建立这种关系，企业就可以为其主要客户提供高水准的服务。它们将生产设施和仓储设施建在客户附近，为客户提供小批量、多批次的及时运输。你可以看到相互平等、相互受益的关系出现在 JIT 合作伙伴之间，帮助所有参与者实现价值的增值和竞争力的提高。凯迪拉克有一个针对客户快速运输的项目，即凯迪拉克针对客户的需求在全美 11 个地区建立中转仓库。客户一旦在经销商处选中汽车，他们就可以在 24 小时将车运到。

3. JIT 布局

设计 JIT 布局的主要目标就是减少多余的移动。在生产现场的物品和人员移动并不产生任何价值，JIT 布局就是要在需要的时间和地点实现物品和人员的移动。在处理物品移动的流程中，设备要彼此靠近。

成组技术工作单元是将处理相同或类似部件的流程安排在一起，减少重复的设备和人员，同时更加关注相同业务单元的采购和运输。在多数情况下，这些工作单元被设计成"U"形、"T"形，以便于操作人员的操作和物料的移动。在有组装流水线的车间，工作单元一般都紧临着传送带，这样完工的半成品就可以直接传送到下一环节，而不必先找地方储存，然后等需要的时候再取出来。工作单元本身也被设计成灵活的小型传送带，并且可以根据流程的需要进行构造上的变化，而且装上轮子或者挂上起重机就可以推动挪走。

JIT 布局还要保持视野开阔，这样操作人员站在他的位置就可以看到其他工位工作的进展情况。所有采购的和在制品库存都码放在车间的地板上，不受遮挡的视野可以让操作人员容易发现库存的积压情况和避免瓶颈的出现，一旦出现也会及时发现并采取行动。相对较近的设备和相对功能一致的工作单元放在一起，有利于问题的协调解决，并且比传统布局节约空间。

JIT 布局还有利于直接找到问题的根源。因为原材料和零部件是从一个工作单位传到另一个工作单位的，因此在传递的每个环节都接受下一个环节的监督，发现问题可以及时追查到上一工序。

4. JIT 库存

根据 JIT 的理念，库存被视为一种非常严重的浪费，因为它会掩盖采购、生产和质量等许多问题，库存后面隐藏着一系列损害价值的问题，减少库存则会让各种问题表露出来。当这些问题被发现和解决以后，公司产品的价值就会提高，系统运转就会更加有效。例如，当降低物料的安全库存时，一旦运输延误供应就会中断。公司可以自己找到解决问题的办法也可以换一家更好的供应商。不管如何解决问题，其结果都将是企业在更低库存投入的情况下运转更顺畅。这个原理对于生产设备也一样。维护良好的设备不会中途停产，所以保持较低的安全库存也要基于对生产设备的良好维护。

另一个降低库存水平的方法就是降低订货批量和生产的批量。图 2-18 介绍了这一点。假设消耗是一定的，如果将订货数量和生产批量减半，那么平均库存也会减半。但不幸的是，这样安排也意味着更多的订货和更多的生产启动。因此必须要降低订货成本，这一点可

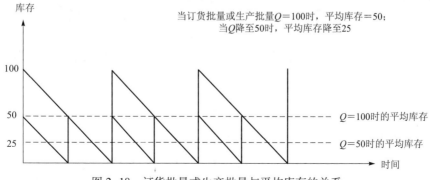

图 2-18 订货批量或生产批量与平均库存的关系

以通过基于电子数据交换（EDI）和互联网的自动采购流程来实现。例如，现在公司开发了一种虚拟库存系统（VIS），允许分销商将库存信息反馈到共享数据库中，对小型买家的 JIT 订货提供快速反应。

启动生产设备需要宝贵的时间，因此增加设备启动的次数同时就要减少设备启动的时间。减少启动时间的方法很多：包括在上一批次生产过程中就做好重新启动的准备、将生产工具放在附近的地方、改进工具和接口环节、将启动步骤标准化、尝试各种缩短启动时间的方法、采购需要较少启动时间的机械设备。

最后，随着库存的逐步降低，隐藏的问题被发现并得以解决，公司还可以进一步地发现其他问题并一一解决。经过多次的努力，公司会逐步改进其运作效率。

5. JIT 进度安排

企业应该多批次、小批量地采购，联合更好的供应商，每次生产的批量不要太大。这些内容说起来容易，但实际做到就不那么容易了。许多企业都在这些方面做了尝试，但却以失败而告终，最后还是保有大量的库存，生产大量的产品去销售，而不是解决上述问题使生产更加轻盈和有效。为保证小批量生产，生产流程中的内部和外部交流，都需要一个合理的时间进度安排，这是保证 JIT 顺利实施的一项关键内容。

小批量生产减少了采购、在制品和成品的库存，因此降低了成本，同时也可以更加灵活地满足客户的需要。图 2-19 表明了这一点。在同样长的时间里，小批量生产可以变换产品 9 次，而大批量生产的情况下只能变换产品 3 次而且还不包括生产产品 D。保持一定水平的小批量生产可以帮助供应商提前计划和安排运输，避免运输的延误。

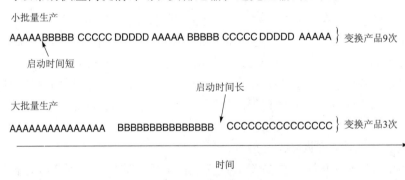

图 2-19 小批量可以增加灵活性

JIT 过程中的小批量生产是通过使用看板完成的。在 JIT 应用中，看板被视为一种信号。当工作单元需要零部件和物料时，它们就用看板向上一环节或外部供应商发出信号，提出需要供应的具体要求。上一环节或供应商只有收到这种指令才会采取行动，这就是为什么 JIT 系统被称为"拉式"系统。理想情况下，零部件放在标准的盛物箱中，每个盛物箱都配有一个看板。图 2-20 介绍了看板拉式系统是怎样运转的。当完成的部件从工位 B 放到传送带上时，会发生如下的事情。

（1）在工位 B 的出货区的盛物箱空了，则生产看板的一个指示灯、旗子或信号就会提醒工位 B 的操作人员加快生产，补足出货区的空缺。

（2）接着，工位 B 区的操作人员就从其进货区取出物料进行组装，因此这个区的盛物箱就空了，此时看板中的一个指示灯、旗子或信号就向工位 A 的操作人员发出提示，要求

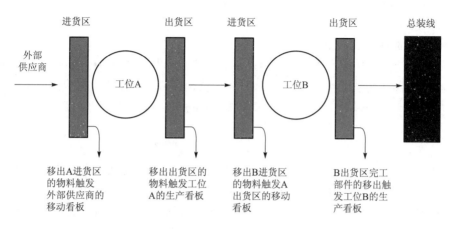

图 2-20 看板拉式系统

及时补货。这样,工位 A 的部件就从其出货区进入工位 B 的进货区,此时工位 A 的出货区就空了。

(3) 然后,生产看板就会及时提示工位 A 的员工及时生产,补足出货区的空缺。

(4) 最后,当工位 A 的进货区空了的时候,就会通过看板通知外部的供应商,及时给工位 A 的进区补货。

因此,看板管理也被用来控制生产中的库存。生产流程中的库存不能超过每个盛物箱的体积,盛物箱的数量也不能增加。当盛物箱满了以后,生产就先停下来直到与它直接相关的看板做出响应。在 JIT 系统中,下面的关系可以用来决定盛物箱的数量:

$$盛物箱的数量 = DT/C$$

式中:D 为某个盛物箱在单位时间的需求数量;T 为一个盛物箱在系统循环中所需的时间,从被装满、移动、被取空到又被装满的时间;C 为盛物箱的大小,能装部件的数量。

例如,假设总装线上对 B 出货区的需求是每小时 20 个部件,标准的盛物箱能容纳 5 个这种部件。如果工位 B 对这种部件的循环时间是 2 小时,那么这里需要的盛物箱的数量就是:盛物箱的数量 $= DT/C = (20 \times 2)/5 = 8$。

在这个工序中最大的库存就是盛物箱的数量乘以容积,即 40 个。因此,减少这个环节的库存就要减少盛物箱的数量。当然,减少盛物箱的同时需要缩短单个盛物箱的循环时间,才能满足总装线需求。这就需要减少启动时间、处理加工时间、等候时间和物品移动时间。

6. 持续改进

前面间接提到,JIT 系统的运转是不会停止的。紧密的设备布局有利于产品在工厂内部合地流动。库存从储存区移到生产车间,再到装进每个工位设计好的盛物箱里。采购和生产都是以小量在进行。在这样的系统里,开始的问题从表面看是供应商要努力适应频繁地准时送货,在线工人努力地保持产出水平,同时经常性地启动机器以适应小批量生产的需要。为使 JIT 系统更好地运转,员工们需要持续地解决供应商的运送和质量问题,在生产环节解决移动的问题、可视性的问题、机器停工的问题、启动问题和内部质量问题。在日本的制造企业,这种情况被称为改善。一旦某个题得到解决,将某个工位的盛物箱去掉一个,就又开始了一轮新的问题解决过程。这就是持续改进。直到所有的事情都变得尽善尽美,在需要的时候生产出所需要的质量和数量的产品。

质量改进也是 JIT 持续改进的一部分。例如,无论是从外部供应商还是从内部生产单元得到零部件,如果不能满足生产的需要,那么和没有得到是一样的。它给生产流程带来的短期结果就是缺货和停产。在较低的安全库存和在制品库存的情况下以较高的质量为保证,是在生产过程中必不可少的。

7. 人力投入

JIT 的成功实施取决于大幅度地降低浪费和持续改进,因此从事有关工作的人必须在这个过程中扮演重要的角色。企业的经理必须保证给予强有力的支持,包括提供有关技术、工具、时间和其他必要的资源来发现问题和实施解决方案。企业的高层经理需要营造一种氛围,即鼓励发现问题。例如,为了提高在戴姆勒—克莱斯勒配送中心的效率,管理人员要依靠仓储工人的建议。公司挖掘工人好的想法,目的是提高生产能力、效率和士气。正如戴明在他的管理理论中指出的那样,消除基层工作人员对管理层的恐惧是建立成功企业的基本要求。

公司员工要进行各生产环节的相互培训,以便员工可以在机器停工或他人请假的时候接替不同的工作。工人要在工作日花费一定的时间研究如何减少机器的启动时间,同时解决其他生产问题。另外,他们还需要进行一定次数的质量检查。一旦发现质量问题,工人可以要求停止生产,直到问题的起因被找到并得到解决。许多在实施 JIT 企业的员工喜欢自己的公司,因为他们被授予一定的职责并且被视为企业成功实施 JIT 的重要环节。

8. JIT Ⅱ

JIT Ⅱ 是一个相对较新的概念,它是供应商伙伴和卖方控制库存的延伸。兰斯·迪克逊是博士音响公司的 JIT Ⅱ 教育和研究中心的总经理,他被公认为是 20 世纪 80 年代 JIT Ⅱ 的创始人。如今的环境好像是进入了爆炸期,许多美国的大企业拥有几十家 JIT Ⅱ 的合作伙伴。这种合作关系是指供应商的员工到采购商的采购部门上班,在那里既扮演供应商的角色,也扮演采购商的角色。这个人会被采购商授予足够的责任和权力;负责监控库存水平、下达采购订单、参加产品设计和价值分析小组、查阅采购商的有关文件和记录。例如 JIT Ⅱ 处理博士音响公司运输业务的小组成员包括零担运输承运商、整车运输承运商、一家进出口经纪公司和一家主要的海运承运商。这些公司的代表都和各自公司的信息系统保持密切沟通,并且和博士音响公司的运输小组成员一起工作,以确保博士音响公司的工厂能在规定的时间收到他们所需要的部件和产品。这个系统降低了 50% 的货物迟到、37% 的运输费用和 87% 的运输差错。

JIT Ⅱ 对于合作伙伴双方有着显著的好处。首先,采购公司用到了免费的员工,而供应公司得到了未来采购的保障。买卖两家公司也通过这种协作增进了沟通。供应商可以在这种合作中很快了解到有关新产品和设计变更将给公司带来的影响。而且,生产中出现的因供应商产品质量和服务所导致的问题也更容易被供应商代表所发现并转达给他们的公司。因此,这种合作方式对双方都有利。

思考题

1. QR 对厂商、零售商的优点是什么？
2. QR 成功必须具备的条件是什么？
3. 供应商合理化需要考虑哪些因素？
4. QR 的最新发展是什么？
5. ECR 产生的背景是什么？
6. ECR 有哪些应用原则？
7. 如何进行 ECR 系统的构建？
8. EOS 的效益表现在什么方面？
9. ERP 是如何产生的？
10. ERP 同 MRP 的区别有哪些？
11. ERP 的核心管理思想体现在什么方面？
12. ERP 系统有哪些优缺点？
13. 简述 CPFR 实施的框架和步骤。
14. CPFR 实施过程中应当关注什么因素？
15. ABC 库存管理法有什么优点？
16. 基于活动的成本控制——ABC 方法的核算程序和成功实施的关键因素分别是什么？
17. 为什么要使用 VCA？
18. JIT 的基本思想是什么？
19. 准时制的组成要素有哪些？

案例资料

ERP 失败案例之业务流程再造失误

业务流程再造并不是越先进越好，而是一个逐步优化的过程。

建立清晰合理的业务流程体系是 ERP 项目实施成功的关键因素，ERP 作为一个管理工具主要提供决策支持数据及监控业务过程，而清晰合理的业务流程体系能保证 ERP 系统提供准确有效的数据而不是垃圾数据，同时保证业务系统更加规范，提高效率。

汪某所在的公司（以下简称 A 公司）ERP 项目的最终失败，主要是没有做好以下三方面的工作。

实施前要明确各司其职

在做业务流程规划前实施顾问、项目小组、公司有决策权的高层及相关部门要共同分析现有业务模式及特点与标准业务流程的差距，结合现状制定未来的业务流程体系，明确各相关部门业务模式及操作步骤，如系统中销售、采购、仓库等业务需要那些业务单据。

这些业务单据由哪些业务部门分别负责维护，异常情况如何处理，对一些公共数据如物料、BOM（物料清单）、客户、供应商等更要制定严格的维护审核流程，如这些公共数据不准确，对以后的仓库数据的准确性、计划系统的正常运行、统计分析报表的生成都有很大的影响。

确定好部门及岗位职责后要形成业务流程图及流程说明，分发到相关部门并签字确认，如此就不会出现像 A 公司那样系统试运行一开始，就不时有各个部门的领导和操作人员来申诉的现象。

但要注意的是在做业务流程规划时，要结合企业实际情况把合适的工作放在合适的部门去做，如物料和 BOM 维护通常都是放在技术部门，但有些外购原材料通常都没有企业编码，像这样的情况只要制定好编码规则，还是放在具体使用的业务部门比较合适。

一个制造型企业，实施三年多时间，其他模块使用情况都很好，就是计划系统还是手工操作，当时他们 BOM 由技术部维护，技术部制定的物料消耗定额、成品率、损耗率、工时定额都是理论值，与生产车间实际差距很大，计划部门只有手工另建一套系统进行计划运算，使 ERP 使用效果大打折扣。

后来改为由计划部门制定 BOM 的物料消耗定额、成品率、损耗率、工时定额，技术部门只是审核 BOM 的物料代码与图纸的吻合度，经此流程更改后，预计 2 个月后将由 ERP 系统替代手工计划运算。

流程作为正式管理制度固化

新业务流程经与各相关部门达成共识后，要作为企业的正式文件下发到业务部门，并要指定流程执行监督部门，同时要有配套的奖罚制度，保证业务单据的时效性和准确性，业务能按正常的步骤执行下去。

一般流程执行监督部门设在 IT 部门比较合适，因为 IT 部门取得系统执行状况数据比较容易，奖罚制度执行部门可放在人力资源部，有条件的企业可与绩效考核指标挂钩，经过一段时间的适应性运行，使大家都养成良好的业务习惯。

本文中 A 公司由于主管副总调离就造成系统近乎瘫痪。一是当初在制定业务流程没有和业务部门达成共识；二是流程的执行只是依靠个人的影响力去推动，而不是靠大家良好的业务习惯去执行；三是没有相关的流程执行监督部门，像这种情况核心人员的变动最易造成系统的不稳定。

选择适合的系统

业务流程再造并不是越先进越好，而是一个逐步优化的过程。在做业务流程规划时要充分考虑企业的管理现状、员工素质，如一般上系统前都要对业务部门的职责重新规划，使部门间形成相互监督制约的机制，这样就会使一些业务部门失去由于管理漏洞而得到的局部利益，或失去一些职权范围。

在民营企业这样的业务流程改造比较容易实现，而在国有企业这样的业务流程改造则要冒很大的风险。

又如在理想的情况下采购业务流程如下：计划部门根据销售或预测数据运算出原料需求；采购部门根据计划提供的需求数量分配给供应商；质检根据采购计划验货；仓库根据质检结果入库；财务根据仓库入库单进行账务结算。

以上采购业务流程看起来很合理，没有什么问题，但在实际实施过程中很少有企业能做到这一步。

首先，计划数据运算的准确性就需要企业有很高的管理水平，即使计划数据准确了，采购计划也要受到采购批量、供货品质限制，还有诸如检验标准建立、仓库管理水平等，所以像 A 公司这样想当然地按先进的管理思想重做流程的模式必然行不通，应该结合企业实际情况制定切实可行的业务流程体系，并在实施过程中逐步优化改进。

（资料来源：http：//365et.online.sh.cn/shownews.asp？idx＝25039）

从《三国演义》看《供应链管理》之一

1.《供应链管理》的知识

在教材"2.1.1　QR 产生的背景与含义"中有如下表述：

QR 的含义：指在供应链中，为了实现共同的目标，至少在两个环节之间进行的紧密合作。目的是减少原材料到销售点的时间和整个供应链上的库存，最大限度地提高供应链的运作效率。

2.《三国演义》第一百二十零回有如下情境

孔明六出祁山前，愿以只手将天补；何期历数到此终，长星半夜落山坞！蜀建兴五年（公元二三七年）起，诸葛亮便开始率军北伐曹魏，至建兴十二年（公元二三四年）共六次出师，史称"六出祁山"。

3. 我们的理解

（1）六出祁山面临的一些问题：

蜀道艰难，运粮不便。且孤军远征，粮草兵马能否维持正常的供给，尤显重要。

欲要攻魏，捷径即攻长安，然取长安的路除了陈仓外，其余小路盘涉艰难。只要魏军在陈仓坚守不出，就很难进攻长安，耗时之久难估量。

（2）为完成公司进一步拓展海外市场的战略部署，作为公司决策者——诸葛亮，面对项目的重重难关，作了如下决策：鉴于征路崎岖，长途跋涉艰难，于是诸葛亮发明了运输工具"木牛流马"；一方面在渭水分兵屯田，以作长期战争的粮食供应之需；另一方面诸葛亮曾与孙权约定同时攻魏。

（3）六出祁山与供应链：QR 快速反应。

发明木牛流马——诸葛亮根据供应需求及目前的线路状况，采用了新的运输工具，减少了商品到销售点的时间，提高了供应链的运作效率。

分兵屯田待战——诸葛亮针对商品产地离市场较远，运输成本高且无法及时补货，于是决定直接在靠近销售区建立生产基地和配送中心，从而降低了运输成本，加快了补货的及时性。

4. 给我们的启示

（1）在稳步拓展营业网点时，诸葛亮在人事管理上处理不当，马谡骄傲轻敌，上任不久，就把市场份额拱手让给了竞争对手。（在一出祁山战事中，诸葛亮任用"言过其实"的马谡，结果痛失战略要地街亭，乃施"空城计"而返……此后，魏国便加强了边境防御，此番出祁山实乃"打草惊蛇"。）

（2）对公司的人力资源规划不够，缺少一个足智实干的团队一起协商划谋，未能培养一些实用人才,造成公司人才断层。(诸葛亮六出祁山时,蜀国五虎仅余赵云,武将甚少。)

(3) 对公司库存、财务、经营状况、生产控制、销售,没有适应变化与实时分析,并相应作出正确的决断。(据史料记载:蜀亡时户籍人口只有98万,而六出祁山的军队却有10万之多,而魏国有人口440万,总兵力60万,实力差距明显。诸葛亮在久战无果、国力愈渐消耗时,却不思止战、休养生息,待扩充实力再战。)

(10级物流一班:何新祥、钟志琴、胡雪琴、操海泉、窦东岳)

从《红楼梦》看《供应链管理》

1. 《供应链管理》的知识

在教材"2.2.3 ECR的应用原则"中有如下表述:

必须以较低的成本,不断致力于向食品杂货供应链顾客提供更优的产品、更高的质量、更好的分类、更好的库存服务以及更多的便利服务。ECR(有效顾客反应)必须由相关的商业带头人启动,必须利用准确、适时的信息支持有效的市场、生产及后勤决策。同时也必须建立共同的成果评价体系,来降低成本与库存以及更好的资产利用,实现更优的价值。总之,ECR是供应链各方推进真诚合作来实现消费者满意和实现基于各方利益的整体效益最大化的过程。

2. 《红楼梦》第十三回有如下情境

秦可卿死封龙禁卫 王熙凤协理宁国府

一时女眷散后,王夫人因问凤姐:"你今儿怎么样?"凤姐道:"太太只管请回去,我须得先理出一个头绪来,才回去呢。"王夫人听说,便先同邢夫人等回去,不在话下。这时凤姐来至三间一所抱厦中坐了。因想:头一件是人口混杂,遗失东西;二件,事无专执,临期推诿;三件,需用过费,滥支冒领;四件,任无大小,苦乐不均;五件,家人豪纵,有脸者不能服钤束,无脸者不能上进。

王熙凤紧接着就采取了对策:

(1) 明确主要责任人:来升家。

(2) 制定了丧事中的内务工作组织架构和人员编制,分别成立了:接待小组20人,礼仪小组20人,茶房小组4人,库管小组4人,报到小组8人,物料配送小组8人,安全保卫小组8人,各房日常管理小组(人数不详)共8个小组。而且还制定了时间及严格的奖惩:卯正二刻点卯,巳正吃早饭,午初刻领牌回事,戌刻亲自检查,上夜的交明钥匙。次日点名中一个负责接客的因为睡过头而迟到,被打了二十板并罚了一个月的银粮。

3. 我们的理解

在《红楼梦》中第十三回"秦可卿死封龙禁卫 王熙凤协理宁国府"中凤姐道:"太太只管请回去,我须得先理出一个头绪来,才回去呢。"说明王熙凤看到宁国府的状况后反应迅速及有效。

(1) 在这里我们把秦可卿死后,王熙凤代宁国府料理其后事与供应链中的ECR(有效顾客反应)进行联系,把宁国府看作一个企业,王熙凤作为企业的管理人,也可以说是ECR中的相关商业带头人,她看到宁国府的现状,就能准确地找出其发展不好的原因,并建立了一个成果体系,以分工明确来更好地利用员工的能力,实现更优的价值。

(2) 王熙凤在管理宁国府时也制定了严格的奖惩。她希望用严格的纪律来提高员工的时间观念、组织观念,从而提高员工的办事效率,使员工能够提供更好的服务、更好的质量、更好的产品给顾客。

(3) 王熙凤还制定了丧事中的内务工作组织构架和人员编制,分别成立了:接待小组、礼仪小组、茶房小组、库管小组、库管小组、报到小组、物料配送小组、安全保卫小组和各房日常管理小组共8个小组。这也相当于是供应链各方推进真诚合作,来实现消费者满意和实现基于各方利益的整体效益最大化的过程。

4. 给我们的启示

(1) 有效的组织管理是解决效率低下问题的一个好办法。

(2) 今天中小企业中还有许多类似宁国府的问题,如管理中无头绪、推脱、偷闲等,还有许多丢失了财务,却找不到责任人的现象,都应该学习王熙凤这套严格的管理方法和务实的工作态度。

(3) 作为一名管理者要明白用权以威的道理,努力提升自己的威信,做到恩威并施,这样才能真正地服人和治人。

(10级物流一班:黄婷、杜娟、庄涛、刘晓斌、丁建林)

▶ 从《三国演义》看《供应链管理》之二 ▶▶▶▶

1.《供应链管理》的知识

在教材"2.5.4 CPFR供应链的实施"有如下表述:

数据资源的整合运用:

① 不同层面的预测比较。不同类型的企业由于自身的利益所驱使,计划的关注点各不相同,造成信息的来源不同,不同来源的信息常常产生不一致。

② 商品展示。包含了不同品类、颜色及形状等特定展示信息的东西。

……

2.《三国演义》第九十五回有如下情境

马谡拒谏失街亭　武侯弹琴退仲达

马谡拒谏失守街亭,蜀军门户洞开,魏军十五万直取蜀军指挥部西城。西城仅余二千五百老残兵,孔明令偃旗息鼓,大开城门。司马懿兵临城下,但见众老军旁若无人,于城门之下低头洒扫;诸葛亮神情自若,于城门之上焚香操琴——清风左持宝剑,明月右执麈尾——何等祥和平静,却又似乎充满杀机。于是乎这样一座空城,吓得司马懿后军作前军,前军作后军望风而逃。

3. 我们的理解

(1) 不同层面的预测比较:空城计中,诸葛亮以不同的视角分析局面。他利用了司马懿生性多疑,富有心计、圆滑善隐忍等性格特点,这是他从心理层次方面的分析。另一方面,诸葛亮同时站在司马懿的角度去思考,对手对自己的作战风格十分了解,不敢轻易冒险。

（2）商品的展示：诸葛亮为了进一步迷惑对手，命令士兵假扮百姓，洒水扫街。同时自己在城楼上焚香抚琴，两书童陪伴左右，神情泰然自若。

（3）诸葛亮通过不同层面的预测比较，揣度与分析对方的心理状态，另外通过有形的商品展示，进一步迷惑了对手，从而成就了千古绝计——空城计。

4. 给我们的启示

（1）对于企业而言，应对市场资源进行不同方面的预测比较。

（2）为了更好地推销企业产品，需要对产品进行不同层次有效的展示。

（3）根据对市场的全面分析，制订与之相对应的策略方案。

（4）对竞争对手进行全面的分析，知己知彼，才能更好地扩大市场份额。

（10级物流一班：钟爱红、曾秋平、韦洁、刘振文、舒科林）

第 3 章
采购管理

本章学习重点

> 采购的重要性、目标、过程,采购流程,电子采购系统,小额采购订单;购买或外包的原因,自己生产的原因,生产与采购的盈亏平衡分析;选择供应商考虑的因素,使用多少供应商,选择供应商的步骤;采购模式,国际采购全球外包,及时采购,传统采购模式与现代供应链采购模式的比较。

3.1 采购的重要性

采购的重要性

采购对于组织的重要性源于两个方面:费用效益和作业效力。具有采购谈判技巧和良好供应商关系的经理会为他们的组织节省大量的资金。如果能够识别适用的生产设备并且以优惠的价格购买它,那就可以对以后若干年的竞争优势产生影响。最后,良好的采购实践也避免了作业中出现的问题。如果重要的生产设备不能按时到达,工厂就要关闭了。如果购买的原材料不符合生产标准,制造的产品就不可能符合客户要求的标准。虽然避免了这些问题不一定能达到有效的作业,但是,如果存在这些问题,则有效的作业就是不可能的。

当前人们倾向于认为:高级管理人员在采购中应考虑长远的利益,而不是独钟于低廉的价格,避免以后出现问题。采购应保证供给以产生利润,而不仅仅是减少费用。高级管理涉入采购,这一事实强调了其日益增加的重要性,尤其是与组织的战略目标息息相关。

纯粹从费用的观点上看,采购的重要性也是显而易见的。表 3-1 显示了在选择的几个行业中购买原材料的费用占年销售收入的比例。表 3-1 显示的费用代表整个行业的平均值。

表 3-1 购买原材料的费用占年销售收入的比例 %

行 业	在销售收入中所占的比例
商品	64
石油	83
运输设备	60
烟草	27
美国的普通制造公司	54

考察一下这些行业中的大公司、普通公司和小公司的情况，就可以看出高效率的采购是如何产生竞争优势的。例如，一个运输设备制造商也许会产生1亿美元的年收入。对于一个普通的运输设备制造公司来说，材料的费用可能是6 000万美元。大的采购组织比普通公司一般会少花费5%的采购费用，所以他们的采购费用为5 700万美元。小公司则要多花费5%的采购费用，所以他们的原材料费用是6 300万美元。

在这个简单的例子中，节省的费用是很显著的。然而，进一步分析一下，采购的重要性会变得更加显著。表3-2用一些简单的计算说明了采购可达到的最终效果。请注意，对假设的三个不同规模的采购，公司的其他费用和年总收入是相同的。普通公司的采购费用占年销售收入的60%，这一数据与美国运输设备制造业的平均数是相同的。

表3-2 大型、普通和小型采购对企业产生的影响

100万美元

	大型采购	普通采购	小型采购
年总收入	100	100	100
采购费	57	60	63
其他费用	30	30	30
总费用	87	90	93
毛利润	13	10	7
税金	5.2	4	2.8
净利润	7.8	6	4.2
对销售的返回，为达到大型采购所需要增加的采购量	—	30%或30美元	85.7%或85.7美元

采购对于节约费用重要到什么程度呢？为了得到大型采购同样的利润，普通公司必须增加30%的销售收入，达到13 000万美元。小型公司则必须把销售收入提高到18 570万美元才能获得同样的净利润。

没有高效的采购实践，公司的作业就可能垮掉，客户服务水平就可能下降，长期的客户关系就可能被破坏。在制造任何产品之前，供给必须到位，而且要满足某些条件。满足这些条件可以被认为是采购的目标。

3.2 采购的目标

3.2.1 10个适当（Right）

有效地获取产品和服务必须满足10个适当（Right）：即适当的来源、适当的物品或服务、适当的质量、适当的数量、适当的包装、适当的时间、适当的地点、适当的运输方式、

适当的价格或成本及送给适当的客户。

3.2.2 采购要达到9项目标

更明确地说,采购要达到以下9项目标,如图3-1所示。

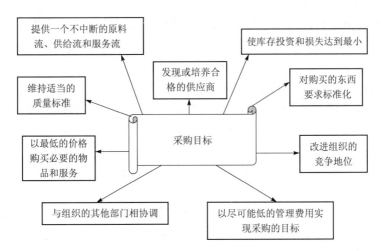

图 3-1 采购目标

1. 提供一个不中断的原料流、供给流和服务流

原材料和元器件应该及时到达,这是公司作业所需要的。关闭生产线会损害雇员和客户,同时也增加了成本。

2. 使库存投资和损失达到最小

库存费用已经占到产品价值的50%。库存的保管费用则占到产品价值的20%~30%。假设一家公司的年平均库存投入为5 000万美元,而保管费用占25%,如果能把库存量减少到4 000万美元,则可以节约250万美元。这个结果是可以而且应该达到的。

3. 维持适当的质量标准

产品的质量受到购买的原材料质量的限制。企图控制采购的成本时很容易忽视质量。因而,在追求较低的价格时不要在质量标准上妥协,这一点无论怎样强调都不为过。

4. 发现或培养合格的供应商

货物供应商可以协助解决许多采购问题,与高品质的供应商签约是采购经理的主要任务。

5. 对购买的东西要求标准化

无论什么地方什么时候,只要可能,对购买的东西要求标准化。标准的原材料减少了库存量(零件较少)和保管费用,同时可以因大量购进而获得价格折扣。

6. 以最低的价格购买必要的物品和服务

这并不意味着自动接受较低的价格。价格应该被定义为要得到物品所花费的时间、工作量和美元之和。货币之外的费用依赖于服务、原材料的质量、需要的数量以及交货的条款等。

7. 改进组织的竞争地位

以较低的最后定价购买合适的原料可以提升公司的竞争地位。这不仅控制了支出，而且保证了原材料随时可用。通过采购还可以发展同供应商的关系，保证原材料源源不断地流动，即使竞争对手的供给受到了负面的影响也不为所动。

8. 与组织的其他部门相协调

采购工作应该与组织的其他部门相协调。采购不是孤立的。它几乎影响公司运作的各个方面。因而，采购部门与公司的其他部门进行有效的交流是极其重要的，通过互相合作解决共同的问题。

9. 以尽可能低的管理费用实现采购的目标

与其他部门或其他活动一样，采购运作中也产生费用，例如供给费用、电话费、旅行费和计算费等。然而这些作业费用要得到有效的控制。

3.3 采 购 过 程

虽然各种采购各有其特殊性，但是都遵循通用的基本采购过程。这个过程可以描述为识别需求、鉴别供应商和货物的质量、签署订单、监控和管理交货过程以及对采购活动和供应商的评价等。下面详细讨论这些步骤。

采购流程图介绍

3.3.1 识别需求

识别需求可以有很多种方法。一个部门可能购买一个新的生产设备或新的计算机。这种购买需求可能是物料需求计划系统提出的设备订购要求。订单也可能是通过 EDI 系统签订的，并经过了供需系统的评价。这些方法都在一定程度上启动了采购过程。一旦认识到有这种需求，采购的其他步骤就紧随其后。

3.3.2 鉴别供应商

鉴别供应商可以简单到就像核实电子订单的电邮地址一样，但也可以很复杂，例如，邀请大宗设备的预投标建议，召开一个投标会，或者评价许多详细的标书。在一定程度上，复杂性依赖于采购的类型（新的购买、简单的重新购买或者部分重新购买），也依赖于购买的产品和服务。一旦潜在的供应商被确定，就可以选择一家或几家来提供货物。

3.3.3 鉴定和签署订单

一旦确定了供应商，就可以起草订货单并签署合同，或者采取其他步骤向着实际提交货物或服务迈进。这一阶段的工作要求是确定订货单是否填写正确，是否满足合同条款，货物是否符合标准，供应商的工作是否令人满意等。

3.3.4 监视和管理交货过程

从根本上说，采购活动就是要保证以正确的价格和正确的数量得到正确的货物。如果不是，就要采取某些措施以弥补缺陷。

3.3.5 评价采购活动和供应商

这是一个两阶段的过程。一个具体的采购活动可能很好或者很糟。大部分采购组织都通过与供应商的多次交易和采购活动总结和积累经验。当一次交易完成后，采购者应该与供应商协商以避免以后出现同样的问题。当多次交易不能满足要求时，采购者应该寻求新的供应商。

3.4 采购活动与其他部门的关系

采购活动应该与组织的其他功能部门紧密配合，因为其他功能部门也需要采购。从购买一种新的计算机到认识很小的高技术元器件都需要专业的采购知识。强健的采购功能是组织的其他部门与那些想向组织出售产品的销售商之间的一道关卡。

采购过程是信息驱动的。图3-2和图3-3显示了流向采购活动的各种信息。如果没有这些信息，采购部门就不能完成它的任务。甚至会失去商业活动中必不可少的供应商。

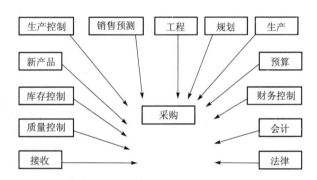

图 3-2 采购的内部信息流

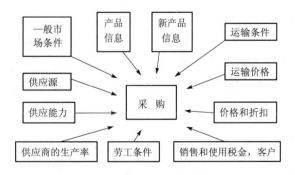

图 3-3 采购的外部信息流

使用这些信息后，采购活动把新的信息送回有关部门，以便他们进一步调整采购活动。图3-4展示了这样的信息流动。

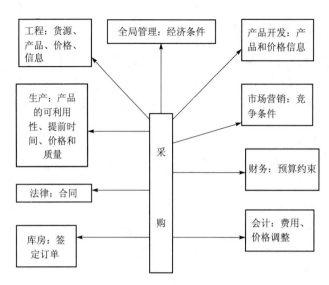

图 3-4 来自采购的信息流

3.5 采购流程

传统的采购流程是一个手工的、基于纸张的系统。然而，随着信息技术的出现，个人电脑、地区网络、互联网的采用，许多公司正朝着一个更加自动化的、电子化的采购系统发展。一个恰当的采购系统就是要确保信息从使用者到采购专员，最后到供应商的有效传递。采购系统还必须确保采购的物资迅速送到使用者手中，同时发票也从供应商传到采购商的会计部门。最后，系统还要有内部控制机制，以防止系统滥用。例如，采购订单应该预先编码并一式多份，买家无权直接支付货款。编码的订单容易被追踪，可以防止丢失和统计遗漏。采购订单的副本还应该提供给会计部门，以便实现内部控制，并通知会计部门进行付款。

3.5.1 手工采购系统

图 3-5 显示了一个简单的传统手工采购系统。虽然一些手工采购系统可能看上去与图 3-5 不太一样，但图 3-5 还是抓住了采购系统中的主要因素。手工采购系统速度慢，并且因为在采购各环节的重复输入极易导致错误。例如，类似的物料需求信息，如产品描述，会造成采购订单的重复生成。

1. 物料申请单

采购流程从物料使用者提交物料申请单（MR）的副本开始。有些公司使用采购申请单代替物料申请单。物料申请单上明确注明产品、数量、预期送达日期。单子的副本数取决于组织内部的管理控制设计。一般来说，出单人要保留一份副本，仓库收到原件外加一份副本。仓库的副本随货物一起送到订货方。这份副本也提供了一些重要信息，特别是会计部门向某个使用者收费的信息。

大多数申请都通过普通物料申请单传递，少部分针对循环发生的物料和标准件的单子则使用循环请购单来处理。不同于物料申请单，循环请购单除了产品描述以外，还有其他有关

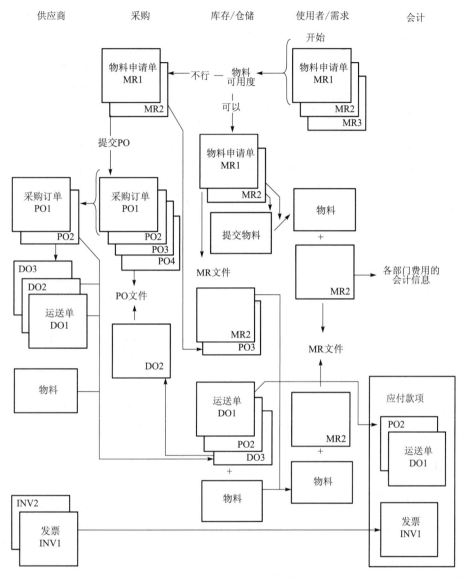

图 3-5 传统手工采购系统

信息,如订货到交货的周期、批量等。当需要再供货时,使用者只需填写数量和要求到货日期,然后提交给仓库即可。当再供货的信息被记录下来,循环请购单就会返回到使用者手中,等待将来再次使用。

物料需求计划(MRP)中的计划订单发布或物料清单(BOM),也可以用于物料申请单的发布或直接向供应商订货。这种方法适合于那些长期使用相同部件制造标准产品的企业。

如果所需的物料是仓库中现有可供的,物料就会直接发给使用者而无须经过采购部门。另一种方式就是将物料申请单指派给适当的买家,由其对此项物料负责。如果该物料有更好的替代品,采购部门需要推荐给使用者,并和使用者一起检验替代品是否可行。不经使用者认可,采购人员不能变更物料和零部件的使用说明。挑选恰当的供应商是采购人员的权利和责任,使用者常常推荐一系列供应商名单。图 3-6 介绍了一个物料申请单的示例。

ABC 公司			□RX#：885967
某州某市　邮政编码		采购申请单	

需求者：_____　　　部门：_____

电话：_____　账号：_____　日期：_____

建议卖家：_____

地址：_____　电话：_____

编号	描　　　述	价格	数量

特殊说明：_____

_____

_____

权威认可：_____　　日期：_____

图 3-6　物料申请单示例

2. 询价单和提案请求

如果仓库中没有所需物料，这份物料申请单就递交到采购部门。如果现有供应商不能提供该物料，买方就要找到一组合格的供应商，并发出询价（RFQ）。提案请求（RFP）的提交，并不需要非常复杂和高技术，特别是当这个部件的规格未知时。提案请求可以让供应商提出新物料和新技术，从而使公司发掘出供货公司的专门技术。

在供应链管理中一个不断发展的趋势是开发供应商。当缺乏合格的供应商时，企业可以通过提供技术帮助和财务支持，帮助现有的和新的供应商提高其加工能力、产品质量、运送和成本绩效。通过这种方法，可以使企业更加关注自身的核心竞争力，而将非核心的业务外包给供应商。

3. 采购订单

面对一家合适的供应商，或者是记录在案的合格供应商，买家会向这家供应商发出采购订单（PO）。一般情况下，采购订单的原件和至少一份副本都会发给供应商。采购订单的一个重要特征就是采购的条款和条件都事先在单子的后面印好。采购订单是买方的出价，一旦被供应商接受，它就成为一份具有法律约束力的合同。因此，公司会要求供应商认可并返回一份签字的采购订单表示接受这份合同。图 3-7 是一份采购订单的示例。

ABC 公司				PO#: 885729	
某州某市　邮政编码		采购订单		日期：_____	
卖家：			要求运送日期：_____ 支付条款：_____ FOB 条款：_____ 价格协议号：_____ 所有的包装、发票、运单和相关单据都要有订单号。邮寄发票的原件和副本，附在需要付款的采购订单第二联后面。		
收货地：					
编号	描述		单价	数量	总价
				订单总价	
买家：_____	电话：_____		传真：_____		
买家签字：_____			物料　申请单编号：_____		
条款和条件见背面					

图 3-7　采购订单示例

供应商有可能按照自己的条款和条件供货，特别当其是唯一的制造商或者拥有这项产品的专利的时候。这时就要用到供应商的销售合同。这份销售合同就是供应商的报价，一旦被买家接受就成为具有法律约束力的合同。

一旦订单被确认，采购人员要确保采购物料的准时运送，要对订单进行跟进和加速。跟进就是为防止运送延迟而采取积极措施，加速就是对迟到的运输采取措施。

3.5.2　电子采购系统

1. 电子采购系统的兴起

开始于 20 世纪 70 年代的电子数据交换（EDI）促进了采购流程。但由于其私有性要求有大量的前期投资。20 世纪 90 年代互联网技术的出现刺激基于互联网的电子采购系统的迅速发展。电子商务的支持者认为基于互联网的系统很快就会取代手工系统，就像我们看到的许多提供电子商务的公司在 90 年代末得以迅速发展一样。从那以后，这类公司经历了大的动荡,直到现在一直挣扎着寻找足以支撑的市场。在 2000 年初期,大批公司的股价直线下降,甚至有许多公司不复存在了。批评家们认为电子商务公司的发展过度膨胀了。如今,随着用户认识到其服务的好处,许多管理很好的电子商务公司开始兴旺起来。

2. 电子采购系统的运作

图 3-8 描述了一个真实的基于互联网的 B2B 电子采购系统,它为拉斯维加斯的度假胜地而设计,解决游客的采购问题,采购商品从低价的办公用品到食物、饮料到高价的工程技术类产品,范围十分广泛。

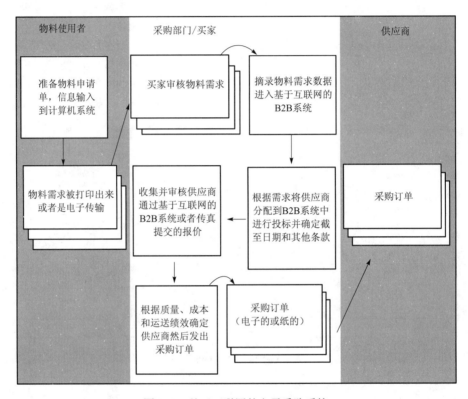

图 3-8 基于互联网的电子采购系统

物料的使用者通过输入物料申请单和其他相关信息启动电子采购流程,如将数量、到货日期等要求输入物料申请单模板。接下来,物料申请单被打印出来并提交给采购部门的人员(也可能直接发送电子文件)。采购人员审核采购产品的准确性和接受程度。根据对需求的满意确认,买家将物料申请单日期转发到基于互联网的电子采购系统,并通知合格的供应商进行投标。需求上特别明确产品描述、截止日期、投标状况。供应商只要连到互联网上的电子商务系统就可以瞬间得到相关信息,同时买家还可以从服务提供商那里收到传真形式的投标。采购部门针对每一类的物料都维持一份入选的供应商名单。这份名单可以与其他买家编辑和共享。因此,买家可以在几秒钟内向许许多多的供应商提交询价单。

投标结束后,买家审阅从互联网和传真发来的所有报价,并根据质量、价格、运送等条款来挑选供应商。接下来,如果这家供应商连接到电子采购系统,电子的采购订单就会提交给选中的供应商。否则,这个采购订单就需要打印并寄给供应商。

3. 电子采购系统的优点

传统的手工采购系统就是发出物料申请单和采购单，是一项乏味的劳动密集型工作。虽然 EDI 解决了部分问题，但其私有性要求较高的启动成本，对于缺乏预算的小公司是很难使用的。电子采购系统改变了对基础设施的要求，使几乎所有的公司都可以承受。应用电子采购系统的优点如图 3-9 所示。

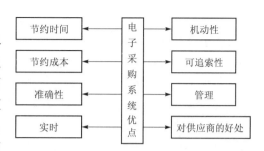

图 3-9 电子采购系统优点

（1）节约时间。电子采购在以下几种情况效率更高：挑选和保持一批有潜力的供应商名单、处理报价和采购订单、重复订货。单个的买家可以针对不同类的商品和服务建立所喜欢的供应商名单。例如，一个小工具的供应商小组可能包括 15 个供应商，买家从这 15 家里采购小工具。这份名单可以供公司内所有部门进行共享和编辑。供应商的实时绩效数据可以在线及时更新。对询价单进行收集、整理、分析和比较都是需要投入大量人力且耗时的工作。一家典型的公司每天都要对几百家公司的报价进行整理。电子采购系统削减了这些没有增值意义的收集和整理行为。因为询价单的信息直接来自使用者的最初录入，因此也避免了数据的重复录入。

系统可以设计成在规定的时间段内如每天或每周对订单内容自动报价。对于那些必须小批量订货的商品，以及知道规格需要频繁订货的商品，这项功能的价值是无法衡量的。

（2）节约成本。省去了物料申请的手工报价处理，买家可以完成更多的购买。其他成本的节约包括：因为扩大了供应商而降低了采购产品和服务的价格；订货频繁而降低的库存成本；减少了采购人员、管理人员和更快的订单实现。

（3）准确性。系统消除了分别来自物料使用者和购买者的重复录入。系统加强了购买者和供应者之间沟通的准确性，更多的商品和服务的信息都可以在网上查询。

（4）实时。系统能使买家的招标和供应商的反馈在一周 7 天每天 24 小时的情况下进行。一旦物料申请单流程启动，买家可以在网上即时发布招标信息，而不需要像以往那样一家一家的去通知供应商。

（5）机动性。买家可以提交、处理、检查发标的状况，同时与供应商的联系不受买家地理位置和时间的限制，这就是电子采购系统高度的灵活性。

（6）可追索性。发生过的所有流程都可以以电子表格的形式保存或传输。跟踪一份电子招标和交易要比纸张的更容易和更快。买家和供应商都可以在线要求额外信息、发表评论或者表明他们是否对投标感兴趣。

（7）管理。这个系统可以设计成具有重要的供应商信息，包括供应商是否是少数派或归本地所有，这样才能使买家支撑这项业务。由此产生的概要统计和供应商业绩报告可以帮助管理者审核供应商并制定未来的计划。

（8）对供应商的好处。由于较低的进入壁垒和交易费用，可以接触更多的买家，针对市场情况不断调整，因此电子采购系统对绝大多数供应商都有吸引力。

思政之窗

3.5.3 小额采购订单

处理一份订单所包含的管理成本也是相当可观的。曾经有人估算过，用手工方式处理一份订单的成本是 175 美元。当我们考虑到高级采购人员的工资和他们的间接费用时，这个数字有可能更高。有时处理一份订单的成本要比订单本身的金额都高，这种情况并非罕见。根据公司的规模有时会做一个相关的设定，如 500~1 000 美元的订单可能就不予考虑。

在一个手工系统里，要尽可能地减少小额采购，以确保买家不会被不必要的采购而压垮，危及企业的竞争力。由于电子采购系统的高效率，买家就不容易因为小额订单而超负荷。为控制不必要的管理成本并缩短采购周期，采购经理有多种方法来处理小额采购。一般而言，可供选择的方法是用来采购办公室用品和其他间接物料。下面介绍这些方法。

1. 采购信用卡或合作采购卡

采购信用卡或合作采购卡预先给定一个信用额度，根据公司的大小一般不超过 1 000 美元，发给采购单位的授权人。美国运通银行和国际信用卡公司发行的卡就是用于此目的。该卡允许物料使用人直接从供应商处采购商品，而无须办理采购手续。但是一般来说买家只能从授权供应商名单中采购物料，因为它们的价格已经是商定好的。

获得授权之后，信用卡也可以用来支付食宿、交通费用，无须使用者事先准备。月末，一份消费清单就会直接寄给采购人员或财务部门。

2. 空白支票采购订单

空白支票采购订单是一份特殊的订单，一般在订单下边附带一张空白的签字支票。支票明确印有超过多少金额就无效的声明，一般是 500~1 000 美元。当供应商发货后，就可以在支票上填写金额并兑换成现金。如果事先知道确切的采购金额，买家一般在交给供应商支票以前就在支票上填好金额。

3. 一揽子采购订单或无限制采购订单

一揽子采购订单包含各种物品，是针对在固定的时间段内如季度或年，重复采购物品而设计的。无限制采购订单和它的区别就是额外的物品和到期时间都是可以再协商的。每种物品的价格和数量以及其他事项都在订单中有所约定。通过一揽子订单发布或生产计划，可以对某项物品发布特定的数量要求。一揽子采购订单和无限制采购订单对于维护、修理和运营以及办公用品的采购都适用。在一段时间内，一般是一个月，供应商会给买家公司发一份订货清单要求付款。

4. 无库存采购或系统合约

无库存采购或系统合约是一揽子采购订单的扩展。它要求供应商保留最少量的库存以保证在买家订货时能立即供货。这对买家来说就是无库存，因为维护库存的负担落在供应商一方。有些公司要求供应商将库存放在买家的仓库中以降低提前期。

5. 小额现金

小额现金是存在办事员或中层经理手中的一小笔现金。物料使用者一般采购需要的物料，然后将收据交到小额现金管理者那里，货款从小额现金中支付。这种方式的好处就是每笔交易都有据可查。

6. 物料和部件的标准化和简单化

正确的情况是，采购应该和设计、工程和运营人员一起工作，努力将物料、部件标准化并从中受益。例如，一家汽车生产厂家可以设计不同款型的汽车但使用同样的启动装置，由此提高它的使用程度，降低多重的存储空间，同时可以从大批量订货中享受折扣。这种做法还可以降低针对那些很少使用的部件的小额采购。

简单化就是在产品设计过程中,减少产品和加工中的零部件、供应物和标准件的数量。例如,一家发动机生产厂家可以设计所有型号的发动机都使用同样一种型号的支架和螺丝管。因此,简单化可以进一步减少小额采购的数量,同时减少对存储空间的需求,争取更多的采购折扣。

7. 积累小额订单生成大订单

大量的小额订单可以积累或混合成一个大额订单,特别是当物料的需求不是很紧迫的情况下。如果下订单的费用超过了库存的维护费用,可以简单地将采购订单的数量增加。大额订单可以降低采购价格以及单位商品的运输成本。

8. 针对特定的物料应用固定间隔期

控制小额订单的另一个有效的方法就是将物料分类,然后设定每组固定的采购间隔期。根据使用要求,这个间隔周期可以是按周的,也可以是按月的。使用者将所需物料分类后,每次订购这一类物料中适当的品种和数量,而不是每次只订一种物料。这种做法提高了资金使用率,降低了小额订单的数量。

3.6 采购决策

草船借箭

外包这个词流行的解释是:从供应商处采购物料和配件而不是自己生产,还指放弃原来自己生产而从外部采购这种选择。在最近几年,企业倾向于外包与建立供应链关系相结合,而传统上企业倾向于自己生产,并向前和向后整合。向前整合是指获得客户方资源,向后整合是指获得供应方资源。例如,获得一家配送商或者物流提供商则是向前整合;一个最终产品生产厂家收购提供零部件的供应商,就是向后整合。

是自己生产还是采购物料和零配件,是一项可以影响企业竞争地位的战略决策。很显然多数企业选择购买维护、检修、运营服务(MRO)和办公用品而不是自己制造。如同一家海鲜餐馆也是从市场上采购海鲜。然而,对于复杂的工程部件是生产还是采购的决策就很复杂,并影响着企业的竞争地位。

传统上,成本是影响采购决策的主要因素。而如今企业则从战略的角度来考虑采购决策对企业竞争优势的影响。例如,本田不会外购发动机,因为它认为发动机对于汽车公司的运营和声誉都非常重要,但是它会将刹车器外包给一家质量有保障、价格低、擅长生产的公司。一般而言,企业外包非核心产品的部件,而自己专注于核心内容。最后,是生产还是采购的决策并非是一项绝对的非此即彼的选择。公司可以选择自己生产部分部件或服务,其余从供应商处购买。

3.6.1 购买或外包的原因

企业决定从供应商处购买或外包物料、部件或服务有许多原因,如图3-10所示。

1. 成本优势

对许多企业而言,成本因素是决定购买或外包的主要因素,特别是购买或外包的部件对于企业的运营

图3-10 购买或外包原因

和竞争优势并不重要。供应商因为拥有标准化的或一般的供应物料而具有规模化的竞争优势，它们将相同的物品卖给不同的用户。在许多外包的案例中，企业需求的产品数量非常少，不足以支持它们去投资设备自己生产。一些外国的供应商还因为劳动力成本和物料成本低而享有价格优势。

2. 产能不足

一家企业的生产能力有限，使它不可能再自己生产零部件。这种情况发生在需求增长超过预期，或者扩张战略无法满足需求时。企业短期内从外部采购零部件，留出产能继续关注主要运营。企业甚至可以在一些非常严格的条款下外包一些核心部件来满足需求。如果管理得当，外包是短期内扩张生产能力的有效方法。

3. 缺乏专门技术

有些企业或许缺乏必要的技术和专家进行生产。在一些非核心业务上保持长期的技术和经济的能力会影响企业在核心竞争力上的投入。或许供应商拥有产品或加工的专利，或许买家不能达到环境和安全标准的要求，所以排除了自己生产的选择。

4. 质量

采购的部件可能在质量上更优，因为供应商有更好的技术、方法、熟练的工人和规模经济的优势。供应商可以在研发投入更多的资金。供应商的高质量可以帮助采购企业居于产品和加工技术的领先位置，特别是在革新迅速的高科技领域。

3.6.2 企业自己生产的原因

企业在工厂里自行生产物料、部件、设备和提供服务也有许多原因，如图 3-11 所示。

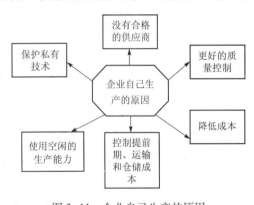

图 3-11 企业自己生产的原因

1. 保护私有技术

选择自己生产的一个主要原因就是保护私有技术。为了保持竞争优势，企业开发的某种设备、产品和方法需要保护。即使是一项专利，企业可以让供应商生产某项产品但不公开技术。不公开技术的好处是让对手出乎意外，并在竞争对手之前推出新产品，可以使企业获得超额利润。例如，英特尔或者 AMD 公司，不愿意让供应商生产他们的中央处理器。

2. 没有合格的供应商

如果市场上没有所需的零部件，或者供应商没有生产此类产品的技术和能力，则在短期内买家只能自己生产。作为一项长期战略，企业可以采用供应商开发战略，与新的或已经存在的供应商一起生产部件。

3. 更好的质量控制

如果条件允许，自己生产可以让企业直接控制设计、生产流程、人力和其他投入以确保高质量的部件生产。企业自己生产部件会非常有经验和有效率，而供应商可能难以满足精确的规格要求。但是，如果供应商能应用更好的技术和方法生产更高质量的部件，那么买家就要彻底研究是否外包以确保一个更高的质量水平。

4. 使用空闲的生产能力

对于企业剩余的生产能力，最好的短期解决方案就是生产部分零部件。这种战略对于生产季节性产品的企业是有价值的。这样可以避免解雇熟练工人，在生意来临的时候可以很快满足需求。

5. 控制提前期、运输和仓储成本

自己生产可以更好地控制提前期和物流成本，因为各个阶段的设计、生产和运送都在管理控制之内。虽然原材料必须要运输，但成品可以在靠近使用地生产，这样可以减少仓储维护成本。

6. 降低成本

如果技术、产能、管理和劳动技能都允许的话，那么面对长期的大量零部件的需求，自己生产还是更经济的。虽然由于资金的投入，自己生产会面临较高的固定成本，但可变成本却比较低，因为其中剔除了供应商的利润。

3.6.3 生产与采购的盈亏平衡分析

目前的外包趋势是购买设备、物料和服务，除非自己生产可以提供很多效益，如保护私有技术、获得出众的品质、保证足够的供给。然而，外包有其自身的缺陷，如缺少控制和供应商的经营风险。虽然成本极少成为战略采购决策的唯一因素，但盈亏平衡分析仍然是计算外包决策成本效益的便利工具，特别是成本成为重要指标的时候。

这个分析有几项假设：① 所有相关的成本都可以归类到固定成本或者可变成本；② 固定成本在分析范围内保持不变；③ 可变成本存在线性关系；④ 选择自己生产的固定成本比较高，因为设备的资金投入；⑤ 选择采购的可变成本比较高，因为包含供应商利润。

假设某家公司有生产或购买零部件的选择权。它每年需要 15 000 个零部件。供应商可以按照每个部件 7 美元供应。企业估算，与供应商准备合同要花费 500 美元。如果是生产部件，企业必须投资 25 000 美元的设备，并估算生产的单位成本是每个 5 美元。

设盈亏平衡点的需求量为 Q，将两种选择设为相等，求解 Q，就得出盈亏平衡点（见图 3-12）。

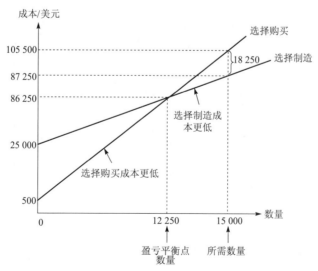

图 3-12 盈亏平衡分析

$$制造的总成本 = 购买的总成本$$
$$25\ 000 + 5Q = 500 + 7Q$$
$$7Q - 5Q = 25\ 000 - 500$$
$$2Q = 24\ 500\ （个）$$
$$盈亏平衡点\ Q = 12\ 250\ （个）$$

（1）在盈亏平衡点的总成本：$TC_{be} = 25\ 000 + 5 \times 12\ 250 = 86\ 250$（美元）

（2）自己制造的总成本：$TC_m = 25\ 000 + 5 \times 15\ 000 = 87\ 250$（美元）

（3）外购总成本：$TC_b = 500 + 7 \times 15\ 000 = 105\ 500$（美元）

分析显示盈亏平衡点是 12 250 个。在盈亏平衡点的总成本是 86 250 美元。如果需求量少于 12 250 个，购买比较便宜。如果多于 12 250 个，则自己生产比较便宜。如果采购需求较低（少于 12 250 个），采购选择下较低的固定成本就使选择购买更有吸引力。如果采购需求较高（高于 12 250 个），制造选择下较低的可变成本就使选择制造更具吸引力。分析表明，这家公司应该选择制造，因为足够大的需求量可以确保资金投入。

3.7　选择供应商考虑的因素

决定选择哪一家供应商提供办公用品或非重要物料，好像是一件很简单的事情。然而，如果是在能够影响企业竞争优势的，向企业提供重要物料的一组能胜任的供应商中进行选择，就是一个复杂的决定；需要基于多重指标，包括成本和运送绩效，还要考虑供应商对企业产品和加工技术的贡献程度。企业在选择供应商时要考虑的因素如图 3-13 所示。

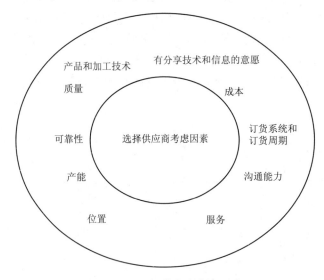

图 3-13　选择供应商考虑因素

3.7.1　产品和加工技术

供应商应该有及时更新的产品，以及提供产品的加工技术。

3.7.2 有分享技术和信息的意愿

目前的趋势是企业更喜欢外包，发掘供应商的能力，关注自身的核心竞争力，因此企业找到愿意分享技术和信息的供应商就非常重要。供应商通过早期参与介入企业的新产品设计和开发，确保企业有效益地进行设计选型、开发备选解决方案、选择最好的零部件和技术、帮助进行设计评估。通过提高供应商在设计过程中的参与程度，企业就可以腾出精力更多地关注核心竞争力。

3.7.3 质量

采购物品的质量水平是选择供应商的一项主要指标。产品质量必须好而且稳定，因为它会直接影响成品的质量。

3.7.4 成本

采购物品的单价并不是选择供应商的唯一标准，而整体拥有成本才是主要因素。整体拥有成本包括物料的单价、付款条件、现金折扣、订货成本、维护成本、物流成本、维修成本和其他难以评估的某类性质的成本。总成本分析揭示了除单价以外的其他成本如何影响采购决策。

3.7.5 可靠性

除了指可靠的产品质量以外，可靠性还包括供应商的其他特性。例如，供应商的财务状况是否稳定，如果不稳定就不会有能力投资研发和开展业务；供应商的交货周期是否可靠，如果不可靠买家的生产就有可能因缺货而停产。

3.7.6 订货系统和订货周期

一家供应商的订货系统是否容易使用？一般的订货周期是多长？向一家供应商订货应该简单、迅速和有效，从订货到送货的响应时间要短，这样才能保持频繁的小批量订货从而减少库存的持有成本。

3.7.7 产能

企业还应当考察供应商执行订单满足需求的生产能力以及在需要的情况下完成大批量订单的能力。

3.7.8 沟通能力

供应商还应该具备能够促进合作伙伴之间沟通的能力。

3.7.9 位置

地理位置也是选择供应商的一项重要因素，因为它影响着运送时间、运输和其他物流成本。一些企业要求供应商必须在距它们的工厂一定范围之内设厂。

3.7.10 服务

供应商必须通过良好的服务来为产品提供支持。例如，当采购商需要信息和保修服务时，供应商必须在规定的时间内响应。

当企业选择供应商时，还有大量的因素需要考虑，一些是战略性的，一些是战术性的。通过招标形式为战略物资供应发掘最便宜的供应商需要很长时间。选择胜任的战略供应商的能力直接影响着企业的成功。战略供应商是值得信任的合作伙伴，并成为企业设计和生产整体的一部分。

3.8 使用多少供应商

针对每个采购物品应该使用多少家供应商是一个复杂的问题。虽然许多参考书都推荐向一家供应商采购核心物料和供应品，简化买家—供应商关系，但实际上单一采购是一项非常有风险的主张。虽然施乐和克莱斯勒在20世纪80年代大规模削减供应商，但文件上没有记载它们将重要物料的采购都交给一家公司。现在外包的趋势是保留几家供应商，而不是一家。理论上，只要是能够促使公司与最好的供应商建立紧密的合作伙伴关系，企业就应该使用一家或较少的几家供应商。但实际上完全依赖一家供应商会有很多风险，当这家供应商经营不善时，买家会受较大影响。下面是采购一项物料时，使用一家供应商与使用多家供应商的比较。

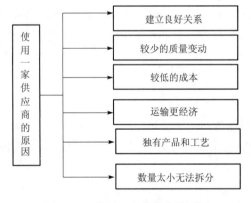

图 3-14 使用一家供应商的原因

3.8.1 使用一家供应商的原因

使用一家供应商的原因见图 3-14。

1. 建立良好关系

向唯一供应商采购可以使企业和供应商建立良好的、相互信任的、互惠互利的关系，特别是当企业可以从供应商的技术和生产能力中受益时。有时候企业针对某项物料减少供应商，向一家供应商采购时，便于建立战略联盟关系。

2. 较少的质量变动

一家供应商使用相同的技术和工艺进行生产，从它那里采购的产品会比从几家供应商采购产品的质量变化性更小。

3. 较低的成本

向一家供应商集中大批量购买产品，一般都会压低采购单价。单一采购还避免了固定成本的重复投入，特别是当采购的部件需要特殊工具和昂贵的装置时。

4. 运输更经济

因为单一采购会集中批量，企业可以从满载运输中受益，它比零担运输具备更低的单位运输成本。当凑足整车进行运输时，企业就可以选择是铁路运输还是公路运输。对于沉重物品的长途运输铁路更加经济。

5. 独有产品和工艺

如果产品和工艺归私人所有，或者供应商有专利，那么企业唯一的选择就是从这家供应商采购。

6. 数量太小无法拆分

如果采购的数量或金额太小，不值得将订单拆分给不同的供应商。此时单一采购也是获取非重要物资和服务的一个不错的方法。

3.8.2 使用多家供应商的原因

使用多家供应商的原因如图 3-15 所示。

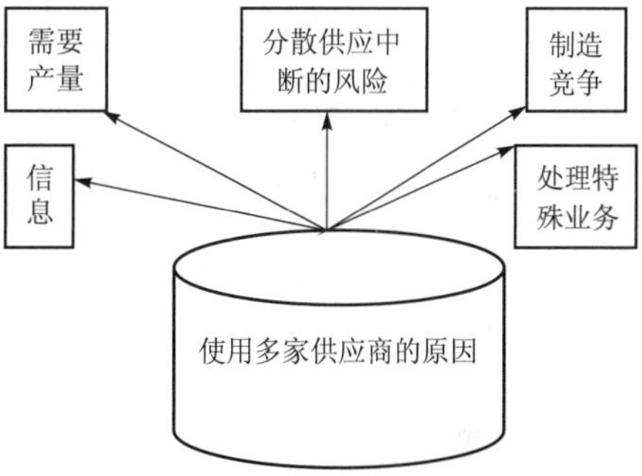

1. 需要产量

当需求超过了一家供应商的生产能力时，企业就只能选择多家供应商。

2. 分散供应中断的风险

选择多家供应商可以分散供应中断的风险，这些风险来自罢工、质量问题、政治不稳定或者供应商的其他问题。

图 3-15 使用多家供应商的原因

3. 制造竞争

使用多家供应商可以鼓励供应商之间在价格和质量方面的竞争。即使现代供应商管理理论不提倡为制造竞争而使用多家供应商，但将一些不重要的、不影响企业核心竞争优势的部件外包，仍然是大家乐于接受的方式。使用单一采购建立供应商联盟不太合算。

4. 信息

多家供应商一般会有更多信息，如市场状况、新产品开发和新工艺技术。如果产品的生命周期比较短，那这些信息就更加重要。

5. 处理特殊业务

一些公司，特别是政府合同执行人，出于自愿或是法律规定，将一定比例的采购给那些当地的、小的、妇女或少数民族所拥有的企业。

采购某种物资所使用的供应商数量，从传统上的多家发展为几家甚至唯一的一家可靠的供应商。以往买家和供应商之间是短期的、对立的、基于价格的最终导致互不信任的关系。如今在整合的供应链中，买家和供应商之间的关系则演化为信任、合作、互惠互利的长期关系。公司如今减少供应商的数量，留下最好的供应商，同时进一步开发供应商，这样的供应商在产品质量、运送、服务、价格和信息方面做到了持续改进。

3.9 选择供应商的步骤

供应链管理部门可以根据图 3-16 所示的流程，对伙伴供应商进行评选，选择具备所需能力的供应商。具体步骤可以描述如下。

3.9.1 分析市场竞争环境

建立基于信任、合作、开放性交流的伙伴供应商长期合作关系，必须首先分析市场竞争

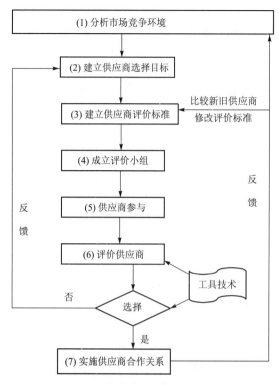

图 3-16 伙伴供应商的评选过程

环境。市场分析的目的,在于找到针对哪些产品开发供应商合作关系才有效,必须知道现在的产品需求是什么,以确认客户的需求,确认是否建立供应商合作关系,则根据需求的变化确认供应商合作关系变化的必要性。同时分析现有供应商的现状,分析、总结企业存在的问题。

3.9.2 建立供应商选择目标

企业必须确定供应商评价流程,明确实施的环节、信息流程,以及各个环节的负责人,而且必须建立实质性、实际的目标。降低成本是主要目标之一,供应商评价、选择不仅仅是一个简单的评价、选择过程,同时也是企业内部和企业与企业之间的一次业务流程重组过程,一个优化的业务流程本身就可以带来一系列利益。

3.9.3 建立供应商评价标准

供应商综合评价的指标体系,是企业对供应商进行综合评价的依据和标准,是反映企业自身和环境所构成的复杂系统不同属性的指标,按隶属关系、层次结构组成的有序集合。根据系统全面性、简明性、科学性、稳定性、可比性、灵活性、可操作性的原则,建立集成化供应链管理环境下供应商综合评价指标体系。不同行业、企业和产品需求,不同环境下的供应商评价标准应该是不一样的。但是,供应商评价标准涉及供应商的业绩、设备管理、人力资源开发、质量控制、成本控制、技术开发、风险管理和客户满意度等可能影响供应商合作关系的内容。

3.9.4 成立评价小组

企业必须建立一个控制和实施伙伴供应商评价的小组。成员主要来自采购、质量、生产、工程等与供应商密切合作的部门。每位成员必须具有团队合作精神,具有一定的专业技能。组建的评价小组必须能够同时获得制造商和供应商企业最高领导层的支持。

3.9.5 供应商参与

一旦企业决定实施供应商评价,评价小组必须与初步选定的供应商取得联系,以确认他们是否愿意与企业建立合作关系,是否有获得更高业绩水平的愿望。企业应尽早让供应商参与到评价程序的设计过程中来。然而,由于企业的力量和资源是有限的,企业只能与少数的、关键的供应商保持紧密的合作关系,所以参与评价的供应商应尽可能少。

3.9.6 评价供应商

评价供应商的一项主要工作,是调查、收集有关供应商的生产运营等方面的信息。在收集供应商信息的基础上,就可以利用一定的工具和技术方法对供应商进行评价。然后,根据一定的技术方法进行供应商选择决策,从而跟合格的供应商建立伙伴供应商关系。如果没有合格的供应商可选,则需调整供应商选择目标。

3.9.7 实施供应商合作关系

由于市场需求的不断变化,在实施供应商合作关系的过程中,可以根据实际需要及时修改供应商评价标准,或重新开始供应商评价选择。在重新选择供应商的时候,应给予供应商充足的时间来适应这种变化。

3.10 采购模式

在这几年中,企业中的采购部门作为采购物资的责任者,从一个办事员式的、辅助的角色转变为参与企业整体战略发展的角色。在实际的购买过程中,采购参与了产品的设计、生产决策以及企业运营的其他方面。如何组织采购才能最好地服务于企业,取决于公司性质、行业特点和许多其他因素,如市场状况和需求物资的类型。采购体系可以被视为两个极端即集中采购与分散采购的组合。很少有公司会采用绝对的集中采购或分散采购,每一种极端做法的好坏都需要进一步的验证。近来的趋势是对主要物资采用集中采购,这样采购企业可以从经济规模和其他方面受益。

集中采购就是一家企业采购部门的人员都在一处办公,制定各种采购决策,包括采购数量、价格策略、磋商、签约、供应商选择和评价。分散采购就是单个的、当地的采购部门,例如工厂一级的采购部门,分别制定各自的采购决策。下面列举了集中采购和分散采购的优缺点。

3.10.1 集中采购的优点

集中采购的优点,如图3-17所示。

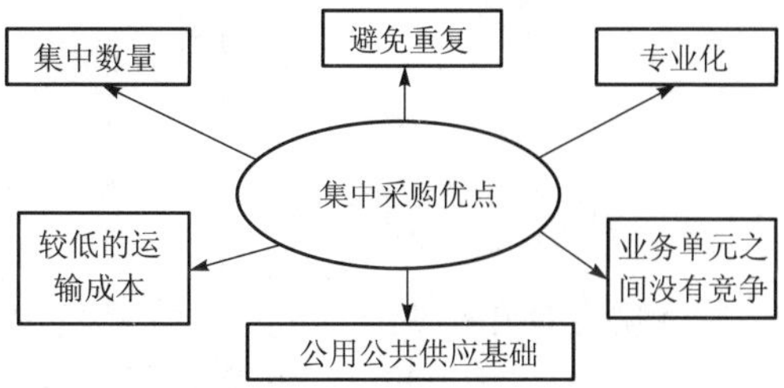

1. 集中数量

集中采购的一个显而易见的好处就是得到数量折扣、较低的运输成本和其他一些有利的采购条款。这通常被称为采购量杠杆。集中采购能够给采购部门更多的议价能力,供应商则因为大批的购买量而更愿意协商、提供更好的条款并分享技术。

图 3-17 集中采购优点

2. 避免重复

因为采购人员在一个地方集中办公,公司级买家可以在调研之后提交一个汇总所有业务单元相同物料需求的大订单,减少许多重复的工作。这也可以减少买家的数量,降低劳动力成本。

3. 专业化

集中化之后的买家可以专注于某组商品而不是所有的商品和服务。这样买家可以投入更多的时间和精力去研究他们所负责的物料,成为更专业化的买家。

4. 较低的运输成本

集中采购可以享受大批量整车运输的优惠,小批量的运输也可以安排直接从供应商那里送到使用地。

5. 业务单元之间没有竞争

在分散采购情况下,当不同部门采购相同物料且这种物料很少时,会出现内部竞争的情况。集中采购避免了这个问题。

6. 公用公共供应基础

使用公共供应基础,使管理和协商都变得更加容易。

3.10.2 分散采购的优点

1. 更加了解需求

在基层单元里的买家显然要比总部中心采购人员更了解自己的需要是什么。

2. 当地采购

如果公司渴望支持当地业务,那么显然当地的买家会更了解当地的供应商。使用当地供应商还会带来更快和更加频繁的运输并由此产生更密切的供应商关系。

3. 较少的官僚主义

分散采购带来更快的响应、较少的官僚主义以及购买者和使用者之间紧密的联系。与运营部门和其他部门的合作与沟通也更加有效。

虽然集中采购会带来更低的采购成本和更强的谈判能力,但这种模式对于那些业务互不相干的大企业而言,可能过于严格而无法实行。因为这些原因,一种混合采购组织,即在公司层面是分散采购而在业务单元层面是集中采购,可能会更有保障。这种混合的采购模式允许企业挖掘集中和分散采购各自的优势。例如西门子公司,它能在公司层面采用分散采购,在七大业务部门采用集中采购。

3.11 国际采购/全球外包

3.11.1 概述

国际协定旨在减少贸易壁垒并促进自由贸易,为企业扩展供应商基础,参与全球外包提供更多的机会。在2000年,国际商品贸易和商业服务贸易分别达到61 860亿美元和14 350亿美元。在同一年,美国是世界上最大的商品贸易(出口7 811亿美元,进口12 600亿美元)和商业服务(出口2 745亿美元,进口1 989亿美元)进出口国。在全球外包提供了改进质量、降低成本和缩短运送时间的机会的同时,同样提出了采购人才短缺的挑战。从事全球外包需要额外的技术和知识,处理国际供应商、物流、沟通、政治以及其他在国内采购不可能遇到的问题。

全球外包应用许多方法,并不仅局限在设立一家国际采购办公室,或是仅依靠现有采购人员在总部处理日常事务。现在还有进口经纪人或销售代理,来处理这些事务,它们执行交易以获得佣金。进口经纪人不给货物贴标签,商品直接从卖家转给买家。国际采购商也可以从进口批发商处购买外国货物,进口批发商会先买来商品,加上自己的标签,然后再卖给买家。从商贸公司购买也是一种选择,其提供的商品范围非常广。

各种国际贸易组织都致力于在成员国之间降低关税和非关税壁垒。关税是一份东道国政府出具的清单或时间表,注明向进口或出口的货物以及购买人征收税金。非关税是指进口配额、许可证、禁运以及其他的针对进口和出口的法律和法规。表 3-3 介绍三个国际贸易组织。

表 3-3 三个重要国际贸易组织

	名称	说　　明
重要国际贸易组织	世界贸易组织（WTO）	最大和成绩最显著的处理成员国之间贸易规则的国际组织。它在 1995 年 1 月 1 日取代了原有的关税及贸易总协定（GATT）。它的主要目标是确保在成员国之间的国际贸易能够进展得顺畅、自由和可以预见。WTO 的秘书处设在瑞士的日内瓦,到 2009 年 1 月 1 日已有 153 个成员国加入了这个组织
	北美自由贸易协定（NAFTA）	在 1994 年 1 月 1 日开始执行。它的目标是解除美国、加拿大和墨西哥之间的贸易和投资壁垒。根据 NAFTA 规定,美国和墨西哥之间取消了所有农业贸易的非关税壁垒,大部分关税壁垒也都取消或者在 15 年以内逐步取消。所有影响美国和加拿大之间的农业贸易的关税（关税税率配额保护下的内容除外）也都在 1998 年 1 月 1 日起取消
	欧盟（EU）	成立于 1950 年 5 月 9 日,当时包括比利时、联邦德国、法国、意大利、卢森堡和荷兰。至 2013 年 7 月 1 日,共有 28 个成员国。它的一个主要目标就是建立统一市场,使产品和服务没有边界限制,使成员国能够更好地进行市场竞争

3.11.2　全球外包的原因

公司将其供应商基础扩展到国外供应商有许多原因。其中包括更低的价格、更好的质量、海外供应商拥有某项产品的专利、可以更快地运送到国外分支机构、更好的服务、更好的工艺或产品技术。

许多公司从国外供应商采购的一个主要原因是更低的原材料价格。就像前面讲到的,当采购的标准物料和供给不影响企业的核心竞争地位时,价格就是一项重要因素。许多原因导致了从海外供应商采购的物料价格更低,如廉价的劳动力和物料成本、吸引人的汇率、更有效的流程和海外市场供应商的国际倾销。

另外,由于海外企业采用了更新更好的产品和工艺技术,因此可以提供更高质量的产品。而且,因为海外供应商地处遥远的海外市场,它们比国内供应商更能提供有效的运输和物流服务。海外供应商甚至会在东道国储备库存并设立办公室,以便和东道国国内的同类企业竞争,提供更好的服务。

公司在设有分支机构的国家进行当地采购以支持当地经济,或者参与反购贸易,和当地供应商交换产品以获取原材料。虽然海外采购能给买家带来许多好处，但同时也会面临许多问题。

3.11.3 全球外包的潜在挑战

在过去的几十年中，全球外包因为多种原因发展迅猛，如沟通和运输技术的改进，国际贸易壁垒的减少和运输产业管制的放松。然而，如何高效运作向全球外包提出了挑战。例如，如何挑选海外供应商、处理关税、贸易壁垒、清关手续、汇率变化、政治问题、劳动力和法律问题，都意味着复杂性和高成本。

与处理国内供应商不同，在发掘、挑选、评估国外供应商时，许多费用都是无法避免的。如果海外供应商地理位置遥远，那么清关、运输和其他物流问题会导致无法接受的运送时间，特别是对于那些易腐烂产品。

全球采购商要处理比国内采购商更加复杂的装运条款。国际商业委员会制定了一套统一的规则，在装运成本、风险以及买家、卖家和托运人的职责方面简化国际商品交易。这套规则称为《国际贸易术语解释通则》，共包含4组13个术语的解释。

3.11.4 反购贸易

全球外包也许会涉及反购贸易，即国内企业的商品或服务与国外公司的商品或服务进行交换，其中可以混合部分的货币以保持等价。这种形式的协议有时会在那些缺乏硬通货的国家采用，或者作为获取技术的一种方法。由于反购贸易是货物换货物，因此比货币交易的形式更复杂。美国反购贸易协会（ACA）的成立就是为了将买家和卖家联系在一起，辅助交易进行。协会为各种形式的反购贸易提供了明确的定义。

多种形式的反购贸易包括实物交易、补偿性交易和反向购买等多种形式。实物交易就是没有货币交换的完全等价的货物（或服务）交换。卖家可以消费这些商品或服务，也可以再度出售它们。补偿性交易是与军事产品出口相关的，以工业产品和服务作为交易的协议。它一般用于太空和国防领域，可以分为直接补偿和间接补偿。直接补偿通常包括合作生产，或者设立合资企业，以及相关产品和服务的交换。非直接补偿包括与太空和国防无关的产品和服务的交换。反向购买是一项协议，即最初的出口商或者自己买或者找到一个买家从最初的进口商处采购规定数额的不相关的产品或者服务（反向购买会采用两份采购协议，一份是最初的出口商出口产品或服务的协议，另一份则作为交换，由出口方或由他找到一个购买人从进口商那里购买一项指定的、与最初协议无关的产品或服务）。许多发展中国家要求用技术转让作为反购贸易或补偿性交易的一部分。

3.12 及时采购

3.12.1 及时采购的特点

有关质量、运输、供应商和数量的几个特征定义了成功的及时采购程序（JIT）。见表3-4。没有JIT采购，JIT制造就会失败。JIT采购在保持最低库存水平的同时保证了生产原料随时可用。JIT的理论目标之一是"零库存"，这在实践中是很难达到的，切不要寄予厚望。如果真的做到了零库存，就无货可卖，也无从工作了。

表 3-4 JIT 采购的特点

质量	(1) 采购者强调最小产品规范； (2) 采购者帮助原材料供应商满足质量要求； (3) 销售者和购买者的质量保证部门协同工作； (4) 使用过程控制图表，而不是抽样检验
运输	采购经理尽可能多地调度和控制运输过程
供应商	(1) 尽量利用最近的供应商； (2) 试图把远处的供应商组织起来； (3) 反复与同一供应商做生意； (4) 持续对供应商进行监视和评价； (5) 对材料的招标要尽量少； (6) 鼓励供应商与他自己的供应商也实现 JIT 采购
数量	(1) 经常地、稳定地提交相同数量的小额货物，供应商应减小产品的包装； (2) 签署长期的采购合同； (3) 避免货物短缺和过剩

虽然材料的库存应达到最小化，但是采购的主要工作还是要保证材料随时可利用。一次交货不及时就可能使采购经理睡不着觉，这比小量的库存和费用的增加更为严重。产品的高可利用率和低搬运费用需要稳固的伙伴关系来保证。时间和距离也会对可利用性和库存量产生影响，这些因素使得 JIT 采购在国际上很难实行。

3.12.2 JIT 采购的好处

满足表 3-4 条件的公司可以为供应商和他们自己带来利益。这些利益包括增加生产率和管理效率，降低原材料的成本，提高原材料的质量以及得到更好的原材料设计等。

1. JIT 采购者的利益

采购者具有持续的、合理的生产调度，并能够给予少数几个供应商长期的合同和大量的订单时，JIT 采购可以运转得很好。这也要求选择能够满足购买者要求的、能负责任的供应商。潜在的生产性利益包括降低原材料的成本、减少重复的工作、减少延迟、减少考察的费用、面对少数供应商、更精确的通信、更准确的会计等。较低的库存费用、较低的运输费用、更少的废料和更少的缺陷导致了更低的提交成本。较高的质量也意味着更快地检测和纠正错误、更少的检验和质量更好的制成品。最后，材料设计更好意味着对工程的修正具有更快的响应，使设计更具新颖性。

2. JIT 供应商的利益

供应商也会从 JIT 采购中得益。更好的培训和更可预见的调度可减少劳动力的周转时间。同时，生产量需求和生产调度变得更和谐，周转时间也减少了。管理效率的改进来源于更好的交流，以及更稳定、更可预见的制成品输出。原料价格可能下降，这是因为减少了制成品的库存，以及中间产品的库存。由于他们的供应商也采用了 JIT 方式工作，所以购买的商品库存也降低了。质量效益来源于小批量的生产和更好的质量保证过程。材料设计方面的好处得益于较少的工程设计问题。

3.12.3 JIT 采购的风险

JIT 采购也会带来某些风险。例如，供应商可能无法满足合同中的条款。由于 JIT 采购通常涉及长期的合同，所以制造商可能很难找到新的供应商。合同条款可能包含质量、交货承诺、甚至价格因素。提交失败会导致了工厂关门，质量问题会引起制造商生产出不合规格的产品，而寻找另外的供应商意味着付出更高的价格。由于 JIT 和其他质量控制计划依赖于合作者的能力，所以买方公司可以停止检验输入原材料，而不符合标准的原材料导致生产出不符合标准的制成品。

如果由于罢工使得工厂、承运人或供应商停工了，那将会怎样呢？在美国俄亥俄州两个刹车厂的罢工使得几乎所有的通用汽车工厂关闭了，大约 175 000 工人无工可做。1997 年 UPS 的罢工中断了许多 JIT 合作伙伴。而其他承运人则趁着罢工的萧条时期悄然崛起，并且给予现有的客户以优先权。而那些大量买进 UPS 包装运输的客户很难得到服务。

风险不可能从系统中完全排除。采购经理的任务就是打造一个稳固的关系，与公司的供应商共同减少可能出现的风险。

3.12.4 JIT 采购的合同

JIT 采购通常要签订合同。合同可以有多种形式，但是两种在 JIT 环境中使用较好的合同是数量合同和系统合同。数量合同要说明随着时间变化的采购需求量。这一条款保证供应商在合同期限内将收到规定的订货数量。采购经理增加购买的数量，并随之获得价格的折扣和管理费用的减少。系统合同也叫作一揽子订单，或叫作无存货采购订单，这种合同规定了交货的数量和交货的时间。合同期内不变的价格是这种合同的优点。同时采购经理实现了无库存生产。系统合同的基本目标见表 3-5。

表 3-5 JIT 采购系统合同基本目标

JIT 采购系统合同基本目标	库存水平低
	较少的供应商
	较低的管理成本
	采购经理只需处理少量资金，减少了工作量
	可以给予供应商大额订单
	直接向用户及时地提交原材料
	采购条款标准化

3.13 传统采购模式与现代供应链采购模式的比较

传统采购模式与现代供应链采购模式的比较，见表 3-6。

表 3-6　传统采购模式与现代供应链采购模式的比较

特点	传统采购模式	供应链管理采购模式
重点	和供应商进行商业交易，特点是比较重视交易过程的供应商的价格比较，通过供应商的多头竞争，从中选择价格最低的作为合作者	采购与供应的重点在于协调各种计划的执行。实现了面向过程的作业管理模式的转变。简化了采购工作流程
管理	采购管理	外部资源管理
考虑因素	价格、质量、交货期，以考虑价格为第一	价格不是主要的因素，质量是最重要的标准，这种质量不单指产品的质量，还包括工作质量、交货质量、技术质量等多方面内容
质量控制	质量、交货期等都是通过事后把关的办法进行控制，如到货验收等。质量控制的难度大。通过各种有关标准如国际标准、国家标准等，进行检查验收	提供信息反馈和教育培训支持，在供应商之间促进质量改善和质量保证。不需要对采购产品进行较多的检验手续，一般向合格供应商颁发产品免检合格证书即可
谈判重点	价格。多次多头进行报价、询价、还价等来回地谈判，手续和谈判复杂，采购和交易成本高	建立了战略合作伙伴关系，签订供应合同的手续大大简化，不再需要双方的询盘和报盘的反复协商，交易成本也因此大为降低
供应商	竞争多于合作，是非合作性竞争。多头采购，供应商的数目相对较多	战略性合作关系，提倡一种双赢机制。采用较少的供应商，甚至单源供应；较近的供应商，长期从同一供应商处进货
信息沟通	非信息对称博弈过程。采购一方尽量保留私有信息，而供应商也在和其他的供应商竞争中隐瞒自己的信息。相互的工作是不透明的。信息扭曲和失真	供应商能准确地和实时地共享制造部门的信息，提高了供应商应变能力，减少信息失真。同时在订货过程中不断进行信息反馈，修正订货计划，使订货与需求保持同步
供需关系	简单的买卖关系，临时的或短时期的合作关系，而且竞争多于合作。无法做长期性预测与计划工作，运作中的不确定性大	全局性、战略性的、长期的、互惠互利的合作关系。降低由于不可预测的需求变化带来的风险，比如运输过程的风险、信用的风险、产品质量的风险等
响应	响应用户需求能力迟钝。在市场需求发生变化的情况下，采购一方也不能改变供应一方已有的订货合同。重新订货需要增加谈判，供需之间对终端用户需求的响应不能同步，缺乏应付需求变化的能力	即时化订单驱动模式，使供应链系统得以即时响应用户的需求。在同步化供应链计划的协调下，制造计划、采购计划、供应计划能够并行进行，缩短了用户响应时间，实现了供应链的同步化运作，增强了柔性和对需求快速响应的能力
采购目的	补充库存，即为库存而采购。采购部门不了解生产的进度和产品需求的变化，采购过程缺乏主动性，采购部门制定的采购计划很难适应制造需求的变化	以订单驱动方式进行，制造订单的产生是在用户需求订单的驱动下产生的，然后，制造订单驱动采购订单，采购订单再驱动供应商。采购物资直接进入制造部门，减少采购部门的工作压力和不增加价值的活动过程

续表

特点	传统采购模式	供应链管理采购模式
对供应商的选择标准	供应商是通过价格竞争而选择的，供应商与用户的关系是短期的合作关系，当发现供应商不合适时，可以通过市场竞标的方式重新选择供应商	供应商和用户是长期的合作关系，供应商的合作能力将影响企业的长期经济利益，因此对供应商的要求就比较高。在选择供应商时，需要对供应商进行综合的评估
采购批量	一定时期内的批量定购，交货批量都比较大	小量多次可靠地送货。即时化生产需要减少生产批量，因此采购采用长期合同小批量办法

思考题

1. 简述采购过程。
2. 电子采购系统的优点有哪些？
3. 简述小额采购订单的方法。
4. 购买或外包的原因和自己生产的原因分别是什么？
5. 选择供应商考虑什么因素？
6. 使用一家和多家供应商的原因分别是什么？
7. 简述选择供应商的步骤。
8. 集中采购和分散采购的优点分别是什么？
9. 全球外包的原因是什么？
10. JIT采购的好处和风险分别是什么？
11. 请对传统采购模式与现代供应链采购模式进行比较。

案例资料

三个"采购案例"的对比分析

从20世纪80年代开始，为了顺应国际贸易高速发展的趋势，以及满足客户对服务水平提出的更高要求，企业开始将采购环节视为供应链管理的一个重要组成部分，通过对供应链的管理，对采购手段进行优化。在当前全球经济一体化的大环境下，采购管理作为企业提高经济效益和市场竞争能力的重要手段之一，它在企业管理中的战略性地位日益受到国内企业的关注，但现代采购理念在中国的发展过程中，由于遭遇的"阻力来源"不同，企业解决问题的方法各异等原因，就被予以了不同的诠释。

胜利油田

在采购体系改革方面，许多国有企业和胜利石油境遇相似，虽然集团购买、市场招标的意识慢慢培养起来，但企业内部组织结构却给革新的实施带来了极大的阻碍。

胜利油田每年的物资采购总量约85亿人民币，涉及钢材、木材、水泥、机电设备、仪器仪表等56个大类，12万项物资。行业特性的客观条件给企业采购的管理造成了一定的难度，然而最让中国石化胜利油田有限公司副总经理裴国泰头痛的却是其他问题。

胜利油田目前有9 000多人在作物资供应管理，庞大的体系给采购管理造成了许多困难。胜利每年采购资金的85个亿中，有45个亿的产品由与胜利油田有各种隶属和姻亲关系的工厂生产，很难将其产品的质量和市场同类产品比较，而且价格一般要比市场价高。例如供电器这一产品，价格比市场价贵20%，但由于这是一家由胜利油田长期养活的残疾人福利工厂，只能是本着人道主义精神接受他们的供货，强烈的社会责任感让企业背上了沉重的包袱。同样，胜利油田使用的大多数涂料也是由下属工厂生产，一般只能使用3年左右，而市面上一般的同类型涂料可以用10年。还有上级单位指定的产品，只要符合油田使用标准、价格差不多，就必须购买指定产品。

在这样的压力下，胜利油田目前能做到的就是逐步过渡，拿出一部分采购商品来实行市场招标，一步到位是不可能的。

胜利油田的现象说明，封闭的体制是中国国有企业更新采购理念的严重阻碍。中国的大多数企业，尤其是国有企业采购管理薄弱，计划经济、短缺经济下粗放的采购管理模式依然具有强大的惯性。采购环节漏洞带来的阻力难以消除。

统计数据显示，在目前中国工业企业的产品销售成本中，采购成本占到60%左右，可见，采购环节管理水平的高低对企业的成本和效益影响非常大。一些企业采购行为在表面上认可和接纳了物流的形式，但在封闭的市场竞争中，在操作中没有质的改变。一些采购只是利用了物流的技术与形式，但经常是为库存而采购，而大量库存实质上是企业或部门之间没有实现无缝连接的结果，库存积压的又是企业最宝贵的流动资金。这一系列的连锁反应正是造成许多企业资金紧张、效益低下的局面没有本质改观的主要原因。

海尔

与大型国有企业相比，一些已经克服了体制问题，全面融入国际市场竞争的企业，较容易接受全新的采购理念，这类型的企业中，海尔走在最前沿。

海尔采取的采购策略是利用全球化网络，集中购买。以规模优势降低采购成本，同时精简供应商队伍。据统计，海尔的全球供应商数量由原先的2 336家降至840家，其中国际化供应商的比例达到了71%，目前世界前500强中有44家是海尔的供应商。

对于供应商关系的管理方面，海尔采用的是SBD模式：共同发展供应业务。海尔有很多产品的设计方案直接交给厂商来做，很多零部件是由供应商提供今后两个月的市场产品预测并将待开发的产品形成图纸，这样一来，供应商就真正成为海尔的设计部和工厂，加快开发速度。许多供应商的厂房和海尔的仓库之间甚至不需要汽车运输，工厂的叉车直接开到海尔的仓库，大大节约运输成本。海尔本身则侧重于核心的买卖和结算业务。这与传统的企业与供应商关系的不同在于：它从供需双方简单的买卖关系，成功转型为战略合作伙伴关系，是一种共同发展的双赢策略。

1999年海尔的采购成本为5个亿，由于业务的发展，到2000年，采购成本为7个亿，但通过对供应链管理优化整合，2002年海尔的采购成本预计将控制在4个亿左右。可见，利益的获得是一切企业行为的原动力，成本降低、与供应商双赢关系的稳定发展带来的经济效益，促使众多企业以积极的态度引进和探索先进、合理的采购管理方式。

与胜利油田相似，由于企业内部尤其是大集团企业内部采购权的集中，使海尔在进行采购环节的革新时，也遇到了涉及"人"的观念转变和既得利益调整的问题。然而与胜利油田不同的是，海尔在管理中已经建立起适应现代采购和物流需求的扁平化模式，在市场竞争的自我施压过程中，海尔已经有足够的能力去解决有关人的两个基本问题：一是企业首席执行官对现代采购观念的接受和推行力度，二是示范模式的层层贯彻与执行，彻底清除采购过程中的"暗箱"。

通用

与从计划模式艰难蜕变出来的大型国有企业相比，通用汽车集团的采购体系可以说是含着银匙出世，它没有必要经历体制、机构改革后的阵痛，全球集团采购策略和市场竞标体系自公司诞生之日起，就自然而然地融入了世界上最大的汽车集团——通用汽车的全球采购联盟系统中。相对于尚在理论层次彷徨的众多国有企业和民营企业而言，通用的采购已经完全上升到企业经营策略的高度，并与企业的供应链管理密切结合在一起。

据统计，在美国的采购量每年为 580 亿美金，全球采购金额总共达到 1 400 亿美金～1 500 亿美金。1993 年，通用汽车提出了全球化采购的思想，并逐步将各分部的采购权集中到总部统一管理。目前，通用下设 4 个地区的采购部门：北美采购委员会、亚太采购委员会、非洲采购委员会、欧洲采购委员会，4 个区域的采购部门定时召开电视会议，把采购信息放到全球化的平台上来共享，在采购行为中充分利用联合采购组织的优势，协同杀价，并及时通报各地供应商的情况，把某些供应商的不良行为在全球采购系统中备案。

在资源得到合理配置的基础上，通用开发了一整套供应商关系管理程序，对供应商进行评估。对好的供应商，采取持续发展的合作策略，并针对采购中出现的技术问题与供应商一起协商，寻找解决问题的最佳方案；而在评估中表现糟糕的供应商，则请其离开通用的业务体系。同时，通过对全球物流路线的整合，通用将各个公司原来自行拟定的繁杂的海运线路集成为简单的洲际物流线路。采购和海运路线经过整合后，不仅使总体采购成本大大降低，而且使各个公司与供应商的谈判能力也得到了质的提升。

面对这三种在中国市场并存的"采购现象"，直接反映出在不同的市场机制和管理模式下，企业变革需要面对的一些现实问题。但从另一个角度看，我们就会发现采购在整个企业物流管理中的重要地位已经被绝大多数的企业所认可。更多的生产企业专注于自己的核心业务，把采购物流业务外包，建立在合作基础上的现代供应链管理，无疑是对传统的采购管理模式的一次革命性的挑战。

从不同"采购现象"背后，可以看到"采购理念"在中国发展遇到的现实问题，不仅在于企业对先进思维方式的消化能力，更重要的是在不同的体制和文化背景下的执行是否通畅。而在落实理念的过程中，必须革新中国的企业文化，要求高层决策人员和中层的管理人员应当具备解决系统设计问题的能力，底层的运作人员应能解决系统操作的问题，同时必须有发现问题的能力和正确理解问题的能力。从这个角度上讲，是否"以人为本"已经成为采购进入中国市场所必须解决的重大课题。

（资料来源：http：//www.texindex.com.cn/Articles/2007-11-8/125791.html）

从《红楼梦》看《供应链管理》

1. 《供应链管理》的知识

在教材"3.5.1 手工采购系统"中有如下表述：

物料申请单上明确注明产品、数量、预期送达日期。

不同于物料申请单，循环请购单除了产品描述以外，还有其他有关信息，如订货到交货的周期、批量等。

采购订单的一个重要特征就是采购的条款和条件都事先在单子的后面印好。一旦订单被确认，采购人员要确保采购物料的准时运送，要对订单进行跟进和加速。跟进就是为防止运送延迟而采取积极措施，加速就是对迟到的运输采取措施。

2. 《红楼梦》第十七回有如下情境

大观园试才题对额　荣国府归省庆元宵

贾珍回道："那陈设的东西早已添了许多，自然临期合式陈设。帐幔帘子，昨日听见琏兄弟说，还不全。那原是一起工程之时就画了各处的图样，量准尺寸，就打发人办去的，想必昨日得了一半。"贾政听了，便知此事不是贾珍的首尾，便叫人去唤贾琏。一时来了，贾政问他共有几种，现今得了几种，尚欠几种。贾琏见问，忙向靴筒内取出靴掖内装的一个纸折略节来，看了一看，回道："妆蟒绣堆、刻丝弹墨并各色绸绫大小幔子一百二十架，昨日得了八十架，下欠四十架。帘子二百挂，昨日俱得了。外有猩猩毡帘二百挂，湘妃竹帘一百挂，金丝藤红漆竹帘一百挂，黑漆竹帘一百挂，五彩线络盘花帘二百挂，每样得了一半，也不过秋天都全了。椅搭、桌围、床裙、杌套，每分一千二百件，也有了。"

3. 我们的理解

（1）采购订单的一个重要特征是采购的条款和条件都事先在单子的后面印好，而《红楼梦》第十七回中"贾琏取出的纸折略节"就相当于是我们现今的采购订单，在纸折略节中所列明用来装扮大观园的材料就是我们采购订单中的采购条款和条件。

（2）"共有几种，现今得了几种，尚欠几种。"，充分体现了采购人员要确保采购物料的准时运送，要对订单进行跟进和加速。贾琏所列采购清单里的物品并未及时送到，有的已全部送到，而有的却只送来了一半，这就说明传统的采购还存在着许多的不足，他们并不能按照顾客所规定的日期准时送达。在现今，采购管理仍存在许多的不足，有时候采购人员的懒散或不以为意会导致采购物料无法准时运送，从而影响了客户原规划的进程。

（3）"幔子一百二十架，昨日得了八十架，下欠四十架。帘子二百挂，昨日俱得了……椅搭、桌围、床裙、杌套，每分一千二百件，也有了。"反映了物料申请单上明确注明产品、数量、预期送达日期和循环请购单上订货到交货的周期、批量的信息。在现今的采购订单中仍可以找到传统采购订单的影子，现今的采购订单里仍需要注明物料是何产品，还有需要多少数量等，这些都没变，而现今的采购订单更为详细地标注了客户所需物料的信息。同时，更能满足客户的需求和更好地为客户服务，让客户更加的满意、放心。

4. 给我们的启示

（1）传统的采购订单大多基于纸张。

（2）为跟上时代的步伐，电子采购开始普及。

（3）订单丢失或信息不全、不明等问题，会由于运用了电子采购方式而得以解决。

（4）电子采购的普及使得采购系统得到更好的完善。

（10级物流一班：朱群伟、郑玲、汪瑾、陈川德、韩振新）

第 4 章
库存管理

> **本章学习重点**
>
> 库存的定义、种类与作用，库存管理的概念与模式，库存成本的构成，当缺货发生时客户通常的选择，定期订货模型与定量订货模型的区别，库存控制的问题分析，供应链中的需求变异放大原理与库存波动，供应链中的不确定性与库存，供应链管理下库存控制的目标，VMI 的基本思想、定义与实施方法，联合库存管理（VMI）的定义、模型、优点与实施方法，供应链管理库存优化的方法。

4.1 库存与库存管理的基本原理

库存管理——出库管理

4.1.1 库存的定义

库存，是指一个企业持有的实物产品。它可以是原材料、零部件、半成品、产成品、办公用品、维修保养用品及生产耗用品等。对企业而言，库存管理意味着双重含义：首先必须控制库存所占用的资金以及相关的保有成本；其次还必须保证库存的合理水平与结构，确保生产和销售部门的要求能够及时、充分地得到满足。而这两个目标往往又是相互矛盾的。

4.1.2 库存管理的概念

库存管理是以控制库存为目的的方法、手段、技术以及操作过程的集合，它是对企业的库存（包括原材料、零部件、半成品以及产品等）进行计划、组织、协调和控制的工作。其内容主要是根据市场需求情况与企业的经营目标，决定企业的库存量、订货时间以及订货量等。库存管理的目标有两个：一是降低库存成本；二是提高客户服务水平。库存控制就是要在两者之间寻求平衡，以达到两者之间的最佳结合。库存管理的首要目标是要保证生产、销售的及时供应，该目标得以满足以后，再追求上述两个目标的最优解。

4.1.3 库存管理的模式

库存管理有许多不同的技术模型，它们可以被分为"推式"或"拉式"两大类。

（1）"推式"模型，是指在客户下达订单之前生产出产品，制造商将产品通过销售渠道推给各个销售中介乃至最终消费者。经济订货批量（EOQ）模型、物料需求计划（MRP）、制造资源计划（MRPⅡ）及分销需求计划（DRP）都属于推式模型。

（2）"拉式"模型，是指接到客户订单再进行生产，因此产品是由实际订单通过销售渠道拉下来的。近年来随着卖方市场向买方市场的转变，企业注重更好地满足客户需要，在生产与经营中更多采用市场导向，其库存管理有转向使用拉式模型的趋势，以减少渠道中的库存量，避免不需要的库存品的积压。

4.1.4 库存的种类

1. 单周期库存和多周期库存

根据对物料需求订货的可重复次数，可将库存分为单周期库存和多周期库存。单周期库存又称为一次性订货问题，即某物品在一定时间内只订货一次，消耗完也不再补充订货。多周期库存又称为重复性订货问题，即对某物品的需求是重复的、连续的，其库存量需要不断地补充，如加油站的油品库存、超级市场卖出的商品等。企业管理中既有多周期库存问题，又有单周期库存问题，两者都需要进行认真研究。

2. 独立需求和相关需求库存

（1）独立需求，是指对某种物品的需求只受企业外部的市场影响而不受其他种类物品的影响，表现出对这种产品需求的独立性。独立需求是来自对企业系统输出的需求，如企业生产的产成品、提供的其他企业继续加工的半成品等。由于需求率受外部环境的影响，因此，需求量是不确定的，通常用预测的方法来估算。

（2）相关需求，又称非独立需求，是指对某种物品的需求直接依赖于其他种类的物品，如自行车车轮和自行车的关系。一辆自行车有 2 个车轮，如果市场需要 1 000 辆自行车，则自行车制造厂必须生产 2 000 个车轮，再加上其他零部件才能装配出 1 000 辆自行车。市场对自行车的需求是独立需求，而对自行车车轮的需求则是相关需求。由此可见，相关需求发生在企业内部物料转化过程各环节之间，只要知道独立需求与相关需求的对应关系，就可以通过一定的方法精确地计算出相关需求的库存量。

3. 确定性库存和不确定性库存

如果需求率和订货提前期被视为确定的，发生在这种情况下库存称为确定性库存。在现实生活中，需求率和提前期都是受市场需求影响的随机变量，如果将需求率和提前期中的任何一个看作随机变量，发生在这种情况下的库存就是不确定性库存。

4. 周转性库存

周转性库存是指为补充生产或销售过程中已消耗完或销售完的物资而设定的库存，以便满足一定条件下的物资需求，保证生产的连续进行。它的水平通常是由企业在某个相对固定的周期内的生产量或者销售量来决定的。

5. 在途库存

在途库存指处于运输过程中的库存。即在航空、铁路、公路、水路等运输线上的物资、装配线上的在制品等。

6. 安全库存

安全库存指为应对未来物资供应不确定性引起的意外中断或需求突然放大引起的库存不足等，起缓冲作用而保持的库存。

7. 季节性库存

某些物资的供应或产品的销售具有明显的季节性，为了保证生产和销售的正常进行，需要一定数量的季节性库存。

4.1.5 库存的作用

由于库存在企业成本中占有相当大的比重，其水平的稍微下降就能带来利润的大幅上升，所以企业缩减库存的意愿都是十分强烈的。但是要想做到这一点却非易事，有时甚至会面对来自企业内外的巨大压力。那么库存对于企业而言具有重大贡献。库存的作用主要有以下几点。

1. 获得规模经济的好处

随着产量的提高，生产中的固定成本可以得到更好的分摊，因而产品的平均生产成本可以得到降低，为取得这种规模经济效益，企业倾向于采用大批量生产方式，从而创造了大量库存。此外，企业为获得批量购买和大批运输的折扣，也会导致库存的堆积。

2. 平衡供需

由于竞争的压力，企业要想保持市场占有率，就必须保证充足的产品供应，创造产品的时间效用和地点效用，即在市场需要的时间和地点及时提供产品，这就要求产品必须在需求发生之前就提前被生产出来并运送到市场上。而市场需求又是瞬息万变的，一旦库存不足，就会造成销售的损失和客户的流失，使企业遭受损失。因此，许多企业为以防万一，都会在预测基础上追加一个安全库存量，这进一步导致了库存的增加。

3. 防止需求和订货的不确定性

市场供求情况瞬息万变，保持合理的库存就可以应付急时之需，使企业得以适应市场的变动。

此外，由于某些原料或产品的季节性（如食品厂用来制造果汁的水果和用于供应圣诞市场的礼品等），也会导致必要的库存积累。更有一些企业出于投机的动机，进行"囤积居奇"式的库存储备。

4.1.6 库存成本

库存对大多数企业而言，一般都是占用投资最大的单项资产项目。库存成本由两部分构成：持有成本和订购成本。这两者之间成反比关系。如果一个企业持有的库存量高，它就不需要经常订购，而如果它选择频繁订购，其库存持有量就不需要太大。库存成本管理就是要寻找持有成本和订购成本之间的平衡。

1. 持有成本

持有成本是指与实际拥有和储存产品有关的成本项目，它由4部分构成。

（1）资金占用成本。指企业由于拥有库存而失去了资金的可流动性所带来的成本，它实际上是一种机会成本。即如果将用于库存的资本投资于其他项目可以赚得的最大收入。在实际计算中可以用银行利率作为核算标准。

（2）库存服务成本。主要包括由于保有库存而需负担的管理费用、财产税和为该库存支出的保管开支。

（3）存储空间成本。指为储存库存所需支出的仓储成本，包含自有仓库的土地使用费、建设费、公共仓库的租金及管理费等。

(4) 库存风险成本。包括库存过时、损坏、失窃等造成的成本以及库存的重新安置成本，即货物在仓库之间移动以满足需求的成本。

2. 订购成本

订购成本包括订货成本和创建成本。

(1) 订货成本。核对库存、准备及填制订单、选择供货商、订立合同、货物验收、支付货款、复查库存水平等的成本（注意：这里不包括货物的购买价格）。许多公司采用综合订单方式来降低订货成本，即在每年的开始下达一个包括全年的综合订单，根据每期的需要分期交付。

(2) 创建成本。生产线或销售场地布局变更所造成的成本。

3. 缺货成本与安全库存

缺货成本顾名思义是由于缺货而带来的成本。一般而言当缺货情况发生时客户通常有4种可能的选择。

(1) 选择等待。客户会耐心等待，直到货物按正常补货周期得以恢复供应为止。这种选择除对企业信誉有所影响以外，一般不会造成成本的上升或经营开支的浪费。

(2) 选择更改订货的时间。客户坚持需要该产品并愿意为此等待一定时间。但此时企业需想方设法缩短补货周期，如订单加急作业、采用快速运输方式等。上述活动会带来经营成本的上升。

(3) 选择替代产品。客户不愿等待并愿意接受替代产品。此时缺货产品的促销费用由于销售机会的丧失，失去了一次补偿的机会。

(4) 选择其他供应商。客户不愿选择替代品或没有合适的替代品，因而转向其他供应商。企业失去了一个客户，以往用于客户开发的开支由于失去了未来的销售机会，不能得到有效的补偿。如果给每种选择加上一定的发生概率，并给出每种选择对缺货企业的成本，则对缺货成本可以做如表4-1所示的计算。

表4-1 缺货的成本

选择	成本		发生的可能性		实际成本
等待正常补货	0	×	5%	=	0
订期货	$5	×	15%	=	$0.75
选择替代产品	$10	×	70%	=	$7
选择其他供应商	$100	×	10%	=	$10
缺货的总成本					$17.75

通过上述分析和计算，我们会发现缺货的负面影响远远超过了它在账面上直接反映出的数值，同时由于缺货对企业信誉和客户满意度造成的无形影响，上述计算的结果可能只是反映了冰山的一角。所以企业普遍对缺货现象比较重视，并尽可能采取措施避免缺货的发生。其中最简易也最常见的方法就是通过建立安全库存来应付不时之需。

安全库存是在正常库存量之外额外准备的库存，对它的管理方法与周转性库存有所区别。一般企业会根据需求与补货期的变动规律以及企业希望达到的客户满意水平确定一个安全库存量，这个安全库存量是在正常周转性库存之外的一个量，就像一个蓄水池，一旦池中的水得到消耗，就必须及时加以补充以使池中的水位随时保持一个既定水平。所以一旦安全库存消耗掉，必须在新货到达时优先予以补充。

企业在库存管理实践中还必须确保对安全库存的有计划的周转更新，在具体操作时可以采用诸如先用去作为安全库存的储备，再从新货中调拨出相当量的货物补充到安全库存的方法。这样，不仅保证了安全库存品的不断更新，也保证了安全库存量的稳定。

4.1.7 定期订货模型与定量订货模型的区别

定期订货模型与定量订货模型的区别见表 4-2。

表 4-2 定期订货模型与定量订货模型的区别表

特　征	定期订货模型	定量订货模型
订货量	变化的	固定的（每次订货量相同）
下达订单时间	在盘点期到来时	在库存降到再订购点时
库存记录维护	只在盘点期记录	每次出库或入库都要记录
库存规模	比定量订货规模大	比定期订货规模小
适合的物品类型	货源来自中心仓库的情况（可进行联合订购）	需严格控制的高价物品或重要的物资（如关键的零部件）或短缺成本较高的物品
成　本	订购成本较低，便于获得价格折扣	库存成本较低

4.2　供应链管理环境下的库存问题

永凯 APS 供应链优化降低库存管理成本

4.2.1　库存控制问题分析

库存控制问题如图 4-1 所示。

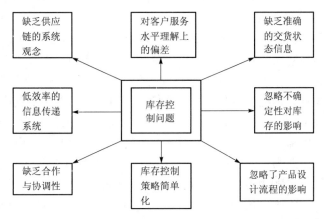

图 4-1　库存控制问题

1. 缺乏供应链的系统观念

虽然供应链的整体绩效取决于各个供应链节点的绩效，但是各个部门都是各自独立的单元，都有各自独立的目标与使命。有些目标和供应链的整体目标是不相干的，甚至有可能是冲突的。因此，这种各自为政的行为必然导致供应链整体效率的低下。比如，美国加利福尼亚的计算机制造商采用每笔订货费作为绩效评价的指标，该企业集中精力放在降低订货成本上。这种政策对于一个单一企业无可厚非，但是它没有考虑对供应链体系中其他制造商和分销商的影响，结果一些制造商不得不维持较高的库存量。

大多数供应链系统都没有建立针对全局供应链的绩效评价指标，这是供应链中普遍存在的问题。有些企业采用库存周转率作为供应链库存管理的绩效评价指标，但是没有考虑对客户的反应时间与服务水平。实际上，客户满意度应该始终是供应链绩效评价的一项重要指标。

2. 对客户服务水平理解上的偏差

供应链管理的绩效好坏应该由客户来评价，或者用对客户的反应能力来评价。但是，由于对客户服务水平理解上的差异，导致客户服务水平上的差异。许多企业采用订货满足率来评估客户服务水平，这是一种比较好的客户服务考核指标。但是订货满足率本身并不能保证运营问题，如一家计算机工作站的制造商要满足一份包含多产品的订单需求，产品来自各个

思政之窗

不同的供应商，客户要求一次性交货，制造商要将各个供应商的产品都到齐后才一次性装运给客户。这时，应用总的订货满足率来评价制造商的客户服务水平是恰当的，但是，这种评价指标并不能帮助制造商发现是哪家供应商的交货迟了或早了。传统的订货满足率评价指标，也不能评价订货的延迟水平。两家都具有 90% 的订货满足率的供应链，在如何迅速补给余下的 10% 订货要求方面差别是很大的。除了订货满足率之外，其他的服务指标不容忽视，如总订货周转时间、平均再订货率、平均延迟时间、提前或延迟交货时间等。

3. 缺乏准确的交货状态信息

当顾客下订单时，他们总是希望知道什么时候能交货。在等待交货过程中，也可能会对订单交货状态进行修改，特别是当交货被延迟以后。一次性交货非常重要，但是必须看到，许多企业并没有及时而准确地将推迟的订单引起交货延迟的信息提供给客户，这当然会导致客户的不满和再订货率的下降。

4. 低效率的信息传递系统

在供应链中，各个供应链节点企业之间的需求预测、库存状态、生产计划等都是供应链管理的重要数据，这些数据分布在不同的供应链节点企业之间，要实现快速有效地响应客户需求，必须实时传递这些数据。为此，需要改善供应链信息系统模型，通过系统集成的方法，使供应链中的库存数据能够实时、快速地传递。但是，目前许多企业的信息系统并没有实现集成，当供应商需要了解客户需求信息时，常常获得的是延迟的信息和不准确的信息。由于信息延迟而引起的需求预测的误差和对库存量精确度的影响，都会给短期生产计划的实施带来困难。例如，企业为了制定一个生产计划，需要获得关于需求预测、当前库存状态、供应商的运输能力、生产能力等信息，这些信息需要从不同的供应链节点企业数据库中获得，数据调用的工作量很大。数据整理完后制定主生产计划，然后运用相关管理系统软件制定物料需求计划，这样一个过程一般需要很长时间。时间越长，预测误差越大，制造商对最

新订货信息的有效反应能力也就越差，生产出过时的产品和造成过高的库存也就不足为奇了。

5. 忽略不确定性对库存的影响

供应链运营过程中存在诸多的不确定因素，如订货的前置时间、货物的运输状况、原材料的质量、生产过程的时间、运输时间、需求的变化等。为减少不确定性对供应链的影响，首先应了解不确定性的来源和影响程度。很多企业并没有认真研究和确定不确定性的来源和影响，错误估计供应链中物料的流动时间，造成有的物品库存增加，而有的物品库存不足的现象。

6. 缺乏合作与协调性

供应链是一个整体，需要协调各节点企业的活动，才能获得最满意的运营效果。协调的目的是使满足一定服务质量要求的信息可以无缝地、流畅地在供应链中传递，从而使供应链能够实时响应客户的需求，形成更为合理的供需关系，适应复杂多变的市场环境。供应链的各节点企业为了应付不确定性，都设有一定的安全库存作为应急措施。问题是在供应链体系中，组织的协调涉及更多的利益群体，相互之间缺乏信任和信息透明度。为了应付市场的波动，企业不得不维持一个较高的安全库存，付出更高的代价。

组织之间存在的障碍有可能使库存控制变得更加困难，因为各自都有不同的目标、绩效评价尺度，谁也不愿意去帮助其他部门共享资源。在分布式的组织体系中，组织之间的障碍对库存集中控制的阻力更大。

要进行有效的合作与协调，组织之间需要建立一种有效的合作激励机制和信任机制。信任风险的存在更加深了问题的严重性，相互之间缺乏有效的监督机制和激励机制是供应链节点企业之间合作不稳固的主要原因。

7. 库存控制策略简单化

无论是生产企业还是物流企业，库存控制的目的都是为了保证供应链运行的连续性和应付不确定性需求。在了解和跟踪不确定性状态因素的前提下，利用跟踪到的信息，制定相应的库存控制策略。库存控制策略制定的过程是一个动态的过程，而且在库存控制策略中应该反映不确定性动态变化的特性。

许多企业对所有的物资采用统一的库存控制策略，物资的分类没有反映供应与需求的不确定性。在传统的库存控制策略中，多数是面向单一企业的，采用的信息基本上来自企业内部，库存控制策略没有体现供应链管理的思想。因此，如何建立有效的库存控制方法，并能体现供应链管理思想，是供应链库存管理的重要内容。

8. 忽略了产品设计流程的影响

现代产品设计与先进制造技术的出现，使产品的生产效率大幅度提高，而且具有较高的成本效益，常常忽视供应链库存的复杂性。结果产生了所有节省下来的成本都被供应链上的分销与库存成本抵消了的现象。同样，在引进新产品时，如果不进行供应链的规划，也会产生诸如运输时间过长、库存成本高等现象而无法获得利润。如美国一家计算机外设制造商，它为世界各国分销商生产打印机。打印机具有一些销售所在国特色的配件，如电源、说明书等。美国工厂按需求预测生产，但是随着时间的推移，当打印机到达各地区分销中心时，需求已经发生了变化。因为打印机是为特定国家而生产的，分销商没有办法来应付需求的变化。也就是说，这样的供应链缺乏柔性，结果造成产品积压，产生了高库存。后来，重新设计了供应链结构，主要改变了打印机的装配过程，工厂只生产打印机的通用组件，分销中心根据所在国家的需求特点加入相应的特色组件,从而大大降低了库存,也增强了供应链的柔性。这就是"为产品设计供应链管理流程"的思想,也充分体现了时间延迟策略的思想。

4.2.2 供应链中的需求变异放大原理与库存波动

"需求变异加速放大原理"是美国斯坦福大学的 Hau L. Lee 教授对需求信息扭曲在供应链中传递的一种形象描述。其基本思想是:当供应链的各节点企业只根据来自其相邻的下级企业的需求信息进行生产或供应决策时,需求信息的不真实性会沿着供应链逆流而上,产生逐级放大的现象,达到最源头的供应商时,其获得的需求信息和实际消费市场中的顾客需求信息发生了很大的偏差,需求变异系数比分销商和零售商的需求变异系数大得多。由于这种需求放大效应的影响,上游供应商往往维持比下游供应商更高的库存水平。这种现象反映出供应链上需求的不同步现象,它说明供应链库存管理中的一个普遍现象:"看到的是非实际的"。图 4-2 显示了"需求放大效应"的原理和需求变异加速放大过程。

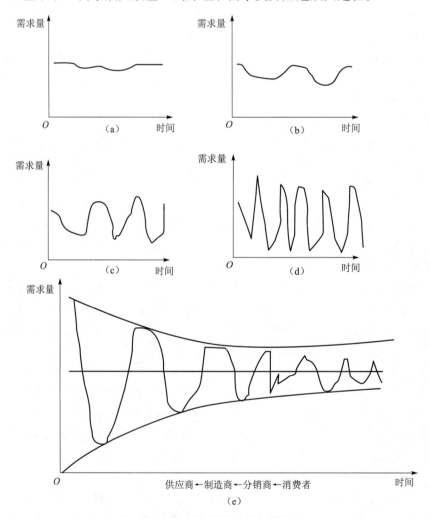

图 4-2　供应链需求放大原理
(a) 顾客消费量;(b) 零售订货量;(c) 批发商订货量;(d) 供应商计划量;
(e) 供应商←制造商←批发商←消费者

需求放大效应最先宝洁公司（P&G）发现。宝洁公司在一次考察该公司最畅销的产品——一次性尿布的订货规律时，发现零售商销售的波动性并不大，但当他们考察分销中心向宝洁公司的订货时，吃惊地发现波动性明显增大了，有趣的是，他们进一步考察宝洁公司向其供应商，如 3M 公司的订货时，他们发现其订货的变化更大。除了宝洁公司，其他公司如惠普公司在考察其打印机的销售状况时也曾发现这个现象。

需求放大效应是需求信息扭曲的结果，图 4-3 显示了一个销售商实际的销售量和订货量的差异，实际的销售量与订货量不同步。在供应链中，每一个供应链的节点企业的信息都有一个信息的扭曲，这样逐级而上，即产生信息扭曲的放大。

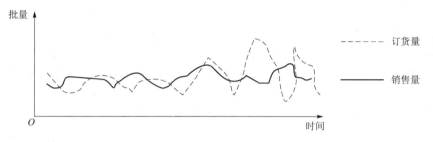

图 4-3　实际需求与订货的差异

早在 1961 年，弗雷斯特（Forrester）就通过一系列的实际案例揭示了这种工业组织的动态学特性和时间变化行为。在库存管理的研究中，斯特曼（Sterman）在 1989 年通过一个"啤酒分销游戏"验证了这种现象。在实验中，有 4 个参与者，形成一个供应链，各自独立进行库存决策而不和其他的成员进行协商，决策仅依赖其邻毗的成员的订货信息作为唯一的信息来源。斯特曼把这种现象解释为供应链成员的系统性非理性行为的结果，或"反馈误解"。

1994—1997 年美国斯坦福大学的李教授（Hau L. Lee）对需求放大现象进行了深入的研究，把其产生的原因归纳为 4 个方面：需求预测修正、订货决策、价格波动、短缺博弈。

（1）需求预测修正。是指当供应链的成员采用其直接的下游订货数据作为市场需求信号时，即产生需求放大。举一个简单的例子，当你作为库存管理人员，需要决定向供应商订货量时，你可以采用一些简单的需求预测方法，如指数平滑法。在指数平滑法中，未来的需求被连续修正，这样，送到供应商的需求订单反映的是经过修正的未来库存补给量，安全库存也是这样。

（2）订货决策。指两种现象，一种是周期性订货决策，另一种是订单推动。周期性订货是指当公司向供应商订货时，不是来一个需求下一个订单，而是考虑库存的原因，采用周期性分批订货，比如一周、一月订一次。分批订货在企业中普遍存在，MRP 系统是分批订货，DRP 也是如此。用 MRP 批量订货出现的需求放大现象，称为"MRP 紧张"。

（3）价格波动。反映了一种商业行为："预先购买"，价格波动是由于一些促销手段造成的，如价格折扣、数量折扣、赠票等。这种商业促销行为使许多推销人员预先采购的订货量大于实际的需求量。因为如果库存成本小于由于价格折扣所获得的利益，销售人员当然愿意预先多买，这样订货没有真实反映需求的变化，从而产生需求放大现象。

（4）短缺博弈。是指这样一种现象：当需求大于供应量时，理性的决策是按照用户的订货量比例分配现有的库存供应量，比如，总的供应量只有订货量的 50%，合理的配给办法是所有的用户获得其订货的 50%。此时，用户就为了获得更大份额的配给量，故意地夸大其订货需求，当需求降温时，订货又突然消失。这种由于个体参与的组织的完全理性经济决策导致的需求信息的扭曲最终导致需求放大。

这里解释需求放大现象的本质特征，目的就是想说明供应链管理中库存波动的渊源和库存管理的新特点。采用传统的库存管理模式不可能解决诸如需求放大现象这样一些新的库存问题。因此探讨新的适应供应链管理的库存管理新模式对供应链管理思想能否很好实施起着关键作用。

4.2.3 供应链中的不确定性与库存

1. 供应链中的不确定性

从需求放大现象中可以看到，供应链的库存与供应链的不确定性有很密切的关系。从供应链整体的角度看，供应链上的库存无非有两种，一种是生产制造过程中的库存，一种是物流过程中的库存。库存存在的客观原因是为了应付各种各样的不确定性，保持供应链系统的正常性和稳定性，但是库存另一方面也同时产生和掩盖了管理中的问题。

供应链上的不确定性表现形式有两种：一种是衔接不确定性。企业之间（或部门之间）不确定性，可以说是供应链的衔接不确定性，这种衔接的不确定性主要表现在合作性上，为了消除衔接不确定性，需要增加企业之间或部门之间的合作。另一种不确定性是运作不确定性。系统运行不稳定是组织内部缺乏有效的控制机制所致，控制失效是组织管理不稳定和不确定性的根源。为了消除运行中的不确定性，需要增加组织的控制，提高系统的可靠性。

供应链的不确定性的来源主要有三个方面：供应商不确定性、生产者不确定性、顾客不确定性。不同的原因造成的不确定性表现形式各不相同。

（1）供应商的不确定性。表现在提前期的不确定性、订货量的不确定性等。供应不确定的原因是多方面的，供应商的生产系统发生故障延迟生产、供应商的供应商的延迟、意外的交通事故导致的运输延迟等等。

（2）生产者不确定性。主要由于制造商本身的生产系统的可靠性、机器的故障、计划执行的偏差等，造成生产者生产过程中在制品的库存的原因也表现在其对需求的处理方式上。生产计划是一种根据当前的生产系统的状态和未来情况做出的对生产过程的模拟，用计划的形式表达模拟的结果，用计划来驱动生产的管理方法。

但是生产过程的复杂性使生产计划并不能精确地反映企业的实际生产条件和预测生产环境的改变，不可避免地造成计划与实际执行的偏差。生产控制的有效措施能够对生产的偏差给以一定的修补，但是生产控制必须建立在对生产信息的实时采集与处理上，使信息及时、准确、快速地转化为生产控制的有效信息。

（3）顾客不确定性。原因主要有：需求预测的偏差、购买力的波动、从众心理和个性特征等。通常的需求预测的方法都有一定的模式或假设条件，假设需求按照一定的规律运行或表现一定的规律特征，但是任何需求预测方法都存在这样或那样的缺陷而无法确切地预测需求的波动和顾客心理性反应，在供应链中，不同的节点企业相互之间的需求预测的偏差进一步加剧了供应链的放大效应及信息的扭曲。

本质上讲，供应链上的不确定性，不管其来源出自哪方面，根本上讲是3个方面原因造成的：① 需求预测水平造成的不确定性。预测水平与预测时间的长度有关，预测时间长，预测精度则差，另外还有预测的方法对预测的影响。② 决策信息的可获得性、透明性、可靠性、信息的准确性对预测同样造成影响，下游企业与顾客接触的机会多，可获得的有用信息多；远离顾客需求，信息可获性和准确性差，因而预测的可靠性差。③ 决策过程的影响，特别是决策人心理的影响。需求计划的取舍与修订，对信息的要求与共享，无不反映个人的心理偏好。

2. 供应链的不确定性与库存的关系

现在来分析供应链运行中的两种不确定性对供应链库存的影响：衔接不确定性与运作不确定性对库存的影响。

（1）衔接不确定性对库存的影响。传统的供应链的衔接不确定性普遍存在，集中表现在企业之间的独立信息体系（信息孤岛）现象。为了竞争，企业总是为了各自的利益而进行资源的自我封闭（包括物质资源和信息资源），企业之间的合作仅仅是贸易上的短时性合作，人为地增加了企业之间的信息壁垒和沟通的障碍，企业不得不为应付不测而建立库存，库存的存在实际就是信息的堵塞与封闭的结果。虽然企业各个部门和企业之间都有信息的交流与沟通，但这远远不够。企业的信息交流更多的是在企业内部而非企业之间进行交流。信息共享程度差是传统的供应链不确定性增加的一个主要原因。

传统的供应链中信息是逐级传递的，即上游供应链企业依据下游供应链企业的需求信息做生产或供应的决策。在集成的供应链系统中，每个供应链企业都能够共享顾客的需求信息，信息不再是线性的传递过程而是网络的传递过程和多信息源的反馈过程。建立合作伙伴关系的新型的企业合作模式，以及跨组织的信息系统为供应链的各个合作企业提供了共同的需求信息，有利于推动企业之间的信息交流与沟通。企业有了确定的需求信息，在制订生产计划时，就可以减少为了吸收需求波动而设立的库存，使生产计划更加精确、可行。对于下游企业而言，合作性伙伴关系的供应链或供应链联盟可为企业提供综合的、稳定的供应信息，无论上游企业能否按期交货，下游企业都能预先得到相关信息而采取相应的措施，这样企业就无须过多设立库存。

（2）运作不确定性对库存的影响。供应链企业之间的衔接不确定性通过建立战略伙伴关系的供应链联盟或供应链协作体而得以消减，同样，这种合作关系可以消除运作不确定性对库存的影响。当企业之间的合作关系得以改善时，企业的内部生产管理也大大得以改善。因为当企业之间的衔接不确定性因素减少时，企业的生产控制系统就能摆脱这种不确定性因素的影响，使生产系统的控制达到实时、准确，也只有在供应链的条件下，企业才能获得对生产系统有效控制的有利条件，消除生产过程中不必要的库存现象。

在传统的企业生产决策过程中，供应商或分销商的信息是生产决策的外生变量，因而其无法预见到外在需求或供应的变化信息，至少是延迟的信息；同时，库存管理的策略也是考虑独立的库存点而不是采用共享的信息，因而库存成了维系生产正常运行的必要条件。当生产系统形成网络时，不确定性就像瘟疫一样在生产网络中传播，几乎所有的生产者都希望拥有库存来应付生产系统内外的不测变化，因为无法预测不确定性的大小和影响程度，人们只好按照保守的方法设立库存来对付不确定性。

在不确定性较大的情形下，为了维护一定的用户服务水平，企业也常常维持一定的库存，以提高服务水平。在不确定性存在的情况下，高服务水平必然带来高库存水平。

通过分析不确定性对库存的影响可以知道：为了减少企业的库存水平，需要增加企业之间的信息交流与共享，减少不确定性因素对库存的影响，增加库存决策信息的透明性和可靠性、实时性。所有这些，需要企业之间的协调。

供应链管理模式下的库存管理的最高理想是实现供应链企业的无缝连接，消除供应链企业之间的高库存现象。

4.2.4 供应链管理下库存控制的目标

供应链管理下的库存控制，是在动态中达到最优化的目标，在满足顾客服务要求的前提下，力求尽可能地降低库存，以提高供应链的整体效益。具体而言，库存控制的目标如图 4-4 所示。

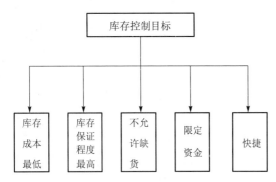

图 4-4 供应链管理下库存控制目标

1. 库存成本最低

这是企业需要通过降低库存成本以降低成本、增加赢利和增强竞争能力所选择的目标。

2. 库存保证程度最高

企业有很多的销售机会，相比之下压低库存意义不大，这就特别强调库存对其他经营生产活动的保证，而不强调库存本身的效益。企业通过增加生产以扩大经营时，往往选择这种控制目标。

3. 不允许缺货

企业由于技术、工艺条件决定不允许停产，则必须以不缺货为控制目标，才能起到不停产的保证作用。企业某些重大合同必须以供货为保证，否则会受到巨额赔偿的惩罚，企业可制定不允许缺货的控制目标。

4. 限定资金

企业必须在限定资金预算前提下实现供应，这就需要以此为前提进行库存的一系列控制。

5. 快捷

库存控制不依本身经济性来确定目标，而依靠大的竞争环境系统要求确定目标，这常常出现以最快速度实现进出货为目标来控制库存。

为了实现最佳库存控制目标，需要协调和整合各个部门的活动，使每个部门不是以有效实现本部门的功能为目标，要以实现企业的整体效益为目标。高的顾客满足度和低的库存投资似乎是一对相冲突的目标，过去曾经认为这对目标不可能同时实现。现在，通过供应链管理下创新的物流管理技术，同时伴随改进企业内部管理，企业已完全能够实现这一目标。

4.3 VMI 供应链管理环境下的库存管理策略

4.3.1 供应商管理用户库存（VMI）管理系统

1. 概述

长期以来，流通中的库存是各自为政的。流通环节中的每一个部门都是各自管理自己的库存，零售商、批发商、供应商都有各自的库存，各个供应链环节都有自己的库存控制策略。由于各自的库存控制策略不同,因此不可避免地产生需求的扭曲现象,即所谓的需求放大现象,无法使供应商快速地响应用户的需求。在供应链管理环境下,供应链的各个环节的活动都应该是同步进行的,而传统的库存控制方法无法满足这一要求。近年来,在国外,出现了一种新的供应链库存管理方法——供应商管理用户库存(VMI),这种库存管理策略打破了传统的各自为政的库存管理模式,体现了供应链的集成化管理思想,适应市场变化的要求,是一种新的有代表性库存管理思想。

2. VMI 的基本思想

传统的库存是由库存拥有者管理的。因为无法确切知道用户需求与供应的匹配状态,所以需要库存,库存设置与管理是由同一组织完成的。这种库存管理模式并不总是最优的。例如,一个供应商用库存来应付不可预测的或某一用户(这里的用户不是指最终用户,而是分销商或批发商)不稳定的需求,用户也设立库存来应付不稳定的内部需求或供应链的不确定性。虽然供应链中每一个组织独立地寻求保护其各自在供应链的利益不受意外干扰是可以理解的,但不可取,因为这样做的结果影响了供应链的优化运行。供应链的各个不同组织根据各自的需要独立运作,导致重复建立库存,因而无法达到供应链全局的最低成本,整个供应链系统的库存会随着供应链长度的增加而发生需求扭曲。

VMI 系统就能够突破传统的条块分割的库存管理模式,以系统的、集成的管理思想进行库存管理,使供应链系统能够获得同步化的运作。

VMI 是一种很好的供应链库存管理策略。VMI 的主要思想是供应商在用户允许下设立库存,确定库存水平和补给策略,拥有库存控制权。

精心设计与开发的 VMI 系统,不仅可以降低供应链的库存水平,降低成本。而且,用户还可获得高水平的服务,改善现金流,与供应商共享需求变化的透明性和获得更高的用户信誉度。

3. VMI 的定义

国外有学者认为:"VMI 是一种在用户和供应商之间的合作性策略,以对双方来说都是最低的成本优化产品的可获性,在一个相互同意的目标框架下由供应商管理库存,这样的目标框架被经常性监督和修正,以产生一种连续改进的环境。"

关于 VMI 也有其他的不同定义,但归纳起来,该策略的关键措施主要体现在如下几个原则中。

(1)合作性原则。在实施该策略时,相互信任与信息透明是很重要的,供应商和用户(零售商)都要有较好的合作精神,才能够相互保持较好的合作。

(2)双赢互惠原则。VMI 不是关于成本如何分配或谁来支付的问题,而是关于减少成本的问题。通过该策略使双方的成本都减少。

(3)目标一致性原则。双方都明白各自的责任,观念上达成一致的目标。如库存放在哪里,什么时候支付,是否要管理费,要花费多少等问题都要回答,并且体现在框架协议中。

(4)连续改进原则。使供需双方能共享利益和消除浪费。

4. VMI 的实施方法

实施 VMI 策略,首先要改变订单的处理方式,建立基于标准的托付订单处理模式。首先,供应商和批发商一起确定供应商的订单业务处理过程所需要的信息和库存控制参数,然后建立一种订单的处理标准模式，如 EDI 标准报文，最后把订货、交货和票据处理业务功能集成在供应商一边。

库存状态透明性（对供应商）是实施供应商管理用户库存的关键。供应商能够随时跟踪和检查到销售商的库存状态，从而快速地响应市场的需求变化，对企业的生产（供应）状态做出相应的调整。为此需要建立一种能够使供应商和用户（分销、批发商）的库存信息系统透明连接的方法。

供应商管理库存的策略可以分如下几个步骤实施。

（1）建立顾客情报信息系统。要有效地管理销售库存，供应商必须能够获得顾客的有关信息。通过建立顾客的信息库，供应商能够掌握需求变化的有关情况，把由批发商（分销商）进行的需求预测与分析功能集成到供应商的系统中来。

（2）建立销售网络管理系统。供应商要很好地管理库存，必须建立起完善的销售网络管理系统，保证自己的产品需求信息和物流畅通。为此，必须：① 保证自己产品条码的可读性和唯一性；② 解决产品分类、编码的标准化问题；③ 解决商品存储运输过程中的识别问题。

目前已有许多企业开始采用 MRP Ⅱ 或 ERP 企业资源计划系统，这些软件系统都集成了销售管理的功能。通过对这些功能的扩展，可以建立完善的销售网络管理系统。

（3）建立供应商与分销商（批发商）的合作框架协议。供应商和销售商（批发商）一起通过协商，确定处理订单的业务流程以及控制库存的有关参数（如再订货点、最低库存水平等）、库存信息的传递方式（如 EDI 或 Internet）等。

（4）组织机构的变革。这一点也很重要，因为 VMI 策略改变了供应商的组织模式。过去一般由会计经理处理与用户有关的事情，引入 VMI 策略后，在订货部门产生了一个新的职能，负责：用户库存的控制、库存补给和服务水平。

一般来说，在以下三种情况下适合实施 VMI 策略：① 零售商或批发商没有 IT 系统或基础设施来有效管理他们的库存；② 制造商实力雄厚并且比零售商市场信息量大；③ 有较高的直接存储交货水平，因而制造商能够有效规划运输。

4.3.2 JMI 联合库存管理

近年来，在供应链节点企业之间的合作关系中，更加强调双方的互利合作关系，联合库存管理就体现了战略供应商联盟的新型企业合作关系。在联合库存管理中，更多地体现了供应链节点企业之间的协作关系，从而提高了供应链库存管理能力。

1. 联合库存管理的定义

联合库存管理（JMI）是一种基于协调中心的库存管理方法，是为了解决供应链体系中的"牛鞭"效应，提高供应链的同步化程度而提出的。

联合库存强调供应链节点企业同时参与，共同制定库存计划，使供应链管理过程中的每个库存管理者都能从相互之间的协调性来考虑问题，保证供应链相邻的两个节点之间的库存管理者对需求的预测水平保持一致，从而消除需求变异放大现象。任何相邻节点需求的确定都是供需双方协调的结果，库存管理不再是各自为政的独立运营过程，而是供需连接的纽带和协调中心，联合库存管理模型，如图 4-5 所示。

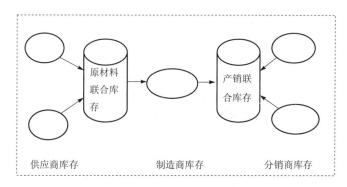

图 4-5　联合库存管理模型

2. 联合库存管理的优点

与传统的库存管理模式相比，JMI 具有如下 5 个方面的优点。

（1）为实现供应链的同步化提供了条件和保证。

（2）减少了供应链中的需求扭曲现象，降低了诸多不确定性因素的影响，提高了供应链的稳定性。

（3）库存作为供需双方的信息交流和协调的纽带，可以暴露供应链管理中的缺陷，为改进供应链管理水平提供了依据。

（4）为实现零库存管理、JIT 采购以及精细供应链管理创造了条件。

（5）进一步体现了供应链管理的资源共享和风险分担的原则。

为了发挥联合库存管理的作用，供需双方应从合作互利的精神出发，建立供需协调管理的机制，明确各自的目标和责任，建立合作沟通的渠道，为供应链联合库存管理策略提供有效的机制。

3. 联合库存管理的实施方法

联合库存管理作为一种合作创新的管理模式，更多地体现在供需协调管理的机制上。因此，建立供应商与分销商的协调管理机制，将成为有效实施联合库存管理策略的前提。

在图 4-6 所示的协调管理机制中，可以进一步分析联合库存管理的实施方法。具体的实施方法如下：

（1）建立共同合作目标。要建立联合库存管理模式，首先供需双方必须本着互惠互利的原则，建立共同的合作目标。在充分考虑市场目标的共同之处和冲突点的基础上，通过协商形成共同的远景目标。

（2）建立联合库存的协调控制方法。联合库存管理中心担负着协调供需双方利益的角色，起着协调控制器的作用。因此，需要明确规定库存优化的方法，如何在多个供应商之间调节与分配库存、库存的最大量和最低库存水平的确定、安全库存量的确定和需求预测等。

（3）建立一种信息沟通的渠道。为了提高整个供应链需求信息的一致性和稳定性，减少由于多重预测导致的需求信息扭曲，应增加供应链各方对需求信息获得的及时性和透明性。为保证需求信息在供应链中的畅通和准确性，要将条码技术、扫描技术、POS 系统和 EDI 集成起来，并且要充分利用 Internet 的优势，在供需双方之间建立一个畅通的信息沟通桥梁和联系纽带。

（4）建立利益分配机制和激励、监督机制。要有效运行联合库存管理策略，必须对参

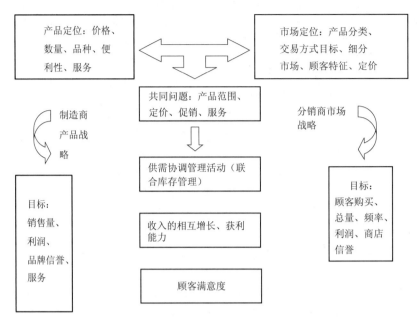

图 4-6 供应商与分销商的协调管理机制

与协调库存管理的各个企业有效地进行监督和激励,防止机会主义行为,增加协作性和协调性,并建立一种公平的利益分配制度。

4.3.3 供应链管理库存优化的方法

在库存管理过程中,企业通常利用库存作为缓冲区,以满足连续需求和调整紧急需求,应用库存维持连续的生产,并且提高顾客服务水平。供应链节点企业需要库存,整个供应链体系同样需要库存,但是,两者进行优化的目标和前提是不同的。

1. 企业库存优化的方法

在企业生产经营过程中,库存是必不可少的,它对于保障生产质量、确保服务质量、贯彻以客户为中心的管理理念都具有重要的作用,但是,库存量的增加又会加重企业的负担,影响资金周转。正是由于库存具有的两面性,在生产实践中,应该确定科学、合理的库存量。企业库存优化的方法可以归纳为如下三方面:

(1) 职能部门之间的信息共享。构造现代化的管理信息系统,实现职能部门之间的信息共享。通过 Internet/Intranet 作为技术支撑,能及时获得并处理来自供应商、销售商和客户的信息,及时获得企业生产经营状况信息,协调生产,加速业务流程重组能力,减少企业的安全库存量,从而提高企业快速有效反应客户需求的能力。

(2) 建立合作伙伴关系。JMI、VMI 和 CPFR 库存管理策略的实施,都是建立在企业之间互惠互利基础上的。JMI、VMI 和 CPFR 都是面向供应链体系的库存管理技术,借助于信息共享和资源共享,来实现成本共担和风险共担。有效地实施客户关系管理,并积极成为供应链成员,在合作过程中,将企业的竞争优势转换成供应链的竞争优势。

(3) 充分利用社会资源。企业库存优化面对的是企业内部资源的冲突,企业借助于企业外部资源的优化配置,来实现供应链体系资源的优化。特别是将企业内部价值链,转换成供应链，构筑社会资源优化配置的基础。

2. 供应链管理库存优化方法

在供应链管理体系中，单一企业库存优化策略的实施，不一定能够带来整个供应链体系库存的优化。只有站在整个供应链系统的高度，才能实现整个供应链库存的优化。

（1）供应链成员之间的信息共享。供应链成员之间的信息共享，对于信息代替库存，优化库存结构都具有重要作用。信息在供应链节点企业之间的快速流动，不仅弥补了物流流动滞后的时差，而且成为寻找供应链约束点的途径，以及优化库存资源配置的决策依据。

（2）实现供应链同步化。库存是由于生产经营过程中各个环节衔接上的停滞造成的。对供应商的供应商、客户的客户等方面的信息流和物流实现供应链同步化管理，有利于供应链以尽可能低的库存成本提供最佳的服务水平。供应链同步化管理则将超越企业边界，建立端到端的供应链。

建立在供应商与制造商之间的转运中心和制造商与销售商之间的配送中心作为中心仓库，集中管理整个供应链的库存，不仅可以降低原来供应链中分散在各个企业中单独仓库的库存成本，似便利用库存的集成管理，最终降低整个供应链的库存成本，而且中心库存增强了供应链的同步化能力。

（3）创新运输集成模式。在供应链管理中，信息传递和物流流动是很难同步进行的，时滞的产生和影响，推动了运输的发展。运输便成为加快物流流动、缩短物流周期和降低库存的关键。由于客户需求的多样化，需求批量小，以及供应商、制造商、销售商之间地理位置的远近不同，如果每个企业都按客户需求组织运输，显然会使运输成本大大上升。因此必须统一组织运输，实现运输集成化。混装运输和第三方物流，是运输集成化的两种模式。制造商可以鼓励分销商实行混装订货，这样用一部车就满载了同一制造商的多种产品，而每一种产品相当于实施了小批量订货或频繁再供货策略，运货次数并没增加，但却保证了运输的高效率。第三方物流不局限于为一条供应链服务，它可以同时服务于多条供应链，实现满载运输的经济化要求。英国的 Tesco、Sainsbury 与 NFC 长期合作进行物流配送，以及 DHL、UPS 都是采用第三方物流策略，都是运输集成模式的典范。

因此，信息共享是企业和供应链优化库存的重要途径，离开了信息的支持，企业和供应链难以实现物畅其流。

思考题

1. 库存成本的构成有哪些方面？
2. 供应链管理环境下的库存问题表现在什么方面？
3. 供应链中的不确定性有哪些表现形式？
4. 简述供应链的不确定性与库存的关系。
5. 供应链管理下库存控制的目标是什么？
6. 简述 VMI 的原则。
7. 分析联合库存管理的实施方法。
8. 简述供应链管理库存的优化方法。

案例资料

宝洁削减全球存货

宝洁公司专心致志地坚持优化存货管理，在不断提高客户服务质量的同时，持续降低存货水平。

总部位于美国俄亥俄州辛辛那提市的美国宝洁公司（P&G）是世界最大的日用消费品公司之一，全球雇员近10万，在全球80多个国家设有工厂及分公司，所经营的300多个品牌的产品畅销160多个国家和地区，其中包括洗发、护发、护肤用品、化妆品、婴儿护理产品、妇女卫生用品、医药、食品、饮料、织物、家居护理及个人清洁用品。在中国，宝洁的飘柔、海飞丝、潘婷、舒肤佳、玉兰油、护舒宝、碧浪、汰渍和佳洁士等已经成为家喻户晓的品牌。宝洁公司尽管已经建立了家化产品的帝国，仍然居安思危，兢兢业业，在其日常经营活动中坚持降以低存货水平作为其降低供应链成本为主要手段。

快速分销，快速响应

美国宝洁公司生产的一只牌子为"天生杀手"的口红或者普通的餐巾纸出现在中国上海淮海路某间商店橱窗内供消费者选购，其本身似乎是非常的平静，但是要把那支口红从美国宝洁公司总部分销中心到上海，却不是轻而易举的事情。

宝洁公司供应链研究和开发部总经理泰尔顿（Tarlton）表示，想方设法把宝洁公司的产品不断地补充到世界各地零售商货架上，其本身与一场持久战没有什么两样，尤其是要把宝洁公司生产的"封面女郎"（CoverGirl）牌美容霜（cosmetics）等热销产品在规定时间内运送到规定地点零售商店货架上，更像是一场激烈战斗。

泰尔顿面临的严峻挑战是，世界各地消费者对美容产品的需求常常变化多端，零售需求量瞬息万变，市场季节需求波动大，同样一种美容产品今天热销，明天可能被冷落到无人过问，产品研制，产品供应和存货水平必须高度灵敏，紧跟着市场需求走，坚持以市场为导向，不断突出宝洁公司的名牌优势，因此宝洁公司从美国延伸到世界各地的供应链必须拥有反应快、效率高和持续性革新的特点。于是泰尔顿领导其团队首先把重点放在持续优化供应链全程存货水平方面：一方面降低世界各地存货水平的3%~7%，另外一方面，又确保世界各地产品供应满意度保持在99%以上。理泰尔顿表示，宝洁公司今天的辉煌，在很大程度上取决于其供应链的经营管理，尤其是其存货水平最优化控制。泰尔顿在存货水平优化控制方面有非常丰富的经验。

最大优化存货

像美国宝洁公司那样的全球性企业在供应链中发现，随时削减貌不惊人的多余存货必将为企业带来巨大的意外利润，这就如同发现金矿一样，这绝对不是偶然，而是经过了一番调查研究。多年来，与其他企业一样，集制造商、供货商和批发零售商为一身的美国宝洁公司在经营管理方面坚持创新，其中包括积极推行准时货物递交、卖售管理存货活动、增加精确市场预报、市场营销积极应对、制订销售经营规划合作原则等；尽管这些措施卓有成效，甚至促成产品市场营销成绩非凡，却无法从根本上保证存货水平与产品市场供销业绩保持同步,常常发生产品供过于求或者供不应求,甚至出现企业家最不喜欢看到的产品在市场内积压或者脱销等极端情况。

问题出在传统存货管理的具体操作规范往往十分教条,总是落后于时代发展步伐,尤其是宝洁公司那样的跨国跨洲的全球性企业供应链几乎每周和每月向世界各地延伸和扩大,承包和外包制造商、供应商,批发零售商与日俱增,产品的有效期和多重配送渠道各有不同,因此宝洁公司必须以不断创新的精神,着力重新评估其存货管理程序和操作技术,也就是说,按照市场规律坚持创新改革的存货管理系统,根据需要加大投资,引进物流供应链专业人才和存货管理科学技术设备,其重中之重就是运用电子软件等科学手段最大优化存货。宝洁公司大力削减其全球存货水平不是普通的算术式减法,而是本身结构错综复杂的存货的最大优化,减法和最大化优化两者有天壤之别。例如你有总额为1亿美元的存货,使用减法还是最大优化经营管理这批存货会给你带来截然不同的两种不同业绩。

趁热打铁

宝洁公司擅长强化供应链管理和持续优化存货;其奥秘在于宝洁公司客户服务必须始终保持在99%的水平,产品订购准确率必须超过99%,宝洁公司经营管理成本、现金流和货物交纳时间必须99%达标,于是宝洁公司在这个基础上,不断趁热打铁,建立卓有成效的高科技信息系统和采用多种软件工具预防供应链风险升级,实施制造商、营销商、供应商和批发零售商一体化经营管理机制,不断优化物资供应和产品配送系统、创新生产和营销规划,达到减少库存的目的。宝洁公司与客户合作,及时掌握市场信息,降低零售存货,经济效益显著。2006—2007年财政年度宝洁公司仅仅全球美容品市场部纯收入与上年同比增长13%,达到230亿美元,尤其是在发展中国家,宝洁公司的美容产品特别受到当地消费者欢迎。于是宝洁公司面临的供应链挑战更加严峻,其中包括市场需求和交纳周期各异,甚至变幻莫测的口红、人工眉毛等美容品和其他产品必须精准送达市场,因此必须提高产品制造、营销、配送和批发零售一条龙精准服务,同时要严格控制各类产品的存货水平和密切关注美容产品市场发展动态。

寻找合适伙伴

宝洁公司除了注重分布在美国和世界各地的贸易伙伴外,还有富有才干的市场分析专家、规划专家、开发投资商、律师和中间商等。注重寻找合适伙伴所产生的直接好处是宝洁公司的各位股东均得到实惠;看似平凡的这项措施卓有成效地促使宝洁公司最大化精炼其整体供应链存货,优化供应链全程中的存货战略,促使其中占到较大部分的成品存货的存货水平精准度超过99%的水准,和不断优化供应链网络的重整,由此获得的成果是,持续降低供应链成本、强化市场信息预测和帮助合伙人提升市场态势评估精准度和完善存货经营管理应急安全机制。

优化存货为大家

宝洁公司毫不怀疑地把优化存货视为企业生存发展和扩大成功业绩的基础工作,积极投资和持续扩大信息技术基础设施功能,招聘优秀经营管理人才充实企业机构各个层面,全面汇集、更新、充实和分析供应链存货信息以及市场动态,及时做出反映和正确解决有关存货的各种问题。为此必须做到:

(1) 突出重点。凡是企业内部和跨企业项目的经营管理均必须集中落实到供应链网络优化;而且重点突出在存货操作上不排斥多层次或者多级别。

(2) 强调清晰。凡是需要解决的存货问题必须手首先搞清楚是什么类型,是原材料、零部件、成品、半成品、还是其他?或者各有参半?各个项目存货水平的准确数据是什么?应该保持的存货水平是什么?正在处理的存货是否属于存货战略一部分?存货问题属于个案、战略性、战术性、结构性还是政策性问题等,均必须搞清楚。

(资料来源:www.jctrans.com)

从《三国演义》看《供应链管理》

1.《供应链管理》的知识

在教材"4.2.1 库存控制问题分析"中有如下表述:

虽然供应链的整体绩效取决于各个供应链节点的绩效,但是各个部门都是各自独立的单元,都有各自独立的目标与使命。有些目标和供应链的整体目标是不相干的,甚至有可能是冲突的。因此,这种各自为政的行为必然导致供应链整体效率的低下。

2.《三国演义》第七十五回有如下情境

关羽当时远征樊城,荆州空虚。曹操采纳司马懿之计,一面调五万精兵去救援樊城,一面联结东吴,叫孙权暗袭荆州。那时,东吴守将是大将吕蒙,关羽为防吕蒙,留下重兵防范,吕蒙难攻。这时,陆逊献计说:"关羽自恃英勇无敌,所怕的就是你。如果将军托疾辞职,关羽一定中计。"吕蒙依计而行,关羽果然中计,便把荆州重兵调来攻打樊城。结果,吕蒙率吴军攻破荆州,关羽被迫败走麦城,被吴军设计俘虏并杀害。

3. 我们的理解

(1) 关羽最大的过失,莫过于对客观实际的情况没有作出全面正确的分析与判断,就如同供应链是一个整体的概念,各部分单独存在只是自取其亡,并不符合实际情况。

(2) 关羽刚愎自用,听不得不同意见,而各个成员作为供应链的一部分,收集并整理其意见和见解自然也显得至关重要,同时这也关系着其创新能力的发挥。

(3) 在此次失败中诸葛亮也要负一定的责任,他把"北拒曹操"放在了首要,这样不但使荆州守备失去了坚强的盟友,还使其成为一个强大的致命敌人。他对守荆州之事疏于管理,没有在关羽的用人上给予有力的指导,也没有提出一些比较科学合理的建议。关羽守荆州可以说是首当大任,在很多方面特别是人事问题和工作安排上,需要具体细致的指导和帮助,尤其是当时的荆州为各国必争的军事要地,如此考虑不周实为不该。同样,在供应链整体绩效中,我们也要考虑多方面的节点绩效,而诸葛亮考虑欠佳,把部分节点绩效忽略了,从而致使荆州之失。

(4) 综上所述,荆州之失是刘备集团的战略失当和当时总的战略形势造成的,即缺乏供应链的系统观念。

4. 给我们的启示

(1) 做任何事都要有一个系统的观念,我们要全面地分析与统筹事物的发展。

(2) 我们要善于听取他人的意见,正确地估量自己和对手的力量。

(3) 我们要恰到好处地运用人才,有步骤、有计划地完成工作。

(10级物流一班:卢文婷、汪梦男、许明生、陈小飞、胡乾策)

从《西游记》看《供应链管理》

1. 《供应链管理》的知识

在教材"4.3.2 JMI 联合库存管理"有如下表述：

为了提高整个供应链需求信息的一致性和稳定性，减少由于多重预测导致的需求信息扭曲，应增加供应链各方对需求信息获得的及时性和透明性，为保证需求信息在供应链中的畅通和准确性，要将条码技术、扫描技术、POS 系统和 EDI 集成起来，并且要充分利用 Internet 的优势，在供需双方之间建立一个畅通的信息沟通桥梁和联系纽带。

2. 《西游记》第五十一回有如下情境

悟空以金箍棒划一阻妖之圈，让唐僧等坐在圈内，便去化斋。唐僧三人不耐等候，遂出圈行至前方人家，误入独角兕大王之魔洞。悟空忙赶去与魔交战，却被那魔抛出的圈子将金箍棒套去，悟空上天查访那妖怪来历无果，先后请托塔天王父子、火神等神相助阵，皆未取胜，悟空发怒，以毫毛变出三五十小猴又被套走，悟空变苍蝇飞入洞拿到金箍棒和诸神被套去的兵器出来，又被那妖怪用圈套去。悟空无计，上天问如来佛，如来示意去问太上老君降怪之法，悟空请太上老君，太上老君用芭扇扇出妖怪的原相，原来是太上老君的坐骑青牛，其圈为老君的金刚圈。

3. 我们的理解

（1）悟空之所以能制服妖怪，是他建立了一种信息沟通渠道。

（2）悟空与妖怪交战失败，从妖怪口中知道他不是凡间怪物，就向天庭查妖怪的出生地，随后玉皇大帝就派人查诸天星斗、各宿神王有无私自下界，这就是一种信息沟通的渠道。

（3）通过玉皇大帝来了解妖怪的信息，以此来对付妖怪，而悟空通过天庭未查到妖怪的来历，这说明需求信息的不畅通，随后悟空向更高一层求教于如来佛。

（4）寻找到妖怪的来历，擒拿住妖怪并救出了唐僧三人，是因为悟空利用了如来佛的帮助，了解了妖怪的信息，从而打败了妖怪。

4. 给我们的启示

（1）信息是企业经营的重要资源。

（2）将信息有机结合、及时把握能改变市场。

（3）必须以事实信息为基础，才能作出正确的价值判断。

（4）信息化是企业适应全球经济一体化的要求。

（10级物流二班：许湾湾、何杨、仲雅超、吴才旺、胡庆欢）

第 5 章

供应链的构建

本章学习重点

> 链状与网状模型,供应链的方向与级,入点和出点、子网、虚拟企业,基于成本核算的供应链设计策略,基于多代理的集成供应链设计策略,基于产品的供应链设计,供应链设计原则,供应链管理环境下企业业务流程重构的原则。

5.1 供应链结构模型

5.1.1 链状模型Ⅰ与链状模型Ⅱ

1. 链状模型图

(1) 链状模型Ⅰ,见图 5-1。

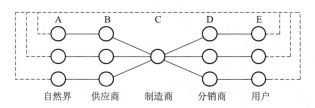

图 5-1 链状模型Ⅰ

(2) 链状模型Ⅱ见图 5-2。

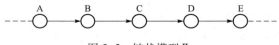

图 5-2 链状模型Ⅱ

2. 供应链的方向

供应链上物流的方向一般都是从供应商流向制造商,再流向分销商。依照物流的方向来定义供应链的方向,以确定供应商、制造商和分销商之间的顺序关系。

模型Ⅱ中的箭头方向即表示供应链的物流方向,见图 5-3。

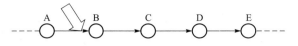

图 5-3 供应链的物流方向

3. 供应链的级

在图 5-2 所示的模型中，定义 C 为制造商时，可以相应地认为 B 为一级供应商，A 为二级供应商，而且还可递归地定义三级供应商、四级供应商……同样地，可以认为 D 为一级分销商，E 为二级分销商，并递归地定义三级分销商，四级分销商……一般地讲，一个企业应尽可能考虑多级供应商或分销商，这样有利于从整体上了解供应链的运行状态。

5.1.2 网状模型

1. 模型

模型Ⅲ见图 5-4，反映了现实世界中产品的复杂供应关系。在理论上，网状模型可以涵盖世界上所有厂家，把所有厂家都看作是其上面的一个节点，并认为这些节点存在着联系。当然这些联系有强有弱，而且在不断地变化着。

大学毕业一年后的样子——致每一个刚刚毕业走上社会的你

2. 入点和出点

把这些物流进入的节点称为入点，把物流流出的节点称为出点。入点相当于矿山、油田、橡胶园等原始材料提供商，出点相当于用户。

对于有的厂家既为入点又为出点的情况，可以将代表这个厂家的节点一分为二，变成两个节点：一个为入点，一个为出点，并用实线将其框起来。A1 为入点，A2 为出点，见图 5-5。

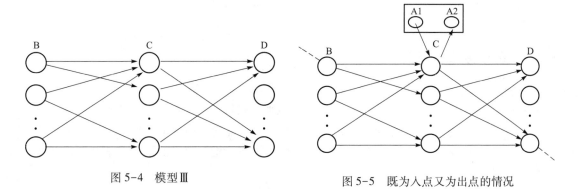

图 5-4 模型Ⅲ

图 5-5 既为入点又为出点的情况

3. 子网

有些厂家规模非常大，内部结构也非常复杂，与其他厂家相联系的只是其中一个部门，而且在内部也存在着产品供应关系，用一个节点来表示这些复杂关系显然不行，这就需要将表示这个厂家的节点分解成很多相互联系的小节点，这些小节点构成一个网，称之为子网。示意见图 5-6。

4. 虚拟企业

把供应链网上为了完成共同目标、通力合作、并实现各自利益的这样一些厂家形象地看成是一个厂家，这就是虚拟企业。见图5-7。

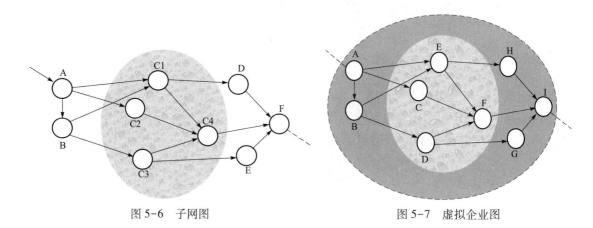

图 5-6　子网图　　　　　　　　图 5-7　虚拟企业图

5.2　供应链体系的设计策略与方法

一个有效的供应链应该具有良好的客户价值创造能力以及柔性、响应度、市场渗透力等。如何提高这些能力，并在成本和效益之间取得合理的平衡，需要对供应链进行设计。一个设计上有缺陷、先天不足的供应链系统，很难有好的绩效。

设计和运行一个有效的供应链对每一个制造企业都是至关重要的，因为它可以提高企业对用户的服务水平，达到成本和服务之间的有效平衡；使企业具有更高的柔性，以提高对客户需求的反应能力和速度，开拓进入新的市场，提高企业竞争力；降低库存，提高企业的工作效率。

但是因为供应链设计不当也可能导致浪费和失败，因此，正确设计供应链是实施供应链管理的基础。

5.2.1　基于成本核算的供应链设计策略

1. 供应链成本分析

基于成本就是根据供应链中的总成本优化原则，来选择供应链中的节点企业。总成本中考虑物料、劳动力、运输、设备和其他变动成本等因素，同时考虑经验曲线对劳动力成本的影响、相关国家的汇率和通货膨胀率等影响因素。

供应链成本 { 物料成本 / 劳动成本 / 运输成本 / 设备成本 / 其他变动成本

供应链成本结构，见图5-8。

图 5-8　供应链成本结构

2. 基于成本核算的供应链设计流程

基于成本核算的供应链设计流程见图5-9。

5.2.2　基于多代理的集成供应链设计策略

集成的设计策略包括基于信息流、基于过程优化、基于商业规则、基于案例分析的综合设计策略，实现实物环境中人与人、人与组织、组织与组织的集成和计算机虚拟环境中的信息集成；同时，在实物环境与计算机虚拟环境之间实现人—机集成。

1. 基于多代理的集成供应链模式

随着信息技术的发展，供应链不再是由人、组织简单组成的实体，而是以信息处理为核心，以计算机网络为工具的人—信息—组织集成的超智能体。

基于多代理集成的供应链模式，见图 5-10，它是涵盖两个世界三维集成模式，即实体世界的人与人、组织与组织集成和软体世界信息集成（横向集成），以及实体与软体世界的人—机集成（纵向集成）。

图 5-9 基于成本核算的供应链设计流程图

2. 基于多代理的集成供应链动态建模基本思想

动态建模需要多种理论方法的支持，其基本流程为：理论支持→多维系统分析→业务流程重构→建模→精简/集成→协调/控制，见图 5-11，在建模中并行工程思想贯穿于整个过程。

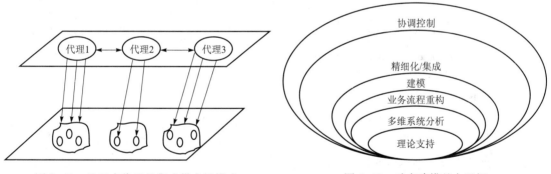

图 5-10 基于多代理的集成供应链模式   图 5-11 动态建模基本思想

3. 基于多代理的集成供应链动态建模方法

用于基于多代理的集成供应链的建模方法主要有：基于商业规则的建模方法、基于信息流的建模方法、基于过程优化的建模方法以及基于案例分析的建模方法这 4 种。

过程优化思想在 BPR 建模中得到应用，并且 BPR 支持工具被列为 BPR 研究的一个重要内容。过程优化最关键的是过程诊断，即过程存在问题的识别，可采用基于神经网络的企业过程诊断法、基于物元理论系统诊断法以及变化矩阵法。集成供应链动态建模的过程见图 5-12。

5.2.3 基于产品的供应链设计

基于产品就是根据产品特点来设计供应链结构。不同的供应链系统具有不同特点。有的供应链系统成本控制能力较强，主要适合于一些相对稳定的产品结构；有的响应能力较强，

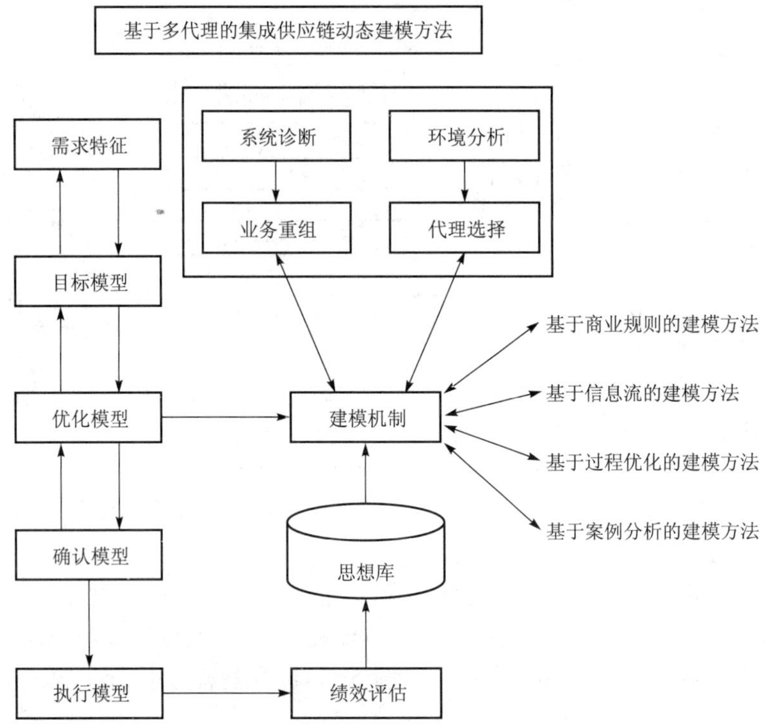

基于多代理的集成供应链动态建模方法

图 5-12 集成供应链动态建模的过程

比较适合于创新速度较快的产品。供应链的差异是由供应链内部的企业特点、企业关系、资源配置等因素所决定的，因此需要根据产品特点来选择供应链中的企业和协调这些企业的关系，只有与产品特点匹配的供应链结构才能具有较高的运行效率。

供应链的设计需要明白用户对企业产品的需求是什么？产品寿命周期、需求预测、产品多样性、提前期和服务的市场标准等都是影响供应链设计的重要问题。

所谓设计出与产品特性一致的供应链，也就是基于产品的供应链设计策略（PBSCD）。

1. 产品的类型与功能特征

产品的类型与功能特征见表 5-1。

表 5-1 功能性产品与革新性产品的对比

需求特征	功能性产品	革新性产品
产品寿命周期/年	>2	1~3
边际贡献率/%	5~20	20~60
产品多样性	低	高（目录中有上千种）
预测的平均边际错误率/%	10	40~100
平均缺货率/%	1~2	10~40
季末降价率/%	0	10~25
按订单生产的提前期	6个月~1年	1天~2周

2. 基于产品的供应链设计策略

根据供应链特点设计产品,供应链中产品的生产和流通成本与产品本身的特点密切相关,因此,在产品开发初期就考虑相关的供应链特点,可以使得产品能更好地与供应链匹配运行。

(1) 供应链策略的选择。可利用表 5-2 的供应链设计与产品类型策略矩阵为企业选择理想的供应链策略。

表 5-2　供应链设计与产品类型策略矩阵

	功能性产品	创新性产品
有效性供应链	匹配	不匹配
反应性供应链	不匹配	匹配

(2) 有效性供应链。

若用有效性供应链来提供功能型产品,可采取如下措施:① 削减企业内部成本;② 不断加强企业与供应商、分销商之间的协作,从而有效降低整条链上的成本;③ 低销售价格,这是建立在有效控制成本的基础之上的。但一般不轻易采用,需要根据市场竞争情况而定。

(3) 反应性供应链。

用市场反应性供应链来提供创新型产品时,应采用如下策略:① 通过不同产品拥有尽可能多的通用件来增强某些模块的可预测性,从而减少需求的不确定性;② 通过缩短提前期与增加供应链的柔性,企业就能按照订单生产,及时响应市场需求,在尽可能短的时间内提供顾客所需的个性化的产品;③ 当需求的不确定性已被尽可能地降低或避免后,可以用安全库存或充足的生产能力来规避其剩余的不确定性,这样当市场需求旺盛时,企业就能尽快地提供创新型产品,从而减少缺货损失。

"从零开始做产品"
之产品经验入门三步走

3. 基于产品生命周期各阶段的供应链设计策略

产品生命周期各阶段的供应链设计策略见表 5-3。

表 5-3　产品生命周期各阶段的供应链设计策略

产品生命周期	特　点	供应链策略
引入期	(1) 无法准确预测需求量; (2) 大量的促销活动; (3) 零售商可能在提供销售补贴的情况下才同意储备新产品; (4) 订货频率不稳定且批量小; (5) 产品未被市场认同而夭折的比例较高	(1) 供应商参与新产品的设计开发; (2) 在产品投放市场前制定完善的供应链支持计划; (3) 原材料、零部件的小批量采购; (4) 高频率、多品种、小批量的发货; (5) 保证高度的产品可得性和物流灵活性; (6) 避免缺货发生; (7) 避免生产环节和供应链末端的大量储存; (8) 安全追踪系统,及时消除安全隐患或追回问题产品; (9) 供应链各环节信息共享

续表

产品生命周期	特　点	供应链策略
成长期	(1) 市场需求稳定增长； (2) 营销渠道简单明确； (3) 竞争性产品开始进入市场	(1) 批量生产，较大批量发货，较多存货，以降低供应链成本； (2) 做出战略性的顾客服务承诺以进一步吸引顾客； (3) 确定主要顾客并提供高水平服务； (4) 通过供应链各方的协作增强竞争力； (5) 服务与成本的比例合理化
成熟期	(1) 竞争加剧； (2) 销售增长放缓； (3) 一旦缺货，将被竞争性产品所代替； (4) 市场需求相对稳定，市场预测较为准确	(1) 建立配送中心； (2) 建立网络式销售通路； (3) 利用第三方物流公司降低供应链成本并为顾客增加价值； (4) 通过延期制造、消费点制造来改善服务；减少成品库存
衰退期	(1) 市场需求急剧下降； (2) 价格下降	(1) 对是否提供配送支持及支持力度进行评价； (2) 对供应链进行调整以适应市场的变化，如供应商、分销商、零售商等数量的调整及关系的调整等

4. 基于产品的供应链设计步骤

基于产品的供应链设计步骤见图 5-13。

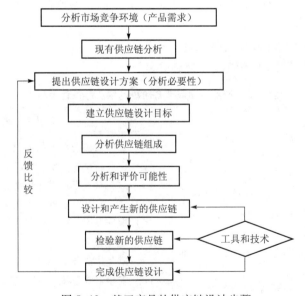

图 5-13　基于产品的供应链设计步骤

5.3 供应链设计原则

5.3.1 供应链设计问题的简要说明

1. 供应链设计与物流系统设计

物流系统是供应链的物流通道,物流系统设计也称通道设计,是供应链系统设计中最主要的工作之一。但供应链设计却不等同于物流系统设计,(集成化)供应链设计是企业模型的设计,是扩展企业的模型。它既包括物流系统,还包括信息和组织以及价值流和相应的服务体系建设。

2. 供应链设计与环境因素的考虑

一个设计精良的供应链在实际运行中并不一定能实现预想的那样,甚至无法达到设想的要求,这是主观设想与实际效果的差距,原因并不一定是设计或构想的不完美,而是环境因素在起作用。因此,构建和设计一个供应链,一方面要考虑供应链的运行环境(地区、政治、文化、经济等因素),另一方面还应考虑未来环境的变化对实施的供应链的影响。因此,无论是信息系统的构建还是物流通道的设计,都应具有较高的柔性,以提高供应链对环境的适应能力。

3. 供应链设计与企业再造工程

从企业的角度来看,供应链的设计是一个企业的改造问题,供应链的设计或重构不是要推翻现有的企业模型,而是要从管理思想革新的角度,以创新的观念武装企业(比如动态联盟与虚拟企业,精细生产)。

4. 供应链设计与先进制造模式的关系

供应链设计既是从管理新思维的角度去改造企业,也是先进制造模式的客观要求和推动的结果。如果没有全球制造、虚拟制造这些先进的制造模式的出现,集成化供应链的管理思想是很难得以实现的。

5.3.2 供应链设计原则(图 5-14)

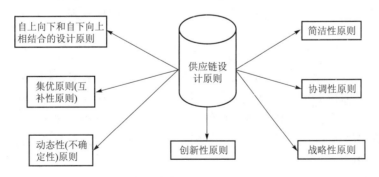

图 5-14 供应链设计原则

1. 自上向下和自下向上相结合的设计原则

在系统建模设计方法中,存在两种设计方法,即自上向下和自下向上的方法。自上向下的方法是从全局走向局部的方法，自下向上的方法是从局部走向全局的方法；自上而下是系统分解的过程，而自下而上则是一种集成的过程。在设计一个供应链系统时，往往是先有主管高层做出战略规划与决策，规划与决策的依据来自市场需求和企业发展规划，然后由下层部门实施决策，因此供应链的设计是自上向下和自下向上的综合。

2. 简洁性原则

简洁性原则是供应链的一个重要原则，为了能使供应链具有灵活快速响应市场的能力，供应链的每个节点都应是精简的、具有活力的、能实现业务流程的快速组合。比如供应商的选择就应以少而精的原则，通过和少数的供应商建立战略伙伴关系，有利于减少采购成本，推动实施 JIT 采购法和准时生产。生产系统的设计更是应以精细思想为指导，努力实现从精细的制造模式到精细的供应链这一目标。

3. 集优原则（互补性原则）

供应链的各个节点的选择应遵循强—强联合的原则，实现资源外用的目的，每个企业只集中精力于各自核心的业务过程，就像一个独立的制造单元（独立制造岛），这些所谓单元化企业具有自我组织、自我优化、面向目标、动态运行和充满活力的特点，能够实现供应链业务的快速重组。

阴阳平衡的规律

4. 协调性原则

供应链业绩好坏取决于供应链合作伙伴关系是否和谐，因此建立战略伙伴关系的合作企业关系模型是实现供应链最佳效能的保证。和谐是描述系统是否形成了充分发挥系统成员和子系统的能动性、创造性及系统与环境的总体协调性，只有和谐而协调的系统才能发挥最佳的效能。

5. 动态性（不确定性）原则

不确定性在供应链中随处可见，并导致需求信息的扭曲。因此要预见各种不确定因素对供应链运作的影响，减少信息传递过程中的信息延迟和失真。增加透明性，减少不必要的中间环节，提高预测的精度和时效性对降低不确定性的影响都是极为重要的。

6. 创新性原则

创新性是系统设计的重要原则，没有创新性思维，就不可能有创新的管理模式，因此在供应链的设计过程中，创新性是很重要的一个原则。要产生一个创新的系统，就要敢于打破各种陈旧的思维，用新的角度、新的视野审视原有的管理模式和体系，进行大胆地创新设计。

进行创新设计，要注意以下 4 点。

(1) 创新必须在企业总体目标和战略的指导下进行，并与战略目标保持一致。

(2) 要从市场需求的角度出发，综合运用企业的能力和优势。

(3) 发挥企业各类人员的创造性，集思广益，并与其他企业共同协作。

(4) 建立科学的评价体系及组织管理系统，进行技术经济分析和可行性论证。

7. 战略性原则

供应链建模时，应通过战略性的思考来减少不确定影响。从供应链的战略管理的角度考虑，供应链建模的战略性原则还体现在供应链发展的长远规划和预见性上，供应链的系统结构发展应和企业的战略规划保持一致，并在企业战略指导下进行。

5.3.3 供应链管理环境下企业业务流程重构的原则

供应链管理环境下企业业务流程重构的原则如下。
（1）采用合适的工具和方法设计业务流程，以满足一定的战略业绩目标。
（2）应用连续改善的技术促进企业提高业绩水平。
（3）采用有效的变化管理方法以调整供应链企业的人力和文化，从而适应新的工作流程。
（4）正确应用信息技术。企业要根据实际情况发展信息技术，同时要根据信息技术与供应链管理集成的特点进行流程重构。
（5）最高领导层的参与以及领导的重视至关重要。

思考题

1. 什么是子网？
2. 请对功能性产品与革新性产品进行对比分析。
3. 用有效性供应链来提供功能型产品，可采取什么措施？
4. 简述基于产品生命周期各阶段的供应链设计策略。
5. 请对供应链设计问题进行简要说明。
6. 简述供应链设计原则。
7. 进行创新设计要注意什么？
8. 供应链管理环境下企业业务流程重构的原则有哪些？

案例资料

全球供应链管理三法则

对于供应链本身来说，其更简洁或是更复杂，都不是问题所在。只有从整体上重新设计供应链模式，善于做减法、加法甚至乘法，才能使其更有效地运转，企业也才能更有竞争力。

遵循全球竞争规则，进行全球供应链优化

全球供应链管理的渊源并不长。十多年前，只有有限的一些大型跨国企业在整合企业内部信息和资源时，对于供应链进行系统性思考和战略性管理。三年前，麦肯锡在全球开展供应链的调查，大多数受访者已经意识到，其企业的供应链难以实现相应的战略目标，但他们并不清楚如何加强自身的供应链管理，并应对供应链的全球趋势。现在，随着跨国公司在世界各地伸开触角，这种趋势已经得到扭转。"牛鞭"效应、供应链联盟、协同供应链等术语已渐渐为管理者耳熟能详。

有数据称，供应商的运营成本通常会占到销售额的55%～85%。因此，采购管理、物流配送改善以及供应链改善可以提高企业利润和竞争力。

从整个供应链的角度来看,供应链管理指的是在一个复杂的不确定的环境下,如何使提供的产品满足客户需求的商业问题。上升到全球供应链的层面,更是如此。

减法法则

在全球供应链上做减法,不是简单意义上的削减成本,而是全方位地进行重塑,直到上下游资源的整合。耐克公司便是一个善于做减法的好榜样。

2009年3~7月,这家全球著名的体育用品制造商在全球范围的运动鞋和运动装交付的订单较上年同期减少10%。继关闭在华唯一自有鞋厂后,2009年年初耐克表示在未来半年到一年内,将停止对亚洲四家运动鞋代工厂下单。此外,耐克也将终止与数家亚洲服饰代工厂的合作关系。

为了减少成本,耐克进行全面审计,包括简化供应链和减少人员开支。关闭自有工厂和停止向多家工厂下发订单,而是设法将产品生产集中到更少的生产基地。据了解,耐克可能在福建增设部分生产线,逐步把在广东、江苏等地的生产业务转向福建,并将部分生产线向东南亚国家转移。

目前,耐克在亚洲共有640家合作代工厂,其中中国的合作工厂最多,达到180家左右。全球35%的耐克鞋类在中国制造,同时中国还是耐克服装和装备类产品的重要采购基地。除中国外,耐克在越南、印度尼西亚、泰国和韩国也都有代工厂。

近年来,耐克鞋逐步向功能性、专业性转变,对工厂的技术、工艺要求也比先前提高,相应也就提高了供应商的门槛。为了缩短供应链,耐克单种款式运动鞋的销售期减少到8~9个月,较以往少了一半以上;下单也由从前的每半个月一次,变成每星期一次;鞋型的生命周期则由以往的5~6个月缩短到3个月左右。这就要求代工厂必须缩短生产流程,对供应商来说,其角色在一定程度上开始发生转变,即从单纯制造企业转为服务型制造业。

需要注意的是,要做好减法,意味着企业要具备很好的流程规划能力,而这种能力的锻造并不是朝夕之间就可以完成的。

加法法则

20世纪90年代以来,随着全球经济一体化的不断加强,企业与企业之间的竞争已逐渐转为供应链之间的竞争。企业要想在激烈的商业竞争中生存和发展,必须不断地降低其交易成本、提高利润,否则就会被无情的市场所淘汰。于是,在以美国为代表的西方发达国家中,一种新型的企业组织形式——供应链联盟(Supply Chain Unions)正在蓬勃兴起,并将逐步取代企业集团和战略联盟的位置。

现在很多企业正在从供应链联盟中获得前有未有的竞争优势:一是有相当一部分世界知名的大企业,如IBM、思科、戴尔、沃尔玛等公司,通过构建灵活和有效的供应链联盟,极大地提高了经营效率,巩固或确立了自己的领导地位。二是众多具备"专精"特色的中小企业,通过加入供应链联盟、参与国际分工而迅速壮大了自己的力量,从而在很短时间内就成长为某一领域中的"产业巨人"。

思科是一家擅长管理全球供应链的企业,这已成为思科的一大竞争力。在专业评估供应链的研究机构AMR今年评选的供应链全球25强榜单上,思科位列第五。AMR分析师给出的评语是:思科的供应链管理理念高瞻远瞩,执行力强,与客户、供应商之间的深度合作值得称道。

在刚刚结束的思科中国2010财年合作伙伴峰会上,神州数码获得思科颁发的"09财年最佳供应链合作伙伴奖"。思科立志于与供应链上下游实体之间建立长期合作的战略关系。神州数码作为思科在中国最大的 IT 分销商，也是思科在中国的三家总代理之一，一直以来都和思科保持着紧密联系。思科提供研发和产品开发，神州数码为客户提供产品、解决方案的搭配和物流，并规划订单管理、产品部署以及服务支持。双方通过供应链的整合，得以更加准确地了解和响应客户需求，减少库存和资金方面的压力，节约成本，从而提高运营效率、盈利能力和业务灵活性，并提高了应对变化的能力。同时，神州数码通过与思科的合作，实现了对需求的快速反应，制订更有利的价格定位，避免以折扣价格出售过量存货。

完善的供应链管理为神州数码和思科带来了双赢。良好的供应链伙伴关系极大地降低了成本、缩短了反应时间，同时也为神州数码和思科创造了更多市场价值。

可见，只有像思科这样善于做加法，在全球范围内形成供应链联盟，企业才能将合作伙伴的专业变成自己的专业，把合作伙伴的资源变为自己的资源，集聚各合作伙伴的优势于一身，形成整个供应链的竞争优势。

乘法法则

尽管供应链联盟能很好地提升整条供应链的效率，但很多时候，由于地域等各种因素的限制，信息并不能在整条供应链中顺畅地传递。于是管理全球供应链的更高形式——协同供应链便出现了。协同供应链简称 CPFR，它们分别是以下几个词的首字母：合作（Collaboration）、计划（Planning）、预测（Forecasting）以及补给（Replenishment）。CPFR 一般认为是由日用品制造大佬宝洁和零售业翘楚沃尔玛首创。

20 世纪 80 年代，位于美国密苏里州圣路易斯市的一家沃尔玛超市发现，帮宝适婴儿纸尿布销售旺盛，常常出现断货的情况。他们联络俄亥俄州辛辛那提市的宝洁公司，希望架子上一卖完就能自动补到新货，不必每次经过订货手续，而是月结货款支票。两家公司试验性地将双方计算机联起来，做成一个自动补充纸尿布的系统。此后，沃尔玛店铺中宝洁公司的纸尿布商品周转率提高了 70%，与此相对应，宝洁公司的纸尿布销售额也提高了 50%，达到 30 亿美元。

到了 1987 年，宝洁公司时任副总裁拉尔夫·德赖尔（Ralph Drayer）感到，零售业上下游买卖普遍存在手续过于烦琐的情况，费时耗力，要付出很高的成本，于是决定把纸尿裤系统的模式扩大到覆盖他们所有的下游经销商和日用品销售商。宝洁与沃尔玛建立起产销联盟的关系，并彻底打破当时在美国流通领域占统治地位的以双环节为主的多环节流通体制。于是产生了自动送货的合作，与此同时"连续补充"的概念应运而生。

在 CPFR 提出之前，关于供应链伙伴的合作模式仅限于合计预测与补给（AFR）、共同管理库存（JMI）和供应商管理库存（VMI）等。他们都缺乏集成的供应链计划，难以有效避免高库存或低订单满足率的发生，也不能解决维护成本高的问题。CPFR 可以做到从传输销售数据到共建协同计划、预测与补货流程，再到全球数据同步。

具体地，宝洁和沃尔玛两个公司的工作人员共同开发了一套电子数据交换连接系统。通过该系统，宝洁可以从沃尔玛的各零售店中收集其产品销售数据，然后将适量的宝洁产品及时从工厂送到商店。宝洁甚至取消了销售部，设立客户生意发展部，将财务、物流、市场等多个后方支持部门变为一线部门，实现与战略联盟伙伴的信息共享。如此，宝洁和沃尔玛从原来只在销售环节对接变为现在的全方位对接。流程对接方面是在持续补货的基础上启动了

CPFR 流程。由双方制定共同的商业计划，共同进行市场推广、销售预测、订单预测，共同对市场活动进行评估和总结。沃尔玛分店中的宝洁产品存货最终接近于零，而宝洁产品在沃尔玛的销售收入和利润也增长了 50% 以上。

供应链协同要求供应链中各节点企业为了提高供应链的整体竞争力而进行彼此协调和相互努力。其核心是统一的信息平台的建立。由于这一平台的建立，在整个供应链中，信息平台充当了乘号的角色，由于它的存在，一旦市场发生变化，信息便能传达到供应链的各个环节，并据此迅速做出响应，产生一加一远远大于二的效果。在日趋白热化的全球化竞争中，跨国公司先行一步，早已锻炼了成熟的全球供应链管理能力。对于国内企业来说，只有学会制订符合自身实际的全球供应链战略，才能主动适应全球化的综合竞争。

（资料来源：http://www.ceconline.com/strategy/ma/8800053644/01/）

从《三国演义》看《供应链管理》之一

1.《供应链管理》的知识

在教材"5.1.2 网状模型"中有如下表述：

子网：有些厂家规模非常大，内部结构也非常复杂，与其他厂家相联系的只是其中一个部门，而且在内部也存在着产品供应关系，用一个节点来表示这些复杂关系显然不行，这就需要将表示这个厂家的节点分解成很多互相联系的小节点，这些小节点构成一个网，称之为子网。

2.《三国演义》第一回有如下情境

东汉末年，朝政腐败，再加上连年灾荒，人民生活非常困苦。刘备有意拯救百姓，张飞、关羽又愿与刘备共同干一番事业。三人情投意合，选定张飞庄后一桃园结拜。此时正值桃花盛开，景色美丽，张飞准备了青牛白马作为祭品，焚香礼拜，宣誓完毕，三个人按年岁认了兄弟。刘备年长做了大哥，关羽第二，张飞最小做了弟弟。这便是《三国演义》中著名的"桃园三结义"。

3. 我们的理解

（1）想要成功，必须要拥有讲信用的合作伙伴。

（2）做人做事必须要讲正义，就像物流供应链中各个环节的厂家之间，需重合同、讲信誉。

（3）想要成功，必须得到他人的认可、认同，只有得到他人的认同，才会有以后的合作或交流，才会有物流供应链网状模型子网的产生，就如刘备因为得到关羽、张飞和百姓的认同，才会有以后持久的三人共同努力得来的天下。

（4）团队的力量永远大于个人的力量，就如许多厂家之间是一个物流供应链的关系，中间有许多的子网，而不是单纯的个人。

4. 给我们的启示

重信誉的合作伙伴是极其重要的，团队的力量永远大于个人，刘备的胜利不是单纯的一个人的胜利，而是他们团队的胜利。

（10级物流一班：严由传、徐荣平、张茜、王东）

从《三国演义》看《供应链管理》之二

1. 《供应链管理》的知识

在教材"5.1.2 网状模型"中有如下表述：

把供应链网上为了完成共同目标、通力合作、实现各自利益的这样一些厂家形象地看成是一个厂家，这就是虚拟企业。

2. 《三国演义》第三回有如下情境

董卓征伐丁原，与丁原义儿吕布大战，结果大败。于是运用李肃送赤兔马，挑拨丁原与吕布关系，从而把吕布拉入董卓阵营，从而为董卓效力。

3. 我们的理解

（1）董卓自己知道无法战胜吕布，于是想办法将吕布招降，让其加入自己的阵营，使各成员间可以实现资源共享，优势互补，产品的开发时间短，单位成本低。

（2）董卓充分利用好自己阵营中的李肃的人际关系，成功降服吕布，使之成为董卓的手下的悍将。虚拟企业组织方式灵活，可以快速响应市场变化，在短时间内即可研制出适应市场的产品，有效地满足了顾客的需求，并且企业还允许顾客亲自参与产品设计，对所需的产品功能单独提出要求。

（3）董卓成功纳进吕布为其悍将，以后为其南征北伐，从而体现出供应链虚拟企业的重要性。虚拟企业各成员的核心竞争能力为互补关系，成员可充分发挥各自的技术优势，创造出高品质产品或提供最佳服务。

4. 给我们的启示

（1）董卓招降吕布，使之为其南征北战，充分体现出供应链网上为了完成共同目标、通力合作、实现各自利益，成功地组成了虚拟企业。

（2）董卓利用李肃送礼，实现了吕布的归顺，从而体现出虚拟企业中，各成员间可以实现资源共享，优势互补。

（3）吕布投奔董卓后，董卓集团内部成员可充分发挥各自的技术优势，为以后诸侯争霸打下基础，体现出虚拟企业创造出高品质产品或提供最佳服务，这也是供应链网上企业相互合作的重要体现。

（10级物流二班：赖琳瑶、黄肖敏、吕玉群、刘薇、杨超）

第 6 章 供应链合作伙伴的选择

> **本章学习重点**
>
> 供应链合作关系的含义和特征,建立供应链合作伙伴关系的重要意义与制约因素,现阶段我国企业合作模式中存在的问题,选择供应链合作伙伴的方法和步骤,建立供应链合作伙伴关系需要注意的问题,供应链合作伙伴的评价与管理。

6.1 供应链合作关系的含义和特征

6.1.1 供应链合作关系的含义

供应链合作关系是指供应商与制造商之间、制造商与销售商之间在一定时期内的共享信息、共担风险、共同获利的协议关系。

这种战略合作关系是在集成化供应链管理环境下形成的具有一致目标和共同利益的企业之间的关系。实施伙伴关系就意味着:新产品技术的共同开发、数据和信息的交换、研究和开发的共同投资。在供应链伙伴关系环境下,制造商选择供应商不再是只考虑价格,而是更注重选择在优质服务、技术革新、产品设计等方面提供合作的供应商。

6.1.2 供应链合作关系的特征

1. 供应链合作伙伴关系具有以下 5 个鲜明特征

(1) 双方高度的信任机制。

(2) 双方有效的信息共享,信息交换包括成本、进程与质量控制等信息更为自由的关系。

桃园三结义

(3) 需方直接参与供方的产品研制等,共同寻求解决问题和分歧的途径,而寻找新的伙伴。

(4) 长期稳定的供应合同。

(5) 以实现系统双赢为目标。

2. 供应链合作关系与传统供应商关系的比较

供应链合作关系与传统供应商关系模式有着很大的区别,如表 6-1 所示。

表 6-1　供应链合作关系与传统供应商关系的比较

比较内容	供应链合作关系	传统供应商关系
相互交换的主体	物料、服务	物料
供应商选择标准	多标准并行考虑（交货的质量和可靠性等）	强调价格
稳定性	长期、稳定、紧密合作	变化频繁
合同性质	开放合同（长期）	单一
供应批量	大	小
供应商数量	少（少而精，可以长期紧密合作）	大量
供应商规模	大	小
供应商的定位	国内和国外	当地
信息交流	信息共享（电子化连接、共享各种信息）	信息专有
技术支持	提供	不提供
质量控制	质量保证（供应商对产品质量负全部责任）	输入检查控制
选择范围	广泛评估可增值的供应商	投标评估

6.2　建立供应链合作伙伴关系的重要意义

近年来，为什么许多成功企业都将与合作伙伴的附属关系转向建立战略合作关系？战略伙伴关系对于供应链上的企业到底意味着什么？这便成为一个发人深思的问题。

思政之窗

建立供应链合作伙伴关系的重要意义，如表 6-2 所示。

表 6-2　建立供应链合作伙伴关系重要意义

建立供应链合作伙伴关系的重要意义	建立战略合作伙伴关系是对抗激烈的市场竞争的需要
	供应链企业间战略合作关系可以提高企业的核心竞争力
	供应链战略合作伙伴发展可以降低交易成本，加大供应链的整体长期利润
	供应链战略合作伙伴能够给制造商/买主、供应商/卖主及双方带来利益

6.2.1　对抗激烈的市场竞争的需要

随着市场全球化进程的快速推进和竞争压力的增加，供应商、零售商、中介商等开始纷纷建立战略伙伴关系以面对日趋激烈的市场竞争。通过战略合作伙伴关系的建立，供应链各方可以采用协作管理的方法来进行双优或多方最优博弈，以追求更多的利润。比如现在的民用飞机制造业中，机头、机身、电子与导航系统及机翼等在不同的国家生产，那么他们之间的协调及最后的装配都必须依靠有效的供应链管理来完成。

根据博弈论原理，供应商和制造商之间的交易如果仅限于一次，利益目标中的差异性占主导地位，每方都着眼于自己的一时性利益而行动。但是，交易持续进行，利益目标中的一致性占主导地位，双方都希望这种交易关系持续下去，因此每一次交易都是考虑了以后的交易后采取策略。从供应商的角度看，采取合作的态度（如在外部出现更大的获利机会时仍履行过去的承诺）虽然有悖于短期利益最大化的目标，但是符合长期利益最大化。从制造商的角度看，保证原材料的供应对于生产活动至关重要。如果为了短期利益对供应商采取不合作行动，就会失去此供应商或其他供应商的信赖，这有悖于长期利益的获得。因此，尽管双方都有利己主义的动机，但在长期的博弈中，双方都希望采取合作的态度相互协调，以达到帕累托最优的状态。

20世纪50年代初期，日本五大钢厂之一的川崎制铁和丰田汽车是同一供应链的成员。川崎制铁因钢材的国际价格高于国内价格，将丰田汽车所需要的钢材优先出口到国外。川崎制铁在交易中采取的是背叛（不合作）策略，使得自身的短期利润最大，此时的短期利润最大，而丰田汽车的收益为负。这一背叛行为导致的后果是丰田也采取不合作策略，到1991年为止丰田汽车与川崎制铁之间再也没有钢材交易，整整35年川崎制铁失去了国内最大的用户。由此可见，一次交易的背叛行为是可以增加企业的短期利润，但损害了长期利润。

6.2.2 可以提高企业的核心竞争力

传统"纵向一体化"的管理模式已经不能适应目前技术更新快、投资成本高、竞争全球化的制造环境，现代企业应更注重于高价值生产模式，更强调速度、专门知识、灵活性和革新。与传统的"纵向一体化"控制和完成所有业务的做法相比，实行业务外包的企业更强调集中企业资源于经过仔细挑选的少数具有竞争力的核心业务，也就是集中在那些使他们真正区别于竞争对手的技能和知识上，即核心竞争力上，以便获取最大的投资回报。而把其他一些重要的但不是核心的业务职能外包给世界范围内的"专家"企业，并与这些企业保持紧密合作的关系。这些企业就可以把自己企业的整个运作提高到世界级水平，获取最大的竞争优势。

《西游记》片段

一个不能有效吸纳新鲜血液的企业，它的资源整合的智慧是有限的，所以很多企业开始采用"借用外脑"的方式，比如与专业的顾问公司合作，来提高企业的智慧。所谓旁观者清，不断吸收外来的新智慧，可以更好地推动企业的创新。在这一意义上，智慧可谓业务外包可以利用的第一大资源。随着咨询科技的高速发展，大规模生产时代正逐步走向大规模订制时代，关键的资源也从资本走向信息、知识和创新能力，企业能否真正获利在于企业是否具有资源整合的智慧。

传统的企业，往往拥有全过程自我投资和建设的部门，从基建部门到制造车间，到装配、验收部门，再到包装车间都是自己的。这通常导致项目完工的时候，就是经营陷入困境的时候，产品延期交货，企业负债累累，一系列问题相继涌现。而业务外包可以获得多个联盟企业的协作，缩短产品周期，在最短的时间内推出最新的产品，而且还可以利用联盟企业的资金，省去一些巨额投资，降低了自身的风险，从而更轻松地获得竞争优势。把多家公司的优秀人才集中起来为我所有的概念正是业务外包的核心，其结果是使现代商业机构发生了根本的变化。企业内向配置的核心业务与外向配置的业务紧密相连，形成一个关系网络

（即供应链）。企业运作与管理也由"控制导向"转为"关系导向"。

企业在集中资源于自身核心业务的同时，通过利用其他企业的资源来弥补自身的不足，从而变得更具竞争力。据美国《财富》杂志报道，目前全世界年收入在 5 000 万美元以上的公司，都普遍开展了业务外包，邓百氏公司的《1998 年全球业务外包研究报告》表明，全球年营业额在 5 000 万美元以上公司在 1998 年业务外包的总开支比 1997 年业务外包的总开支增加近 2 350 亿美元。

6.2.3 可以降低交易成本，加大供应链的整体长期利润

一个供应链要想在激烈的商业竞争中生存下来，就必须不断地降低成本，提高利润，否则此供应链就将被市场所淘汰。而发展供应链合作伙伴关系能使整个供应链的交易成本显著降低，利润增加。可见，降低交易成本，加大供应链的整体长期利润是供应链发展战略合作伙伴关系的内在原因。

合作伙伴关系对普遍降低交易成本所做的贡献可以从交易过程和交易主体行为的考察中得到进一步证实。一方面，从交易的全过程看，供应链合作伙伴之间的交易能大大减少相关交易费用。由于供应链合作伙伴之间经常沟通与合作，可使搜索交易对象信息方面的费用大为降低，提供个性化的服务建立起来的相互信任和承诺，可以减少各种履约风险；即便在服务过程中产生冲突，也因为合同时效的长期性而通过协商加以解决，从而避免仲裁、法律诉讼等行为所产生的费用。另一方面，从交易主体行为来看，合作伙伴之间的互通性，提高了双方对不确定性环境的认知能力，减少因交易主体的"有限理性"而产生的交易费用。供应链合作伙伴之间的长期合作将会很大程度上抑制交易双方之间的机会主义行为，这使得交易双方机会主义交易费用有望控制在最低限度。下面以图示来说明（图 6-1、图 6-2）。

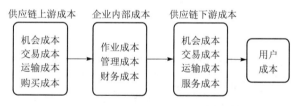

图 6-1 供应链一般成员成本

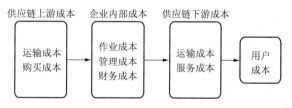

图 6-2 供应链合作伙伴成本

6.2.4 能够给制造商/买主、供应商/卖主及双方带来利益

供应链给制造商/买主、供应商/卖主及双方带来的利益，见表 6-3。

表 6-3 供应链战略合作伙伴带来的利益

对象	利益
制造商/买主	降低成本（降低合同成本）
	实现数量折扣、稳定而有竞争力的价格
	提高产品质量和降低库存水平
	改善时间管理
	交货提前期的缩短和可靠性的提高
	提高面向工艺的企业规划
	更好的产品设计和对产品变化更快的反应速度
	强化数据信息的获取和管理控制
供应商/卖主	保证有稳定的市场需求
	对用户需求更好地了解/理解
	提高运作质量
	提高零部件生产质量
	降低生产成本
	提高对买主交货期改变的反应速度和柔性
	获得更高的（比非战略合作关系的供应商）利润
双方	改善相互之间的交流
	实现共同的期望和目标
	共担风险和共享利益
	共同参与产品和工艺开发，实现相互之间的工艺集成、技术和物理集成
	减少外在因素的影响及其造成的风险
	降低投机思想和投机概率
	增强矛盾冲突解决能力
	订单、生产、运输上实现规模效益以降低成本
	减少管理成本
	提高资产利用率

可以看出，供应链合作伙伴能够以较低的成本给用户提供同样的服务或产品，或者同样的成本能够提供更好的服务或产品，此供应链就能在激烈的竞争中取得优势。

6.3 建立供应链合作关系的制约因素

良好的供应链合作关系首先必须得到最高管理层的支持和协商，并且企业之间要保持良好的沟通，建立相互信任的关系。在战略分析阶段需要了解相互的企业结构和文化，解决社会、文化和态度之间的障碍，并适当地改变企业的结构和文化，同时在企业之间建立统一、一致的运作模式或体制，解决业务流程和结构上存在的障碍。

在供应商评价和选择阶段，总成本和利润的分配、文化兼容性、财务稳定性、合作伙伴的能力和定位（自然地理位置分布）、管理的兼容性等将影响合作关系的建立。必须增加与主要供应商和用户的联系，增进相互之间的了解（产品、工艺、组织、企业文化等），相互之间保持一定的一致性。

到了供应链战略合作关系建立的实质阶段，需要进行期望和需求分析，相互之间需要紧密合作，加强信息共享，相互进行技术交流和提供设计支持。在实施阶段，相互之间的信任最为重要，良好愿望、柔性、解决矛盾冲突的技能、业绩评价（评估）、有效的技术方法和资源支持等都很重要。

6.4 现阶段我国企业合作模式中存在的问题

我国的企业从计划经济向市场经济的转轨过程中，在相当长一段时期内，企业机制和管理思想都滞后于市场经济发展的要求，缺乏主动出击市场的动力和积极性。实际调查结果表明，企业外部资源利用低，企业与供应商的合作还没有形成战略伙伴等具有战略联盟的关系，传统的计划经济体制下以我为主的山头主义思想仍然在许多企业存在，在我国跨地区、跨国界的全球供应链为数不多。

许多国有企业虽然很有一定的市场竞争能力，但是在与其他企业进行合作方式上，仍然习惯于按照计划经济模式办事，没有进行科学的协商决策和合作对策研究，缺乏市场竞争的科学意识。

由于国有企业特殊的委托——代理模式，委托代理的激励成本远大于市场自由竞争的激励成本，代理问题中的败德行为相当严重。

国有企业委托人的典型特征是委托人的双重身份、双重角色（既是委托人又是代理人），代理人问题比其他类常规代理人问题更复杂。

企业合作关系中短期行为也普遍存在。由于委托代理人问题的特殊性，国有企业普遍存在短期行为。企业的协商过程带有很强的非经济因素和个人偏好行为。

由于计划经济体制下的"棘轮效应"（Ratchet Effect）的存在，企业在合作竞争中的积极性和主动性不高；此外，我国目前市场资源的结构配置机制并不符合规范的帕累托配置模型，资源配置的效率低，交易成本较高，委托代理实现过程中由于信息非对称性导致国有资产流失等问题都让人十分棘手。

基于 Internet/Intranet 的供应链模式是供应链企业合作方式与委托代理实现的未来发展方向，但是我国许多企业没有充分利用 EDI/Internet 等先进的信息通信手段，企业与企业之间信息传递工具落后。与此同时，在利用 Internet/Intranet 进行商务活动过程中，缺乏科学的合作对策与委托实现机制，法律体系不健全，信用体系不完善。1998 年，发生了海南某公司和香港某公司我国首例电子商务诈骗案，充分说明了在进行全球供应链活动中我国企业进行合作对策与委托实现机制研究的重要性。

由于这些问题的存在，使得供应链管理思想在我国企业中应用受到的阻力比我们想象的要大得多，而企业改革的深入又迫切需要改变现有的企业运行机制和管理模式。因此，完善供应链管理思想运作方法,解决我国企业在实施供应链管理过程中迫切需要解决的企业合作对策与委托代理实现机制问题是关系到供应链管理模式能否在我国得到很好实施的关键。

6.5 选择供应链合作伙伴的方法

选择合作伙伴,是对企业输入物资的适当品质、适当期限、适当数量与适当价格的总体进行选择的起点与归宿。选择合作伙伴的方法较多,一般要根据供应单位的多少、对供应单位的了解程度以及对物资需要的时间是否紧迫等要求来确定。目前国内外较常用的方法(表6-4)综述如下。

表6-4 选择合作伙伴方法

选择合作伙伴方法	直观判断法
	招标法
	协商选择法
	采购成本比较法
	ABC成本法
	层次分析法
	神经网络算法

6.5.1 直观判断法

直观判断法是根据征询和调查所得的资料并结合人的分析判断,对合作伙伴进行分析、评价的一种方法。这种方法主要是倾听和采纳有经验的采购人员意见,或者直接由采购人员凭经验做出判断。常用于选择企业非主要原材料的合作伙伴。

6.5.2 招标法

当订购数量大、合作伙伴竞争激烈时,可采用招标法来选择适当的合作伙伴。它是由企业提出招标条件,各招标合作伙伴进行竞标,然后由企业决标,与提出最有利条件的合作伙伴签订合同或协议。招标法可以是公开招标,也可以是指定竞级招标。公开招标对投标者的资格不予限制;指

刘能爆笑小品
《招标》

定竞标则由企业预先选择若干个可能的合作伙伴,再进行竞标和决标。招标方法竞争性强,企业能在更广泛的范围内选择适当的合作伙伴,以获得供应条件有利的、便宜而适用的物资。但招标法手续较繁杂,时间长,不能适应紧急订购的需要;订购机动性差,有时订购者对投标者了解不够,双方未能充分协商,造成货不对路或不能按时到货。

6.5.3 协商选择法

在供货方较多、企业难以抉择时,也可以采用协商选择的方法,即由企业先选出供应条件较为有利的几个合作伙伴,同他们分别进行协商,再确定适当的合作伙伴。与招标法相比,协商方法由于供需双方能充分协商,在物资质量、交货日期和售后服务等方面较有保证。但由于选择范围有限,不一定能得到价格最合理、供应条件最有利的供应来源。当采购

时间紧迫、投标单位少、竞争程度小、订购物资规格和技术条件复杂时，协商选择方法比招标法更为合适。

6.5.4 采购成本比较法

对质量和交货期都能满足要求的合作伙伴，则需要通过计算采购成本来进行比较分析。采购成本一般包括售价、采购费用、运输费用等各项支出的总和。采购成本比较法是通过计算分析针对各个不同合作伙伴的采购成本，选择采购成本较低的合作伙伴的一种方法。

6.5.5 ABC 成本法

ABC 成本法是目前在物流界广泛使用的一种新的成本计算方法。供应链中的物流活动是价值增值与成本增加相结合的过程，完成一项活动或作业可以使产品或中间产品的价值有所增加，同时，产品的成本也增加，目的在于去除无效成本、再造整个供应链管理过程。该成本模型用于分析企业因采购活动而产生的直接和间接成本的大小，企业将选择成本值最小的合作伙伴。

6.5.6 层次分析法

该方法是 20 世纪 70 年代由著名运筹学家赛惕（T. L. Satty）提出的，韦伯（Weber）等提出的利用层次分析法分别用于合作伙伴的选择。它的基本原理是根据具有递阶结构的目标、子目标（准则）、约束条件、部门等来评价方案，采用两两比较的方法确定判断矩阵，然后把判断矩阵的最大特征相对应的特征向量的分量作为相应的系数，最后综合给出各方案的权重（优先程度）。由于该方法让评价者对照相对重要性函数表，给出因素两两比较的重要性等级，因而可靠性高、误差小，不足之处是遇到因素众多、规模较大的问题时，该方法容易出现问题，如判断矩阵难以满足一致性要求，往往难于进一步对其分组。它作为一种定性和定量相结合的工具，目前已在许多领域得到了广泛的应用。

另外，苔沫蔓（Timmerman）提出合作伙伴评价分类法；温德尔（Winder）和罗宾森（Robinson）、格理格利（Gregory）提出标重法等都可以用于合作伙伴的选择，但应用在供应链环境下，都存在一些问题，因为没有考虑具体的环境，所以不能有效地进行合作伙伴的评价和选择。

6.5.7 神经网络算法

通过对给定样本模式的学习，获取评价专家的知识、经验、主观判断及对目标重要性的倾向，可再现评价专家的知识、经验和直觉思维，从而实现了定性和定量分析相结合，可较好的保证评价结果的客观性。

6.6 选择供应链合作伙伴的步骤

选择供应链合作伙伴关系的步骤见图 6-3。

6.6.1 分析市场竞争环境（需求、必要性）

市场需求是企业一切活动的驱动源。建立基于信任、合作、开放性交流的供应链长期合

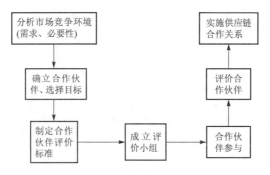

图 6-3 选择供应链合作伙伴步骤

作关系，必须首先分析市场竞争环境。目的在于找到针对哪些产品市场开发供应链合作关系才有效，必须知道现在的产品需求是什么，产品的类型和特征是什么，以确认用户的需求，确认是否有建立供应链合作关系的必要，如果已建立供应链合作关系，则根据需求的变化确认供应链合作关系变化的必要性，从而确认合作伙伴评价选择的必要性。同时分析现有合作伙伴的现状，分析、总结企业存在的问题。

6.6.2　确立合作伙伴、选择目标

企业必须确定合作伙伴评价程序如何实施、信息流程如何运作、负责人，而且必须建立实质性、实际的目标。其中降低成本是主要目标之一，合作伙伴评价、选择不仅是一个简单的评价、选择过程，它本身也是企业自身和企业与企业之间的一次业务流程重构过程，实施得好，它本身就可带来一系列的利益。

6.6.3　制定合作伙伴评价标准

合作伙伴综合评价的指标体系是企业对合作伙伴进行综合评价的依据和标准，是反映企业本身和环境所构成的复杂系统不同属性的指标，按隶属关系、层次结构有序组成的集合。根据系统全面性、简明性、科学性、稳定可比性、灵活可操作性的原则，建立集成化供应链管理环境下合作伙伴的综合评价指标体系。不同行业、企业、产品需求、不同环境下的合作伙伴评价应是不一样的。但不外乎都涉及合作伙伴的业绩、设备管理、人力资源开发、质量控制、成本控制、技术开发、用户满意度、交货协议等可能影响供应链合作关系的方面。

6.6.4　成立评价小组

企业必须建立一个小组以控制和实施合作伙伴评价。组员以来自采购、质量、生产、工程等与供应链合作关系密切的部门为主，组员必须有团队合作精神、具有一定的专业技能。评价小组必须同时得到制造商企业和合作伙伴企业最高领导层的支持。

6.6.5　合作伙伴参与

一旦企业决定进行合作伙伴评价，评价小组必须与初步选定的合作伙伴取得联系，以确认他们是否愿意与企业建立供应链合作关系，是否有获得更高业绩水平的愿望。企业应尽可能早地让合作伙伴参与到评价的设计过程中来。然而因为企业的力量和资源是有限的，企业

只能与少数的、关键的合作伙伴保持紧密合作,所以参与的合作伙伴不能太多。

6.6.6 评价合作伙伴

评价合作伙伴的一个主要工作是调查、收集有关合作伙伴的生产运作等全方面的信息。在收集合作伙伴信息的基础上,就可以利用一定的工具和技术方法进行合作伙伴的评价了。

在评价的过程后,有一个决策点,根据一定的技术方法选择合作伙伴,如果选择成功,则可开始实施供应链合作关系,如果没有合适的合作伙伴可选,则返回到确立合作伙伴、选择目标步骤2,重新开始评价、选择。

6.6.7 实施供应链合作关系

在实施供应链合作关系的过程中,市场需求将不断变化,可以根据实际情况的需要及时修改合作伙伴评价标准,或重新开始合作伙伴评价选择。在重新选择合作伙伴的时候,应给予旧合作伙伴以足够的时间适应变化。

6.7 建立供应链合作伙伴关系需要注意的问题

美国企业家联合会针对455名首席执行官进行的调查,揭示了战略联盟失败的8个方面原因:过于乐观、沟通不利、缺少利益共享、见效慢、缺少财务支持、对运营原则理解错误、文化交流有障碍、缺少联盟的经验。建立牢固的供应商合作伙伴关系需要双方大量的工作和彼此的承诺,建立真正的合作伙伴关系并不容易,为此,建立供应合作伙伴关系必须注意以下10点(表6-5)。

表6-5 建立供应链合作伙伴关系需要注意的问题

建立供应链合作伙伴关系需要注意的问题	建立信任
	分享企业愿景和目标
	个人关系
	共同的利益和需求
	承诺和高层管理支持
	变革管理
	信息共享和沟通渠道
	能力
	绩效标准
	持续改进

6.7.1 建立信任

信任对任何合作伙伴和联盟都是至关重要的。信任能够使组织之间互换有价值的信息,投入时间和资源去理解相互的业务,获得超过个体所能实现的结果。乔丹·刘易斯在《相互信赖的伙伴》一书中指出,"信任并不意味着简单的一致。很显然,不能期望面对复杂的生意,所有事情都达成一致。然而,在一种信任的关系中,冲突会激发你去深入地理解和探询体制方面的解决方案。信任可以产生善意,这种发自内心的善意会在其中的一方即使做了对方不喜欢的事情,也可以维持这种信任关系。"拥有信任,合作双方就更愿意在一起工作,找到解决问题的折中办法。从长期来讲,愿意达到互惠互利的结局;从短期来讲,愿意做任何帮助别人的事情。

6.7.2 分享企业愿景和目标

所有的合作伙伴都应该明确各自的预期和目标,并将它们分解到合作当中。百时美施贵宝公司的外包专家勒伍德·格朗特认为,"你不会希望将合作伙伴关系建立在不得已的基础上。如果你不认为这种合作是一种很好的组合,而是因为这家供应商是市场上唯一提供这种物料的供应商,或者你在过去同它签署过单独采购协议,或者其他什么原因,那么你们之间就并非合作伙伴关系而且很容易失败。"合作双方必须分享并接受对方的愿景和目标。许多联盟和合作伙伴关系的破裂是因为它们各自的目标没有很好地统一在一起或者过于乐观。双方的关注点必须越过现实的问题,而多从战略合作的角度去考虑。如果合作伙伴双方具备平等的决策权,那么合作成功的概率就会更高。

6.7.3 个人关系

在买家—供应商合作伙伴关系中,人与人之间的关系非常重要,因为联络和执行都需要人去做。《战略关系管理》一书的作者里昂纳德·格林哈尔希认为,"联盟或伙伴关系并非企业之间的关系,而是某些个人之间的关系。当你要考虑某种形式的联盟时,企业需要关注的是由联盟所引发的状态。谁在联盟中面对另一家公司,谁的想法就会被理解为公司的想法。"

6.7.4 共同的利益和需求

当企业之间有一致的需求时,双方的合作导致双赢的结局。共同的需求不仅会产生有利于协作的环境,还为创新提供了机会。当合作双方分享利益时,他们的合作就会积极和长久。联盟就像婚姻,如果只有一方高兴,那么婚姻不会持续很长时间。

6.7.5 承诺和高层管理支持

首先,找到一个合适的合作伙伴需要大量的时间和艰苦的工作。找到以后,双方都需要投入时间、人员和精力去建设成功的合作伙伴关系。作家史蒂芬·R·柯维认为,"没有参与,就没有承诺。把这句话记下来,加上星号、圆圈或下划线。没有参与,就没有承诺。"承诺必须从高层开始。当高层管理人员支持合作伙伴关系时,这种关系就可以成功。由企业高层所表现出来的合作和参与程度,就相当于为复杂问题的解决定了基调。

成功的合作会使双方不断发现一些业务发展的机会。为了联盟的成功,高级管理层需要在公司内部确立正确的态度。在合作的道路上双方会发生一些碰撞,高层对此应采取协作的方式来解决冲突,而不是指责对方。

6.7.6 变革管理

变化带来压力，会导致关注点的转移。因此，企业必须避免由合作伙伴变化带来的偏离核心业务的影响，准备应对由新合作伙伴带来的变化。史蒂芬·R·柯维认为，"成功应对变化的关键就是继续致力于不会改变的核心原则，不考虑周围的环境。"

6.7.7 信息共享和沟通渠道

为了使信息顺畅地流通，应该建立正式的和非正式的沟通渠道。如果具备高度的信任，信息系统就可以完全针对客户的需求，为彼此提供高效的服务。需要保密的财务数据、产品和工艺信息都需要保留。当信息沟通渠道打开后，许多冲突都可以解决。例如，向供应商提早沟通有关规格的变化和新产品的推出，对于建立成功的供应商关系有着积极的贡献。买家和供应商应该经常碰面，讨论有关计划的改变，评估结果，对合作中的某些问题提出批评性意见。在自由的信息交换中，可以通过不公开的协议来保护私有信息和敏感的数据，防止外泄。成功的信息共享重在质量和准确，而不在数量。

6.7.8 能力

长期具备通过跨平台团队来解决问题的组织，以及内部职员之间能成功协作的企业，在对外合作中也具备这种能力。我们都知道事情并不与想象的一样。因此，企业必须愿意承担责任，并有能力改正错误。主要的供应商必须具备正确的技术和能力，来满足成本、质量和运送方面的要求。另外，供应商还要对快速变化的客户需求有足够的适应性。在建立合作伙伴关系之前，企业必须对供应商的能力和核心竞争力进行全面的调查。企业所中意的供应商，需要有技术和专家来支持新产品和服务的开发，培育企业在市场中的竞争优势。

6.7.9 绩效标准

"你无法改进你不能评估的事情"，这句谚语对于处理买家—供应商关系是非常适用的。有关质量、运送和机动性这些指标一般用来考察供应商的运作情况。在整个供应链过程中，供应商绩效信用来提高效率。因此，一个好的运营评估体系会提供可以理解的评测指标，容易衡量，并关注供应商共同的价值实现。

通过评估供应商的运营情况，企业希望发现供应商的异常情况或者发展的需要，减少与供应商合作的风险，将合作伙伴管理建立在数据分析的基础上，例如联邦快递为其供应商开发了一套基于互联网的"反向计分卡"，由供应商提供建设性的运营反馈意见，加强客户或供应商的关系。毕竟，最好的客户愿意和最好的供应商合作，最好的供应商通常都因为最好的成就而得到奖励。

6.7.10 持续改进

对供应商的运营评估建立在相互认可的评估体系之上，这为持续改进提供了机会。日本人以准时制思想贯穿整个过程，通过一系列小的改进，达到消除整个系统的浪费。买家和供应商都必须持续地改进他们的能力，以满足客户在成本、质量、运送和技术方面的要求。合作伙伴不仅要改正错误，更应该事先准备从而彻底消灭错误。例如，克莱斯勒公司在1989

年首次推行供应商成本削减计划（SCORE），要求其供应商持续改进以降低成本。克莱斯勒将节约的成本与供应商分享。在 SCORE 计划中，供应商从克莱斯勒得到长期合同。在 1998 年，克莱斯勒推行 SCOREⅡ计划，这是一套改进的基于 Lotus Notes 办公软件的实时在线系统，为供应商降低成本的建议和批准过程加速。通过这一计划，预期减少成本 20 亿美元。

6.8 供应链合作伙伴的评价与管理

6.8.1 选择的影响要素

选择的影响要素有质量因素、价格因素、交货提前期因素、交货准时性因素、品种柔性因素、设计能力因素、可靠性、地理位置、售后服务、快速响应能力等。

6.8.2 选择供应商的评估方法

1. 评价表格法

选择供应商的评价表格法见表 6-6。

表 6-6 选择供应商的评价表格法

评价指标	指标权重	评估数值		
		A 供应商	B 供应商	C 供应商
技术水平	8	7	8	5
产品质量	9	8	9	7
供应能力	7	10	7	8
价格	7	7	6	8
地理位置	2	3	6	9
可靠性	6	4	7	8
售后服务	3	4	6	7
综合得分		289	308	302

2. 层次分析法

层次分析法步骤如下。

（1）对构成评价系统的目的、评价指标（准则）及方案等要素建立多级递阶结构模型。

（2）对同一级的要素以及上一级的要素为准则进行两两比较，根据评价尺度确定其相对重要度，据此建立判断矩阵。

（3）计算确定各要素相对重要度。

（4）计算综合重要度，对各方案要素进行排序、决策。

例：某制造商需采购某种原材料有三个供应商可供选择，即供应商甲、供应商乙、供应商丙。评价和选择供应商的准则是：产品质量（C1）、供应能力（C2）及可靠性（C3）。经初步分析认为：若选用供应商甲，其优点是产品质量好，但其供应能力小，且可靠性也较差。若选择供应商丙，情况正好相反，即供应能力强，可靠性较好，但质量差。选择供应商乙的优缺点介于上述两供应商之间。因此，对上述三个供应商不能立即作出评价与选择。适合用层次分析法进行分析与评价。

3. 运作成本评价法

（1）案例背景。某企业生产的机器上有一种零件需要从供应链上的其他企业购进，年需求量为 10 000 件。有三个供应商可以提供该种零件，但他们的价格不同，三个供应商提供的零件的质量也有所不同。另外，这三个供应商的交货提前期、提前期的安全期及要求的采购批量均不相同。详细的数据见表 6-7。

表 6-7 三个供应商的基本数据

供应商	价格/（元·件$^{-1}$）	合格品率/%	提前期/周	提前期的安全期/周	采购批量/件
A	9.50	88	6	2	2 500
B	10.00	97	8	3	5 000
C	10.50	99	1	1	200

如果零件出现缺陷，需要进一步处理才能使用，每个有缺陷的零件处理成本为 6 元，主要是用于返工的费用。

为了比较分析评价的结果，共分为三个级别评价供应成本和排名：第一级：仅按零件价格排序；第二级：按"价格+质量水平"排序；第三级：按"价格+质量水平+交货时间"排序。

（2）供应商供货绩效及排序分析。首先，按第一个级别排序，排出的结果见表 6-8。

表 6-8 按零件价格排序

供应商	价格/（元·件$^{-1}$）	排　名
A	9.50	1
B	10.00	2
C	10.50	3

其次，按第二个级别排名。有缺陷零件的处理成本可根据不同供应商的零件质量水平来计算。排出的结果见表 6-9。

表 6-9 按"价格+质量水平"排序

供应商	缺陷率/%	缺陷件数/（件·年$^{-1}$）	缺陷处理成本/元	质量成本/（元·件$^{-1}$）	总成本/（元·件$^{-1}$）	排名
A	12	1 200	7 200	0.72	9.50+0.72=10.22	2
B	3	300	1 800	0.18	10.00+0.18=10.18	1
C	1	100	600	0.06	10.50+0.06=10.56	3

最后，综合考虑价格、质量和交货时间的因素，评价供应商的运作绩效。交货期长短的不同主要会导致库存成本的不同。同时也要考虑下列一些因素：交货提前期、提前期的安全期、允许的最小采购批量、考虑缺陷零件增加的安全量（补偿有缺陷零件的额外库存）。

$$安全库存：SS = K \cdot s \cdot \sqrt{LT + LTS}$$

式中，K——根据可得性（95%）确定的系数，取 $K=1.64$；

s——标准偏差，在这里取 $s=80$，即每周对零件数量的需求偏差为 80 件；

LT——交货提前期；

LTS——交货提前期的安全期。

下面以供应商 A 为例计算库存相关费用。给供应商 A 设定的安全库存为

$$SS = 1.64 \times 80 \times \sqrt{6+2} = 371（件）$$

供应商 A 要求的订货批量为 2 500 件，由订货批量引起的平均库存为 2 500÷2 = 1 250（件）。

用于预防有缺陷零件的额外库存是根据缺陷率和零件的总的库存计算的，即（371 + 1 250）×12% = 194（件）。

选择供应商 A 需保有库存物资的价值为（371+1 250+194）×9.50 = 17 242（元）。

与零件库存有关的库存维持费用按库存价值的 25% 计算，计算结果见表 6-10。

表 6-10 按与零件库存有关的库存维持费用计算结果排序

供应商	安全库存/件	订购批量引起的平均库存/件	零件缺陷导致的额外库存/件	总的库存/件	总的库存价值/元	库存持有成本/元	单位零件成本/（元·件$^{-1}$）
A	371	1 250	194	1 815	17 242	4 310	0.43
B	435	2 500	88	3 023	30 230	7 557	0.76
C	186	100	3	289	3 034	759	0.08

根据价格、质量成本、单位零件库存持有成本的综合评价结果，见表 6-11。

表 6-11 根据价格、质量成本、单位零件库存持有成本的综合评价　　　　元/件

供应商	价格	质量成本	库存持有成本	总成本	排序
A	9.50	0.72	0.43	10.65	2
B	10.00	0.18	0.76	10.94	3
C	10.50	0.06	0.08	10.64	1

（3）结论。通过对三家供应商的供货运作绩效的综合评价，在价格、质量、交货时间及订购批量方面，供应商 C 最有优势，最后选择供应商 C 为供应链上的合作伙伴关系。

6.8.3　供应商评估作业流程

供应商评估作业流程见图 6-4。

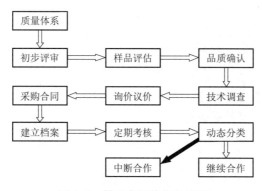

图 6-4 供应商评估作业流程

6.8.4 供应商的管理

双赢关系已经成为供应链企业合作的典范，因此，对供应商的管理就应集中在如何和供应商建立双赢关系以及维护和保持双赢关系上。

1. 信息交流与共享机制

（1）在供应商与制造商之间经常进行有关成本、作业计划、质量控制信息的交流与沟通，保持信息的一致性与准确性。

（2）实施并行工程。制造商在产品设计阶段让供应商参与进来，把用户的价值需求及时地转化为供应商的原材料和零部件的质量与功能要求。

（3）建立联合的任务小组解决共同关心的问题。

（4）供应商和制造商工厂互访。

（5）使用 EDI/Internet 技术进行快速的数据传输。

2. 供应商的激励机制

要保持长期的双赢关系，对供应商的激励是非常重要的，没有有效的激励机制，就不可能维持良好的供应关系。在激励机制的设计上，要体现公平、一致的原则。

3. 合理的供应商评价方法和手段

要进行供应商的激励，就必须对供应商的业绩进行评价，使供应商工作不断改进。没有合理的评价方法，就不可能对供应商的合作效果进行评价，这将大大挫伤供应商的合作积极性和合作的稳定性。对供应商的评价要抓住主要指标或问题，比如交货质量是否改善了，提前期是否缩短了，交货的准时率是否提高了等。通过评价，把结果反馈给供应商，和供应商一起共同探讨问题产生的根源，并采取相应的措施予以改进。

思考题

1. 供应链合作关系的特征有哪些？
2. 建立供应链合作伙伴关系的重要意义是什么？
3. 供应链合作伙伴的发展为什么"可以降低交易成本，加大供应链的整体长期利润"？

4. 供应链合作伙伴成本能够给制造商/买主、供应商/卖主及双方带来什么利益?
5. 简述选择供应链合作伙伴的方法。
6. 选择供应链合作伙伴有哪些步骤?
7. 建立供应链合作伙伴关系需要注意什么问题?
8. 在供应链合作伙伴的评价与管理中,影响要素和选择供应商的评估方法分别是什么?
9. 供应商评估作业流程有哪些?

案例资料

集美家居:"链"动上下游

"买家具到集美,花钱不后悔",从这句家喻户晓、耳熟能详的广告语上,便不难想象集美家居在北京市场中的影响力。

作为京城最大的家居企业集团之一,1995年至今,集美家居的营业面积翻了100倍,达到现在的近40万平方米,无论是单体还是综合营业面积都跻身北京家居卖场前列,并取得了可观的经济效益。而这些成绩的取得,与集美家居有效链动上下游的管理模式密不可分。

与供应商结成联盟

作为单位租赁式市场,集美家居市场内的经营主要依靠生产厂商进行,集美以收取租金为主要收入来源。这种经营模式似乎使集美与供应商的关系并不那么紧密,但集美从不这样认为。据集美家居企业集团宣传部白先生介绍,在集美眼里,一直有两个"上帝",一个是消费者,另一个就是生产厂商。

集美深知,管理不好厂商,协调不好厂商与消费者的关系,就会直接影响消费者的利益;无法保障消费者的利益,集美就会失去在激烈的市场竞争中立足之本。而在这样一个相互依存、共同发展的链条上,作为主导者和协调者的集美肩上的责任并不轻松。

"把好入口关,是集美对生产厂商实行统一管理的第一步。不仅要厂商提供本企业的各种有效资质证明,我们还要派市场部人员亲自到生产厂进行实地考察,对进驻厂商的生产能力进行全方位摸底。"白先生表示。进驻市场后,集美对厂商销售店员也要进行统一培训才能上岗。最重要的,集美负责产品售后服务的所有问题。顾客在买好家具后,都要在购物发票上加盖集美的公章,如果出现售后服务方面的问题,集美会负责与厂商进行沟通和协调,直到顾客满意为止。

2007年以来,由百安居引发的零供矛盾现象日益突出,它不但极大地损害了商品供应链,更恶化了整个流通市场环境。针对这一现象,集美家居表示,在集美家居不但不会发生这种现象,而且集美始终坚持着零供双方应站在一个共同的起跑线上,只有合作才能共赢的理念。"所谓物极必反,当有一天多数供应商离你而去,零售商的市场又如何来支撑呢?"白先生的话不无深意。

事实上,为了加强与供应商的合作,近几年来,集美一直在探索零供双方共赢的经营模式。实行品牌战略联盟战略就是集美家居积极探索的巨大成果。对这一战略给双方带来的好处，白先生分析说："比如我们在外地开一家新店，首先要做的就是前期考察和招商。如果全部招新厂商，不但工作量大，而且经营的风险也会增大，并且考核新厂商还需要大量的人力财力。在这种情况下，吸收国内知名品牌作为战略伙伴，不但可以减少这方面的人力、物力、财力。作为厂商来说，也给了他们开拓更大市场的机会。"

这一品牌战略联盟战略的巨大成功在 2007 年 12 月 28 日开业的集美家居廊坊店得到了切实地体现。据了解，集美家居廊坊店是一个营业面积达 36 000 平方米的三层楼，一层为品牌套房家具展区；二层为品牌软体沙发、软床、欧美套房、餐桌椅及居然之家五金涂料超市等展区；三层为建材、家装展区。而进驻这里的大部分厂商都是集美的品牌战略伙伴。集美与厂商这种捆绑式作战的经营模式，占尽了优势。集美家居廊坊店开业以来，生意极其火爆，在开业之初便取得了良好的经济效益。

业内人士指出，零售商与供应商这种品牌战略联盟在家居行业已越来越受到重视，将成为未来零供发展的必然趋势。

让消费者得到实惠

房地产的兴隆，带动了建材行业的发展，同时也使这一行业的竞争更为激烈。在北京市场，集美就面临很多同行业强大的竞争对手。如居然之家、红星美凯龙、蓝景丽家等，在集美市场中经营的品牌，在这些卖场也都一应俱全。那么，在同质化日趋明显的情况下，集美家居是如何让处于链条下游的消费者满意从而成为市场竞争中的佼佼者呢？

白先生说，这首先要归功于集美"章鱼式"的发展理念。这是集美引进西方国家城市发展理念的形象说法。西方发达国家以四通八达的道路为辐射半径，道路延伸到哪，城市的范围就发展到哪。集美结合企业经营特点，创新了这种理念，以免费接送顾客的班车作为支撑"章鱼式"发展理念的载体。从 1998 年开始，集美便开通了"免费乘坐——购物直通车"。由于它方便、快捷，很快就赢得了广大消费者的赞誉，成为京城的一大亮点。如今，数量已达 400 多辆的班车既把集美品牌的触角伸展到大半个北京城，又把众多顾客舒舒服服请进来。北京工商大学教授洪涛曾就此指出，免费班车无休止扩大了集美家居市场的商圈半径。章鱼式的发展理念使集美品牌服务的范围无限扩大。

独特实惠的促销模式是集美吸引顾客的另一大法宝。为了更大限度地让利于顾客，集美常年搞购物促销活动，返还额度在 10% 左右。"即使是在北京非常知名的品牌厂家，在集美家具城也能得到 10% 的礼品返还。这是因为我们拥有自有工厂和自有产品，而且把这种前店后厂的优势发挥到了极致。而这一点，只有集美做得到。"白先生得意地表示。

在售后方面，集美更是毫不含糊。郑重向消费者承诺：凡在集美家居建材城购买任何一种商品（含家庭装修），集美都是商品质量的第一负责人。有专家指出，这种以确保商品质量实现买卖双方满意为核心的售前班车、售中促销、售后诚信为本的服务模式，是这里长年客流如织、营销两旺的有力保障。

（资料来源：www.jctrans.com）

从《三国演义》看《供应链管理》

1.《供应链管理》的知识

在教材"6.6.1 分析市场竞争环境(需求、必要性)"中有如下表述:

市场需求是企业一切活动的驱动源。建立基于信任、合作、开放性交流的供应链长期合作关系,必须首先分析市场竞争环境。目的在于找到针对哪些产品市场开发供应链合作关系才有效……以确认用户的需求,确认是否有建立供应链合作关系的必要,如果已建立供应链合作关系,则根据需求的变化确认合作关系变化的必要性……同时分析现有合作伙伴的现状,分析、总结企业存在的问题。

2.《三国演义》第三十八回有如下情境

孔明曰:"自董卓造逆以来,天下豪杰并起。曹操势不及袁绍,而竟能克绍者,非惟天时,抑亦人谋也。今操已拥百万之众,挟天子以令诸侯,此诚不可与争锋。孙权据有江东,已历三世,国险而民附,此可用为援而不可图也。荆州北据汉、沔,利尽南海,东连吴会,西通巴、蜀,此用武之地,非其主不能守;是殆天所以资将军,将军岂有意乎?益州险塞,沃野千里,天府之国,高祖因之以成帝业;待天下有变,则命一上将将荆州之兵以向宛、洛,将军身率益州之众以出秦川。"言罢,命童子取出画一轴,挂于中堂,指谓玄德曰:"此西川五十四州之图也。将军欲成霸业,北让曹操占天时,南让孙权占地利,将军可占人和。先取荆州为家,后即取西川建基业,以成鼎足之势,然后可图中原也。"

3. 我们的理解

(1) 刘备三顾茅庐请诸葛亮出山相助成大业的故事至今被广为流传、世人称颂。诸葛亮虽身在山中却对天下形势了如指掌,并向刘备进行了具体分析,这正与供应链中分析市场竞争环境的知识同理。

(2) 诸葛亮对天下形势的分析就犹如企业对市场竞争环境的分析一样,在作出决策前要先对自身所处、所面临的环境有个了解,这样才有利于在竞争中占据优势。

4. 给我们的启示

(1) 必须对自身实力有充分全面的了解,以便制定相应的战略目标。

(2) 根据社会变化趋势,树立自己的目标,并朝目标迈进。

(3) 要善于发掘人才,任用人才,知人善用。

(4) 加强对市场信息的掌握,把握时事,与时俱进。

(10级物流二班:李璐、汪丽华、江志远、王飞、易祖群)

第 7 章 供应链业务流程重组

> **本章学习重点**
>
> 业务流程重组产生的原因，业务流程重组的定义、核心内容和特点，供应链流程整合的障碍，供应链整合的模型，供应链管理环境下的企业组织与业务流程的主要特征，基于供应链管理模式的企业业务流程模型，供应链管理业务流程重组。

7.1 业务流程重组产生的原因

业务流程重组产生和发展的动力，不仅来源于管理理论自身发展的需要，而且，全球化竞争压力和信息技术发展都推动着业务流程重组技术的发展。业务流程重组产生的原因如表 7-1 所示。

三顾茅庐

表 7-1 业务流程重组产生原因

业务流程重组产生的原因	管理理论自身发展的需要	现代管理理论的基本特点
		科层组织理论带来的弊端
		管理革命的表现
	全球化竞争压力的推动	顾客
		竞争
		变化
	信息技术发展的直接动力	信息技术的能动力量
		信息技术的支持作用

7.1.1 管理理论自身发展的需要

1. 现代管理理论的基本特点

现代企业组织形式及相应的管理理论的基本特点可以概括为两点：强调将可重复的产品生产经营活动分解成一系列标准化和序列化的任务，并分配给特定的执行者，以降低单位产品的劳动成本和设备成本并提高生产效率；强调由特定的管理层来监督和确保执行者有效地完成任务，进而形成各种职能部门和自上而下递阶控制的金字塔状的科层组织结构。毫无疑问，在企业以大量制造标准化产品为目标的前提下，体现专业分工精神的企业组织所采用的分解和再分解形式，将整体分解为部件，部件再分解为元件，并通过每一步骤规范化、简单化和各个元件的最优化生产，来实现产品整体的最优化生产和生产成本大幅度下降的做法是非常有效率的。但是，在企业使命随着社会进步而发生变化之后，再从满足顾客需要的角度，认真考虑这种企业组织形式的效率和效果时，其无法满足顾客需要的弊病便会暴露无遗。

2. 科层组织理论带来的弊端

过细的专业分工导致人们将工作重心放在个别作业的效率上，而忽视整个组织的使命。同时，职能部门间的利益分歧往往使个体的短期利益凌驾于组织发展目标之上，产生"只见树木不见森林"思维僵化的本位主义和管理的"真空地带"，从而弱化整个组织的功效。科层组织理论的控制方式和等级结构，决定了它受有效管理幅度原则的限制，即当组织规模扩大到一定程度，必须通过增加管理层次来保证有效领导。科层制中组织层次过多首先会引起沟通成本的剧增，并且随着企业规模的扩大，延长了信息沟通的渠道，从而增加了信息传递的时间，可能会导致延误时机和决策过程失误。由于指挥路线过长，上下级关系不确定，会造成管理上的"真空地带"，遇到问题无人负责。其次，在科层制管理体制下，各个单位、部门往往会精心构思自己的行为，使自己的目标凌驾于整个组织的目标之上。这种分散主义和利益分歧，或许能够实现局部利益的提高，但却弱化了整个组织的功效。再次，科层式企业组织形式作为劳动分工专业化和层级组织理论的结合体，决定了它是本着物质流动的需要而建立起来的组织形式，相应的，科层式企业组织中的职能部门成为实现物质流动的重要载体。当物流日趋复杂化而需要用信息流来取代某些物流的作用，并渐渐支配和主导了物流的运动时，企业就迫切需要打破原有组织形式中人为设定的市场、设计、生产、财务、销售、人事等职能性工作之间的分工界限的围墙，逐步建立一个面向顾客，集市场、财务、销售等于一体的有机企业组织形式。

显然，在原有的科层组织形式框架之内进行修修补补，是难以达到彻底改变上述弊端的目标。那么，管理变革的方向到底在哪里呢？业务流程重组正是要针对企业内部各部门不合理地分割与肢解一项产品或服务所造成的效率下降和权责不明问题，试图用"以流程为导向的企业组织"来取代"以职能为导向的企业组织"的思路，来改变这种经营不良的状态。

3. 管理革命的表现

美国乔治·华盛顿大学管理学教授、世界未来学会理事威廉·哈拉勒在《无限的资源》中指出：世界各国的企业正在经历以知识为基础的"革命"。这种革命将创造出生产力更高、盈利能力更强的新型企业。企业所处的时代背景和竞争环境发生了根本性变化，企业为了生存和发展，必须要进行一场新的管理革命。主要表现在以下几个方面：

（1）技术创新速度不断加快。在工业经济时代，技术创新具有一定的阶段性。产品变化相对稳定，企业可以将产品生产分解再分解，使生产的每一步骤规范化和简单化。并通过规模化大生产降低生产成本，获得市场竞争优势。

与工业经济时代相反，知识经济时代的目标是创新：创造能带来更高利润的产品，或者用新的工艺把部件组成优质低价的产品。工业革命便是从蒸汽机开始,经过如汽车和电灯等创新的结果。但是知识经济时代的创新与工业经济时代的创新完全不同。在工业经济时代,创新没有计划,带有很大的偶然性。导致工业革命的创新及其对社会经济的影响,出乎预料,令人惊讶。知识经济时代的创新,则是有计划的常规活动。在工业经济时代,创新一般来自杰出的个人。知识经济时代的创新,则主要是集体合作的产物,极少有单独个人的创新。在工业经济时代,创新一旦完成,长时期较少变化,而知识经济时代的创新是连续出现的。

知识经济依靠无形资产的投入,实现可持续发展的前提主要依靠全球经济一体化。如国际化大市场和互联网。

(2) 企业竞争优势来自创新。在工业经济时代,企业竞争优势来自对效率的追求。因为在存在竞争的情况下,成本最低的生产便会取胜。但在知识经济时代,企业竞争优势来自对创新的追求。首先或早期生产新产品、使用新工艺或提供前所未有的服务,可以获得一定时间的垄断利润,从而获得市场竞争优势。

(3) 产品生命周期不断缩短。在知识经济时代,那种"生产什么就卖什么"的时代已经一去不复返了。如今的"买方市场"使顾客的选择范围大大拓宽,也使消费者对产品的期望值不断提高。他们不再满足于合理的价格,而且还要追求产品的个性化,企业往往要根据顾客的需求"量体裁衣"。这样必然形成多品种、小批量的订单,使得企业无法继续享受规模经济的效益。同时,市场竞争加剧,大量的替代产品使得任何一家企业都无法垄断市场,而贸易壁垒的取消还意味着顾客不仅可以从国内产品中,还能从国外产品中寻求最佳利益,于是顾客不再有为某一种产品而长时间等待的耐心了。面对产品生命周期不断缩短的竞争压力,企业如果不能及时对市场需求变化做出快速响应,不能在短时间内开发、生产、销售产品,企业就会被淘汰出局。

(4) 竞争更加激烈。知识经济是在市场条件下产生和发展的,同时又作用于市场,引发传统市场的深刻变革。如网络经济已经成为市场的新特征,电子商务将会引发传统市场的变革;日益发展的跨国公司形成"你中有我,我中有你,既互相合作,又彼此竞争"的新局面。一方面,随着不可逆转的全球经济一体化的发展,企业已经进入国际化发展空间,任何企业都要承受国际化企业发展的竞争压力。另一方面,如雨后春笋般出现的中小型企业,从事着灵活多变的专业化生产或服务,并以低成本运营,给高成本运营的规模化企业造成直接的竞争威胁。

工业经济时代依赖完善的基础设施,而知识经济时代依赖生机勃勃的"信息结构"。这个信息结构不仅依赖以计算机为核心的技术进步,从并行处理到互联网,同时依赖人们态度和观念的转变。

7.1.2 全球化竞争压力的推动

20世纪50年代和60年代之前,欧美企业大多以生产成本和产品价格的竞争为焦点,各种有助于实现产品标准化、自动化和规模化大生产的管理手段与技术层出不穷。20世纪60年代以来,消费者需求呈现个性化和多样化的变化趋势,促使企业必须深度关注消费者的需求和潜在的需求,并建立起一个完善的以顾客为中心的服务体系。20世纪80年代后期,全球性资源自由流动和新技术革命,使得任何一个国家的顾客不仅可以从本国产品还能从国外产品中获得满足，这大大加剧了竞争环境的激烈程度。如今，世界上每一个具有潜力的区域市场，只要存在足够的利润空间，随时都会有大量各种不同的企业涌入，并迅速分割市场。

日趋明了的世界市场自由贸易与全球经济一体化的发展趋势，加速了企业外部经营环境中各种不确定因素的暴涨，并对企业提出了快速响应和弹性运营的变革要求——这就是人们通常所说的关系企业生存与发展的"3C"因素。

1. 顾客（Customer）

20世纪80年代初期至今，买卖双方的关系发生了重要变化，现在完全是"买方市场"，顾客主宰着买卖关系，顾客选择商品的余地空间大为扩展。因此，怎样使顾客满意，就成为企业奋斗的目标和一切工作的归宿。亨利·福特一世要将黑色的T型车卖给整整一代美国人的时代早已一去不复返了。

2. 竞争（Competition）

以往那种凭借物美价廉的商品，就能在竞争中稳操胜券的简单竞争方式，已经被多层面全方位的竞争方式——"TSCQ"（T：按合同及时交货或确定新产品上市时间；S：售前咨询服务及售后维护升值服务；C：成本；Q：质量）所取代。谁能提供独特的产品和优质的服务，谁就能赢得竞争。自第二次世界大战以来，世界经济从国际化向全球化演变的趋势日益明显。东南亚经济危机能由一个国家引发而迅速波及整个东南亚，并进而对全球经济构成重大影响，就是这种全球经济一体化的具体反映。全球经济一体化使得原本激烈的市场竞争变得更加激烈。如今，几乎任何一家公司都能感受到来自市场环境的竞争压力。

3. 变化（Change）

在顾客和竞争两股力量演变的背后就有变化的影响，信息时代加快了变化的节奏。正如花旗银行公司总裁约翰·里德（JohnReed）所说："如果有谁认为今天存在的一切都将永远真实存在，那么他就输定了"。所以，杰里米·卡恩认为："不管是微软公司，还是法国航空公司，或是诺基亚公司，它们都面临着越来越变化莫测的客户、市场以及日新月异的科技"。

正是由于这三股力量的影响，企业家们必须寻求获得新的、突破性的生存之路。由于上述三股力量对企业的影响如此深远，现代企业实际上已经很难再按照亚当·斯密制定的商业规则从事商业活动了。企业为了寻求持续的增长，势必借助于新的商业规则。于是，业务流程重组应运而生，并成为世界范围内的浪潮。

7.1.3 信息技术发展的直接动力

1. 信息技术的能动力量

回顾人类历史，从劳动中产生并发展起来的技术革命，始终是推动社会进步的重要力量。但在新的经济环境里，信息日渐取代以往物资形式的各种资源，在现代社会的大生产流通与消费循环中占据支配性的强势地位，并拥有了前所未有的通向财富和价值的顺畅通道。特别是在新技术所创造的新形式的激烈竞争中，信息技术不仅是提高企业竞争力的工具与手段，更是驱动企业改进业务流程的重要能动因素。信息技术大幅提高了企业的竞争能力，大幅提高了企业竞争的起点。信息技术对企业管理创新起到了如下4方面作用：

（1）信息技术是企业参与市场竞争和提高竞争力的工具。

（2）信息技术影响着企业组织机构和运营机制。

(3) 信息技术是促进企业面向未来进行创新的催化剂。
(4) 信息技术是构筑供应链管理体系的沟通渠道和纽带。

2. 信息技术的支持作用

从信息技术进步的角度看，信息技术的发展与应用为业务流程重组（BPR）理论的出现提供了强有力的支持。信息技术对业务流程重组（BPR）的产生与推广的意义可概括为以下4点：

（1）柔性制造系统、精细生产、准时制造和全面质量管理等多种基于信息技术的先进的制造技术和现代化管理方式日臻完善，为 BPR 打造了实施基础。

（2）应用信息技术武装的员工的整体素质明显提高，是保障 BPR 成功实施的前提条件。

（3）很多企业运用信息技术却无法使其充分释放潜能或信息技术应用失败，也是使企业重视 BPR 的重要原因。

（4）信息技术能够有效地帮助企业实施 BPR。

如果说，一个新概念或一种新理论的出现往往标志着时代的变迁，那么，网络经济、知识经济、体验经济、注意力经济和数字经济等新理论的出现；知识管理、信息管理、模糊经营等新理论的问世；知识企业、学习型组织、虚拟公司等新型企业形态的亮相；商业生态系统、数字神经系统、消费者学习等新经营理念的流行；知识工作者、知识总监、虚拟银行家等新企业角色的登台……无不标志着一个崭新经营管理时代已经悄然来临。

7.2 业务流程重组的定义、核心内容和特点

7.2.1 世界管理大师对业务流程重组的定义

1990 年，管理大师 Davenpon 和 Short 将 BPR 描述成为组织内和组织外分析和设计的工作流程和过程。

1993 年，Michael Hammer 和 James Champy 对 BPR 做了如下定义：业务流程重组就是对企业的业务流程进行根本性再思考和彻底性再设计，从而在成本、质量、服务和速度等方面获得戏剧性的改善，使企业能最大限度地适应以顾客、竞争和变化为特征的现代企业经营环境。

Talwar 聚焦于通过价值生成和传递，实现工作、管理系统和外部关系的业务结构、过程和方法的再思考、再结构化和流水线。

1994 年，Petrozzo 和 Stepper 相信 BPR 包含流程、组织和支持信息系统的并行再设计，在时间、成本、质量和客户对产品和服务方面获得彻底改进。

Lowenthal 描述了对操作流程和组织结构的根本性再思考和再设计，焦点在组织的核心竞争力上，以便在组织操作上获得戏剧性改进。

7.2.2 BPR 的核心内容

在 BPR 定义中，根本性、彻底性、戏剧性和业务流程成为备受关注的四个核心内容。

1. 根本性

根本性再思考表明业务流程重组所关注的是企业核心问题，如"我们为什么要做现在

官渡之战

这项工作?""我们为什么要采用这种方式来完成这项工作?""为什么必须由我们而不是由别人来做这份工作?"等。通过对这些企业运营最根本性问题的思考,企业将会发现自己赖以生存或运营的商业假设是过时的,甚至是错误的。

2. 彻底性

彻底性再设计表明业务流程重组应对事物进行追根溯源。对已经存在的事物不是进行肤浅的改变或调整性修补完善,而是抛弃所有的陈规陋习,并且不需要考虑一切已规定好的结构与过程,创新完成工作的方法,重新构建企业业务流程,而不是改良、增强或调整。

3. 戏剧性

戏剧性改善表明业务流程重组追求的不是一般意义上的业绩提升或略有改善、稍有好转等,而是要使企业业绩有显著的增长、极大的飞跃和产生戏剧性变化,这也是业务流程重组工作的特点和取得成功的标志。

4. 业务流程

业务流程重组关注的要点是企业的业务流程,并围绕业务流程展开重组工作,业务流程是指一组共同为顾客创造价值而又相互关联的活动。哈佛商学院的 Michael Porter 教授将企业的业务流程描绘为一个价值链。竞争不是发生在企业与企业之间,而是发生在企业各自的价值链之间。只有对价值链的各个环节——业务流程进行有效管理的企业,才有可能真正获得市场上的竞争优势。

根据事务成本理论的建议,在等级体系和市场之间一定存在一种平衡,用来最小化事务成本。同样的,在功能结构和流程结构之间也存在一种平衡。每个企业应该能够根据它特有的环境,在根本性、彻底性、戏剧性和业务流程四个核心内容的基础上,调整这种平衡。

7.2.3 BPR 的特点

BPR 提供了价值链流程优化的可行手段,它具有如下特点:

1. 以流程为导向

大部分企业是以任务、人力资源或结构为向导。企业实施 BPR 就要打破传统的思维方式,以活动流程为中心实施改造,并注意如下原则:

(1) 将分散在功能部门的活动,整合成单一流程,以提高效率。
(2) 在可能的情况下,以并行活动取代顺序活动。
(3) 促进组织扁平化,以提高企业内的沟通效率。

从 BPR 的视点出发,无论企业采用流程重设计观、项目管理观,还是工作流自动化观,都必须关注企业业务流程的优化和自动化,如图 7-1 所示。

2. 目标远大

BPR 要求的绩效提升不是 5% 或 10%,而是 70%~80%,甚至是 10 倍以上的效率,这是 BPR 与全面质量管理等现代管理技术的最大不同。宏伟的目标增加了 BPR 实施的难度和风险,使它成为一项复杂而长期的系统工程。

3. 打破常规

打破常规是 BPR 的一个本质特点。首先要从思想上破除劳动分工等一切传统的管理原则,建立新型的面向市场的管理体制。

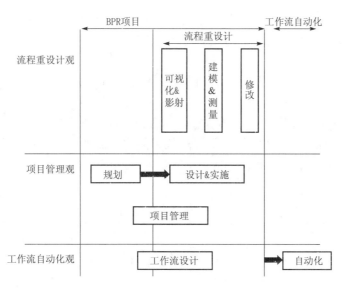

图 7-1　BPR 的视点

4. 创造性地应用信息技术

信息技术是企业实施 BPR 的推动力。正是信息技术的发展与应用，使企业能够打破陈旧的制度，创建全新的管理模式，使远大的目标得以实现。信息技术的应用，确实改善了人们的工作条件，提高了工作效率。信息技术的真正能力不在于它使传统的工作方式更有效率，而在于它使企业打破了传统的工作规则，并创造新的工作方式。因此，BPR 不等于自动化，它关注的是如何利用信息技术实现全新的目标，完成从未做过的工作。

创造性地应用信息技术的目的，在于利用信息技术寻找增值的机会。业务流程重组并不是进行局部修补，而是要从根本上优化业务流程。面对复杂的业务流程，首先需要分解流程、描述和评估流程，分析确认流程缺陷。在流程缺陷分析过程中，主要就是寻找影响价值增值的关键点。根据流程中各个环节重要程度的大小，从大到小地进行重组，并及时评估重组后的流程。

明确了流程缺陷，还需要进一步寻找弥补缺陷的技术。信息技术作为业务流程重组技术发展的外在动力，不仅使业务流程构造的价值链获得了增值的空间，而且，也不断暴露出信息技术自身的缺陷。可以认为，弥补信息技术缺陷的过程就是业务流程重组的过程如图 7-2 所示。

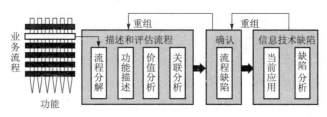

图 7-2　寻找信息技术缺陷的流程

从本质上讲，分析企业的基本特征和业务流程重组的关键成功因素，就是寻找信息技术缺陷的过程。企业的业务流程就是在寻找缺陷和消除缺陷的交替过程中，得到不断优化的。

因此，业务流程重组应该是一个动态过程。对于这样一个动态系统不仅缺乏可参照的衡量标准，而且也缺乏有效的调控手段，出现了较高的失败率。

7.3 供应链流程整合的障碍

有些因素会阻止外部供应链 SCM 流程的整合，导致信息失真、更长的周期时间、缺货和"牛鞭"效应，带来更高的整体成本并降低了的客户服务能力。经理们应该发现这些障碍并采取步骤减少它们，提高供应链成员的利润水平和竞争能力。表 7-2 总结了这些障碍，并在下面逐个进行讨论。

表 7-2 供应链整合的障碍

障碍因素		具体表现的说明
观念陈旧		没有看到全局，只是从公司中的单独部门或是供应链中的单独公司角度出发采取行动
缺乏供应链可视性		不能容易地分享或者是重新得到贸易伙伴的实时信息，而这些信息都是供应链参与者所急需的
缺乏信任		不愿意与其他人合作分享信息，担心其他人会从中获取优势或者不道德地使用信息
缺乏知识		缺乏流程和信息系统，公司内部和外部公司管理层和员工缺乏对 SCM 的知识
导致"牛鞭"效应的行为	需求预测更新	应用变化的客户订单建立和更新预测、生产进度和采购需求
	批量订货	从客户那里接到不常发生的大批量订货，以减少订货频率和运输成本
	价格波动	向买家提供折扣价，导致不确定的购买模式
	定量配给和缺货原理	向买家定量分配所缺货物，促使买家增加订货数量，而这个数量是超出它们实际需要的

7.3.1 观念陈旧

公司常常不能意识到它们的行为对供应链，对长期竞争力和盈利水平有哪些影响。这种"我赢你输"的陈旧观念表现在使用最便宜的供应商，对客户给予很少的关注，对新产品和服务配置很少的资源。最终这样的公司会在质量、成本、运送时间和客户服务等方面制造出对供应链有害的许多问题。Best Buy 公司的物流和运输副总裁韦恩·伯恩在最近的一篇文章中指出，在供应链管理中最难克服的障碍就是存在于许多公司的陈旧观念。在公司内部也存在各部门之间相互隔绝的"筒仓"效应。例如，运输经理希望将全年的运输成本压到最低，从而无意中造成安全库存过高、缺货以及客户服务水平的恶化。

为克服观念陈旧，公司必须将供应链的目标和公司的目标与激励措施相统一。在制定某个职能部门的决策时也要考虑对全公司以及对整个供应链的影响。对公司经理的绩效评估要包括整合内部和外部流程以及满足整体供应链目标的能力。在公司外部，经理必须做工作，教育供应商和客户考虑它们的行为对整个供应链和终端客户的影响。这是建立供应链合作伙伴关系和流程管理的重要内容。最终，对供应商应该每年进行一次评估，如果它们的供应链没有改进的话就要换掉这家公司。

7.3.2 缺乏供应链可视性

在供应链中缺乏信息的可视性也是导致供应链整合出现问题的一个因素。在 2002 年的一次调查中显示，有 2/3 的制造企业没有将它们的供应链运作与贸易伙伴保持同步。另外，有 2/3 的被访者声称它们所使用的供应链管理工具与合作伙伴的不同，这阻碍了外部信息的获取，并且限制了信息的可视性。如果贸易伙伴的信息不能很轻易地更新和共享，并且不得不花费很长时间从它们的 ERP 系统或者原有系统上筛选出有用的数据传递到其他贸易伙伴的系统上进行更新，那么在这上面耽误的时间就意味着丢失终端客户，造成供应链成员间更高的成本。如今供应链软件开发企业正在努力克服这个问题。

真假美猴王

无线射频辨识（RFID）技术为供应链提供了实时信息的可视性。RFID 标签比 UPC 和条码技术提供更为准确的、针对性更强的和更及时的信息，同时减少了与此相关的人工时间和人为错误。当今的技术部门和使用者协会为 RFID 领域制定了标准和电子产品条码（Electronic Product Code，EPC）。例如，贴在汽车座椅或者是发动机上的 RFID 标签，可以用来收集和交换在制品的信息。另外，有关产品、生产和供应商的信息可以存入标签，用来辅助支持产品担保项目。

7.3.3 缺乏信任

在贸易伙伴之间的成功整合需要信任。除了观念陈旧和缺乏信息可视性，缺乏相互信任也被视为供应链管理中的一个主要绊脚石。在供应链合作伙伴当中，当你赢得了信任，你也就在某个业务领域赢得了声誉。虽然这种观点是老生常谈，但相互信任的关系的确会带来双赢的结局，或者是

思政之窗

合作伙伴之间多赢的结果。Spalding 公司与沃尔玛合作，带来的是双赢的结局。沃尔玛公司给 Spalding 公司提供预测和销售点信息，目的是帮助 Spalding 公司保持较低的库存水平并更好地满足沃尔玛的需求。其结果是在沃尔玛很少会出现 Spalding 公司的货物缺货的情况，同时沃尔玛更容易接受 Spalding 的产量和成本。

《CCIO》杂志是一本专门针对 IT 执行经理和其他执行经理的杂志，有一篇文章将建立合作与信任的建议进行了汇总。建议提出了 6 条正确的方法：

（1）从小处着手。先从一个小范围开始合作。先拿一个小项目，比如说相互通报投资情况。一旦你能看到信任与合作的好处，再开始更大一些的项目。

（2）从内部挖潜。与外部合作伙伴建立信任关系的前提是公司内部能够建立信任关系。消除内部沟通和整合的障碍。

（3）圆桌会议。建立信任的最好方法就是大家面对面地开圆桌会议。倾听别人的反对意见，制定议程，一起午餐。当有人离开或管理层变更时，重新做这些事情。

（4）争取双赢。合作是一种新方法，大的公司不采取威逼的方法对待合作的小公司，而是培育一个环境，让供应链成员的业务最大化。

（5）有所保留。没有人会毫无保留地分享所有信息。有些信息是私人所有的。关于需求、采购和预测信息，即使是简单地交换也会有很长的过程。

（6）现在就做。建立信任的一个最简单的方法就是开始信息共享。如果一切进展良好，成功培育了信任，合作伙伴就可以开始做更大的事情。

7.3.4 缺乏知识

公司转向协作和流程整合已经许多年了，但直到现在科学技术才算跟上了脚步，使整个供应链范围的流程整合成为可能。企业若想成功管理其供应链，就要花费大量的时间去影响和提高公司的企业文化、信任和整合知识，不仅是针对自己还包括合作伙伴。变革和信息共享会给某些人带来威胁感，他们会担心工作的安全性，特别是将公司的整合外包。

在企业构建供应链信息架构时，它们或许会意识到自己拥有多重 ERP 系统、一个生产管理系统的框架和桌面分析与设计软件，这些都需要进行内部和外部的整合。公司必须意识到使用系统的公司必须尽早参与整合，包括采购决策、实时流程的设计和培训。

对所有企业来说，成功的供应链管理都需要一个体制来保证持续的培训。当教育和培训缩减时，创新就不会出现，没有创新就没有供应链的竞争优势。人们所犯的错误会在供应链中产生极大的影响，使人们失去信心和相互信任，错误在供应链中传递会导致错误扩大化并产生更大的修复成本。公司应该向员工提供进行分类的学习模型，而不是将所有信息一股脑地塞到一个项目中。行业展会、研讨会和其他一些展示的机会，如前沿解决方案博览会，供应管理协会每年的采购与供应链管理研讨会和统一条码委员会的年度会议都是一些很好的学习机会，可以就供应链管理方面交流想法，收集信息。

7.3.5 导致"牛鞭"效应的行为

"牛鞭"效应在供应链中是一个非常普遍且代价高昂的问题，其成因是各家供应伙伴必须加以控制的。即使终端产品的需求是相对稳定的，然而预测和相关的订货会沿着供应链上行而扩大化，导致我们所说的"牛鞭"效应。这个需求的变化导致在能力规划、库存控制、劳动力和生产进度安排方面出现问题，最终导致较低的客户服务水平和较高的整体供应链成本。下面介绍导致"牛鞭"效应的4项主要原因和克服它们的方法。

1. 没有进行需求预测更新

当一家公司下了一个订单，卖家用这个订单的信息作为预测将来需求的数据。根据这个信息，卖家更新它们的需求预测并相应调整对它们的供应商的订货要求。当下订单和实现送货之间的时间延长时，包括在订货数量中的安全库存的数量也要随之增加。因此当订货的数量和周期变化时，会导致变动的范围扩大和频繁的需求预测更新。这是导致"牛鞭"效应的主要因素。

解决这个问题的第一个方案就是向公司的供应商提供实际的需求数据。更好的情况是所有销售点的数据可以提供给上游的供应商，所有供应链成员可以使用相同的信息，减少更新需求预测的次数。这些实际的信息还可以减少供应链成员间的安全库存，甚至减少供应链中订单的变化范围。因此，供应链中信息的可视化也是非常重要的。

解决这个问题的第二个方案是使用 VMI。使用相同的预测技术和购买方法，还会带来供应链成员之间稳定的需求变化。在许多情况下，买家允许供应商了解它们的需求，建立预测，自行决定再供货的时间表，这就是供应商管理库存（Vendor Managed Inventory，VMI）。这种方法可以大量地减少库存。

解决这个问题的第三个方案是缩短供应链的长度。缩短供应链的长度也可以减少"牛鞭"效应的影响，因为这样减少了预测的发生。这方面的案例有戴尔公司、亚马逊公司和其他一些绕过批发和零售，直接面向消费者的公司。这样公司就可以看到最真实的客户需求，进行更加准确的预测。

解决这个问题的第四个方案是减少订货周期。减少订货周期也可以降低"牛鞭"效应。建立 JIT 订货和运送能力，形成小批量多批次的订货和运送，让供给和需求更加贴近。

2. 存在批量订货

在一个标准的买家、供应商环境中，需求消耗着库存，一旦达到补货的临界点时，买家就向供应商订货。库存水平，安全库存以及订购整车、整箱货物的急切程度，决定货物是一月订一次还是多长时间订一次。因此，供应商只是在某个时间得到一批货物的订单，其他时间则没有任何订货。这种批量订货的办法扩大了需求的变化范围并加重了"牛鞭"效应。另一种类型的批量订货是销售人员为实现季度和年度销售目标，或者是买家为完成年度采购预算而进行订货。这些不确定的、阶段性的消费和生产高峰也加重了"牛鞭"效应。如果这个高峰期对公司的许多客户来说都是相同的，那么"牛鞭"效应会更加严重。

和预测更新一样，信息的可视化和使用频繁小批量的订货可以减少批量订货带来的问题。如果供应商知道大批量的采购是为了完成支出预算，它们将不会根据这些信息进行预测。而且，如果公司使用自动化的或计算机辅助的订货系统，订货成本减少了，可以帮助公司实现频繁订货。为了克服对整车和整箱订货的需求，公司可以订购很多品种的货物，但每种的数量较少，或者使用货运代理将小批量的货物汇总在一起发运，避免零担运输较高的单位商品成本。

3. 存在价格波动

当供应商有特别的促销活动、数量折扣或其他价格优惠时，这个价格的波动会在很大程度上导致买家提前购买的行为，通过库存来享受这种低价。提前购买的行为发生在零售商与消费者之间、批发商与零售商之间、生产厂家和批发商之间，可以发生在供应链有价格优惠的任何一个环节。这些都造成了不稳定的购买模式和"牛鞭"效应。如果这种价格折扣是经常发生的情况，公司就会在没有折扣的时候停止购买，只有在提供折扣的时候购买，这更加重了"牛鞭"效益。为应付这样的需求波动，生产厂家不得不通过加班和停工来解决这种生产能力的变化，还需要找到新的地方保存库存，支付更多的运输费用，当库存时间较长时还要支付更多的保管成本和货损成本。

解决这个由价格变化带来的问题，很显然的办法就是在供应链成员之间减少价格的折扣情况。生产厂家可以向客户提供统一的批发价格来消除它们提前购买的打算。许多零售商都采取了天天低价的战略，减少促销带来的提前购买行为。同样，买家可以和供应商协商要求提供天天低价而不是促销。

4. 存在定量配给和缺货原理

当需求超过供应商的可供能力时就需要采取定量配给的方法。在这种情况下，供应商可以按照一定的比例将产品分配给买家。如果可供产品占到所订货物的 75%，买家可以分配到它们所订货物的 75%。当买家计算出他们的订货与所供应的货物之间的关系，他们会倾向于多订货，从而让按照一定比例得到的货物能完全满足他们的需要。这个订货战略被称为缺货原理。当然这就进一步加剧了供应的问题，因为供应商以及供应商的供应商都要努力实现高于实际的订货需求。从另一方面考虑，如果生产能力在经过提高后可以满足所有的订货要求，则订货需求会突然降低，甚至低于实际需求，因为买家要清空它们以前的多余库存。这种情况在美国和世界其他国家都发生过，例如石油供给。当消费者意识到短缺马上邻近，当人们用完他们的油桶或者是想储存一批石油的时候，需求会突然增加，这样会制造真正的短缺。当这种短缺发生的时候，供应商很难了解真正的需求，这会导致不必要的生产能力、仓储空间和运输投资的增加。

避免缺货原理发生的第一种方法是卖家根据历史上客户的需求数据进行货物配给。在这种情况下，客户是无法增加它们的订货量的。第二种方法是在生产厂家和客户之间共享生产能力和库存信息，也可以帮助客户减少对缺货的恐惧并避免超出实际需求的虚假订货。第三种方法是和供应商一起分享订货信息，可以让供应商增加供货能力，避免定量配给的发生。

因此，对买家采取的一些定量配给的决策被视为导致"牛鞭"效应的原因之一。随着贸易伙伴应用前面所叙述的战略减少"牛鞭"效应，收集和分享增长信息，供应链中的流程整合也会随之实现。努力分享数据、预测、计划和其他信息的公司可以在很大程度上减少"牛鞭"效应。

7.4 供应链整合模型

图 7-3 介绍了供应链整合模型，下来分别介绍。

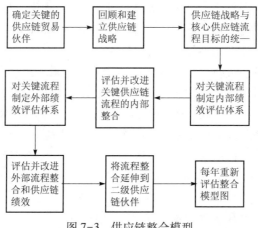

图 7-3 供应链整合模型

7.4.1 确定关键的供应链贸易伙伴

对每一家公司的产品和服务而言，确定关键的贸易伙伴对成功地销售和运送产品到客户手中非常重要。但这项工作非常困难和麻烦，特别是供应链中包括许多业务以及公司将这个范围扩展到二级甚至三级供应链伙伴。确定主要的贸易伙伴，可以帮助公司充分利用时间和资源来管理公司的重要业务流程，使供应链运转良好。如果考虑所有非主要或者是辅助的业务，则对成功的供应链管理不利。在一份有关供应链的经典文章中，兰伯特、库珀和帕哥将供应链伙伴定义为"那些独立的公司或者战略性的业务单元，从事与经营和管理相关的行为，这些行为的目的是为特定的客户和市场提供产品和服务"。

根据公司在供应链中所处的位置（靠近最初供应商、靠近最终消费者还是处于中间的某个地方），主要贸易伙伴的网络结构会有所不同。画一张主要贸易伙伴的网络图可以帮助企业决定将哪些业务纳入供应链管理当中。例如，一家有许多核心供应商和客户的公司，为实现对供应链的成功管理就会减少需要整合的流程数量，减少与二级供应商建立关系。

7.4.2 回顾和建立供应链战略

管理层每年都必须针对它的每项产品和服务重新回顾供应链的基本战略。如果某项终端产品是基于质量竞争的，那么供应链伙伴也要应用高质量产品战略，同时提供有竞争力的价格和服务。这个战略需要转化成公司内部各功能部门的方针，同时考虑到它们采购的零部件和选用供应商的类型、商店的布局和生产的流程、产品的设计、运输方式、提供的担保和退货的服务、员工的培训方法、使用的信息技术的类型、潜在的可以外包环节的规模。上述每个环节的战略都要调整为支持全局的以质量为导向的供应链战略。

同样道理，如果最终产品是基于成本进行竞争的，那么供应链中的每个成员都要将整体战略和功能部门的战略调整为以采购和生产低成本的中间产品和服务为目标。随着竞争、技术和客户需求的改变，管理层必须及时调整供应链和内部战略以保持竞争力。

7.4.3 供应链战略与核心供应链流程目标的统一

一旦关于供应链中每项终端产品的战略明确之后，经理就需要明确连接每家供应链伙伴的重要流程，并建立流程的目标，以确保每家公司所提供的资源和努力是有效配置的，能够支持整体的终端产品战略。核心流程以及用来整合、管理供应链伙伴之间流程的方法，要根据每家公司的内部结构、市场上主导的经济状况、供应链中现有关系的本质而不同。在一些情况下，与一家贸易伙伴最好是整合一项核心流程，而与其他的贸易伙伴则整合多项流程。

根据兰伯特、库珀和帕哥的调研显示，供应链中8个流程被视为重要的流程。这些核心供应链流程总结在表7-3中。

表7-3 8个核心供应链流程

流　程	说　明
客户关系管理	明确核心客户，按需定制产品和服务，衡量客户的利润率和公司对客户的影响
客户服务管理	为客户提供相关信息，如可用产品、发运日期、订单状态、产品与服务协议的管理
需求管理	根据公司产出能力考虑客户需求，预测需求并协调生产、采购和分销
订单执行	将公司的市场、生产和分销同步，以满足客户的需求
生产流程管理	确定生产流程需求，以灵活性和周转率的恰当组合来满足需求
供应商关系管理	管理与供应商的产品和服务协议，与核心供应商建立紧密关系
产品开发和商业化	不断开发新产品并将它们投入市场，将流程中的供应商和客户整合在一起，缩短上市时间
退货管理	管理旧货的处理和产品的召回，以及将各种要求打包和尽量减少将来的退货

上述 8 个流程中的每个流程都要有自己的目标，用于指导企业建立供应链战略。另外，公司内部各个流程的目标要相一致，有利于公司进行内部流程整合，同时要将所采取的行动与公司资源纳入供应链整体战略中去考虑。例如，如果公司的供应链战略是进行低成本竞争，那么客户关系管理流程中的市场目标就是发现便宜的运送方式，建立供应商管理库存（VMI），并将客户订单处理的流程自动化；生产目标就是采用大包装以适应运输和配送的需要，增加大规模生产的能力，为某个产品寻找总成本最低的生产地点；采购目标就是寻找满足要求的最便宜的物料和零部件，如果可能的话应利用反向拍卖。公司层面则采取和各个核心流程类似的方法，从不同的职能部门抽调人员组成项目小组，来制定公司层面的目标。

7.4.4 对关键流程制定内部绩效评估体系

企业在可以评估供应链中合作伙伴的绩效之前，必须有能力建立良好的内部绩效评估体系。绩效评估需要和整体的供应链战略和各流程的目标相一致。为了确保各流程支持供应链战略，要使用专门针对每个流程设计的标准对绩效进行持续的评估。

随着很多公司投资于 ERP 系统，它们建立有效的内部绩效评估的能力也随之提高。以道康宁公司为例，管理层成员使用统一的定义和报告模板进行绩效评估，帮助他们找到最好的绩效评估体系以便在全公司推广。

对客户关系管理流程的绩效评估要渗透到公司的每个部门。设计这些评估体系的责任也可以由建立内部职能目标的项目小组来完成。因为在这里目标是成本驱动的，绩效评估体系也要反映这个标准。对于客户关系管理流程，营销中的绩效评估就是平均运送成本、新 VMI 账户的数量、新 VMI 订货和维持库存的平均成本和在过去的某段时间应用系统进行自动订货的数量。对于生产流程，绩效评估应该包括每批订单的平均包装成本、每次开工的平均日产量和每次订货的平均单位成本。对于采购流程，对客户关系管理目标的绩效评估应该包括每项采购产品的平均采购成本，在某段时间内采用反向拍卖达成的交易占多大比例。每项核心业务流程的绩效评估体系和它们的流程目标会比较类似。这样，关键流程的绩效评估就可以帮助公司跟踪每项流程的执行情况以达到流程目标。

7.4.5 评估并改进关键供应链流程的内部整合

成功的供应链管理要求公司内部各职能部门之间和外部的合作伙伴之间的流程协调统一。实现企业内部的流程整合要求从原有的条块分割状态转变为项目小组状态，实现跨部门的合作。为达到这一目标，从事推动整合的人员必须有高层的支持、相关的资源并被授权进行有效的组织变革，培育合作的氛围，辅助实现整体的供应链战略。建立跨部门的小组来建立核心流程目标和绩效评估体系是实现内部流程整合的良好开端。

帮助企业实现整合的主要手段是公司 ERP 系统的应用。ERP 系统提供了整个公司的视野，帮助每个部门的决策者及时了解客户订单信息、生产计划、在制品和成品的库存、外部商品的运输、采购订单、内部物品的运送、采购物品的存储、财务和会计信息。ERP 系统连接业务和生产，使各部门之间实现信息共享。因为主要业务流程会涉及每个部门，所以应用 ERP 之后，公司最终变成了以流程为导向，而不再是以前的以部门为导向。公司内部跨部门的信息可视化帮助企业实现了内部的流程整合。

在评估企业内部核心业务流程整合时，公司应该首先勾画出一个容易理解的公司内部供应链。内部供应链或许很复杂，特别是当公司在全球范围内有多个分支和组织架构的时候。因此公司需要明确，制定流程目标和评估体系的项目小组的成员应该来自每一个分支机构和业务单元。这些跨部门的项目小组应该很好地代表公司内部供应链各环节的需求。

一旦公司对内部的供应链有了清晰的认识，就可以开始评估公司内部供应链应用信息的水平。公司有一个独立的、连接各部门的、在全公司范围内应用的 ERP 系统吗？公司各种原有系统都和现有 ERP 系统连接吗？获取辅助决策的信息是否很容易？是否应用数据仓库收集从各部门汇总上来的信息？已经成功进行核心业务整合的公司正在应用全球 ERP 系统和数据仓库进行更好的决策。数据仓库从某地的 ERP 系统和原有系统中收集并存储数据，使用者从数据仓库中提取分析数据，进行决策。

全球范围应用的 ERP 系统允许公司应用统一的数据库进行有关生产、客户和供应商的决策。信息一次性录入，减少录入错误；信息实时提供，信息共享，减少在全公司范围内传递的延误；信息在全公司范围内可视化，使系统的每个用户都可以看到发生的每笔交易。当公司完全替换掉原有系统，应用完全整合的 ERP 系统时；当全公司范围内的跨部门小组建立起来，将核心业务流程与和供应链联系在一起时；当各流程的运营得到监督和提高时，公司就可以在整合的状态下全身心投入核心供应链流程的管理。

7.4.6 对关键流程制定外部绩效评估体系

在完成前面提到的内部绩效评估的同时，公司还应该建立外部的绩效评估体系，来监控与贸易伙伴在核心供应链流程中的合作。同时，与建立内部评估体系的方法一样，由各主要贸易伙伴代表所组成的项目小组应该设计与供应链战略相一致的评估体系。

合作伙伴应该制定一些以成本为导向的评估体系，贯穿供应链的主要业务流程。对于客户关系管理流程，应该包括平均运送成本、加急订单成本、VMI 维护成本、成品的安全库存成本、退货成本和货损成本。这些评估体系应该和内部各流程的评估体系相吻合，但根据参与公司在采购、生产、分销、客户服务等方面的不同而有所不同。

7.4.7 评估并改进外部流程整合和供应链绩效

公司不断减少绩效不佳的供应商和不好的客户，将更多的努力留给剩下的供应商和客户，与它们建立互惠互利的战略联盟。通过外部流程整合来建立、维护和加强这些关系。当供应链合作伙伴之间的流程整合得以改进时，供应链的绩效也就改进了。当公司的内部流程整合达到一个令人满意的程度时，它们就开始进行外部供应链流程的整合。

供应链贸易伙伴必须关注销售和预测信息的共享，同时还有新产品信息、扩张计划、新流程以及为提高供应链每个成员的利润而开展的市场规划。关注流程整合可以使这些公司更容易合作和分享信息。和内部流程整合一样，组织和制定绩效评估体系的项目小组应作为完成外部流程整合的主要力量。这个小组可以决定供应链流程的目标，以及为实现这些目标而必须共享的信息。一旦每个流程的绩效评估体系制定出来，就可以用这些评估体系来发现流程整合的不足和供应链的劣势。所有供应链的公司都应该阶段性地评估各自的运营和整合水平，并展开合作提高这个水平。

信息的沟通方式在外部流程整合中同样扮演重要的角色。如今通过互联网将买家和供应商的虚拟公司联系在一起是供应链整合的主要方式。提供这种供应链整合能力的公司有 i2

公司、迈极咨询和 SAP AG，同时仁科和甲骨文公司也在这个领域积极赶上。供应链沟通技术主要解决如下一些问题：处理公司之间商品的流动、合同的协商与执行、鼓励合作伙伴之间的供应与需求、订货与订单的执行、财务安排和所有要求极高安全性的事项。时至今日，几项标准已经被广泛采用。其他一些公司也都参与建立基于互联网的协作架构，来满足应用现有系统和 ERP 系统进行沟通的需求。例如，IBM 公司推出的 WebSphere 应用服务器、BEA 系统和太阳微系统推出的 iPlanet 应用服务器。

7.4.8 将流程整合延伸到二级供应链伙伴

随着供应链关系变得更可信赖和更加成熟，供应链软件连接合作伙伴的 ERP 系统和原有系统被广泛应用，下一步的趋势就是要整合二级甚至更下一级的合作伙伴。如今，供应链软件商将系统研制得更容易与其他系统整合，实现供应链合作伙伴之间预测、销售、采购和库存信息的共享。以惠尔浦为例，使用 i2 公司提供的协同软件能够及时看到销售信息并与零售商一起进行预测。阿尔卡特公司应用甲骨文的 eBusiness Suite 及其 Advanced Planning 应用程序和计划应用系统来与它的供应商共享计划和生产进度安排。应用这些系统，公司可以实时与供应商和客户对比预测和订单信息，决定供应和需求的匹配并分析供应商的运营情况。

如今每个软件开发商都想将自己的供应链工具软件更容易地与其他现有系统对接，使公司在供应链的任何一个环节都可收集信息。最新开发的一项技术就是无线射频辨识标签（Radio Frequency Identification Tag，RFIDtag）。这个微小的芯片可以贴在一件商品上，对外发射这件商品在供应链中移动的信息。这样一家公司的供应链系统就可以实时接入库存信息，当库存低于预设状态时就会启动补货订单。RFID 的价格现在已经足够低（大概每个 5 美分），经济实用。例如吉列公司应用 RFID 在沃尔玛进行了尝试。这项名为"聪明的货架"的项目是在货架上安装能够接收商品标签信号的装置。当货架上的商品数量较少时，库房的工作人员就被通知去给货架补货。当库房的货物较少时，商店就得到通知，进行订货。

在开发这些供应链应用软件之前，整合二级甚至更下一级供应商和客户的工作是非常复杂和耗费时间的。公司可以同二级供应商建立关系并要求一级供应商与这家公司合作，允许这家二级供应商与一级供应商的联盟成员紧密合作解决问题，并帮助二级供应商更好地管理它们的供应商联盟。为保持竞争优势，公司必须既使用先进的信息系统，同时又采用传统方法，与客户、供应商项目小组一起来确定并管理供应链中的二级关系。

7.4.9 每年重新评估整合模型

考虑到供应链信息系统正以难以想象的速度发展，新的产品、新的供应商、新的市场也都在不断涌现，贸易伙伴应该每年对整合模型进行复查，发现供应链中的变化并及时评估这些变化对整合的影响。新的供应商或者会带来更好的供货能力、更多的分销选择和更好的资源；或者公司重新设计了一个以前的产品，要求采购不同的零部件和供应商的能力；或者公司进入了一个新的外国市场，要求一整套全新的供应链。这些情况都经常出现，并要求公司重新评估它们的供应链战略、目标、流程以及绩效评估体系和整合水平。例如，宝格丽（Bulgari），世界第三大奢侈品公司，最近几年推出许多新款产品，并在零售商店和独立经销商的网络内采用 3R（正确的产品，正确的地点和正确的时间）系统，帮助公司改进需求预测和库存计划。

7.5 供应链管理环境下的企业组织与业务流程的主要特征

供应链管理环境下的业务流程有哪些特征，目前还是一个有待于进一步研究的问题。本节从企业内部业务的变化、制造商与供应商之间的业务关系的变化以及信息处理技术平台 3 个方面，讨论给企业业务流程带来的变化。

7.5.1 制造商与供应商之间业务流程的变化

在供应链管理环境下，制造商与供应商，或者制造商与分销商、供应商与供应商之间一般要借助于因特网或 EDI 进行业务联系，由于实施了电子化商务交易，因此许多过去必须通过人工处理的业务环节，在信息技术的支持下变得更加简捷了，有的环节甚至不要了，从而引起业务流程的变化。例如，过去供应商企业总是在接到制造商的订货要求后，再进行生产准备等工作，等到零部件生产出来，已消耗很多的时间。这样一环一环地传递下去，导致产品生产周期很长。而在供应链管理环境下，合作企业间可以通过因特网方便地获得需求方生产进度的实时信息，从而可以主动地做好供应或出货工作。例如，供应商企业可以通过因特网了解提供给制造商配件的消耗情况，在库存量即将到达订货点时，就可以在没有接到制造商要货订单前主动做好准备工作，从而大大缩短供货周期。由于这种合作方式的出现，原来那些为处理订单而设置的部门、岗位和流程就可以考虑重新设计。

7.5.2 企业内部业务流程的变化

供应链管理的应用，提高了企业管理信息计算机化的程度。从国外成功经验看，实施供应链管理的企业一般都有良好的计算机辅助管理基础，不管其规模是大还是小。借助于先进的信息技术和供应链管理思想，企业内部的业务流程也发生了很大的变化。以生产部门和采购部门的业务流程关系为例，过去在人工处理条件下，生产管理人员制定出生产计划后，再由物资供应部门编制采购计划，还要经过层层审核，才能向供应商发出订货。这是一种顺序工作方式的典型代表。由于流程较长，流经的部门较多，因而不免出现脱节、停顿、反复等现象，导致一项业务要花费较多的时间才能完成。在供应链管理环境下，有一定的信息技术作为支持平台，数据可以实现共享，并且可以实现并发处理，因而使原有的顺序工作的方式有可能发生变化。举例来说，生产部门制定完生产计划后，采购供应部门就可以通过数据库读取计划内容，计算需要消耗的原材料、配套件的数量，迅速制定出采购计划。通过查询数据库的供应商档案，获得最佳的供应商信息，就可以迅速向有关厂家发出要货单。更进一步地，可以通过因特网或 EDI 直接将采购信息发布出去，直接由供应商接受处理。

7.5.3 支持业务流程的技术手段的变化

供应链管理环境下企业内部业务流程和外部业务流程的变化也不是偶然出现的。我们认为至少有两方面的原因。一是"横向一体化"管理思想改变了管理人员的思维方式，把企业的资源概念扩展了，更倾向于与企业外部的资源建立配置联系，因此加强了对企业间业务流程的紧密性；二是供应链管理促进了信息技术在企业管理中的应用，使并行工作成为可能。在信息技术比较落后的情况下，企业之间、企业内部各部门之间的信息传递都要借助于纸质媒介，制约了并行处理的工作方式。即使能够复制多份文件发给不同部门，但一旦文件内容发生了变化则很难做到同步更新，难以保证信息的一致性。在这种落后的信息处理情况下，顺序处理就成了最可靠的工作方式。现在情况不同了。为了更好地发挥出供应链管理的潜力，人们开发了很多管理软件，借助于强大的数据库和网络系统，供应链企业可以快速交换各类信息。共享支持企业不同业务及其并行处理的相关数据库信息，为实现同步运作提供了可能。因此，实施了供应链管理的企业，其对内和对外的信息处理技术都发生了巨大变化，这一变化直接促使企业业务流程也不同程度地产生了变化。

7.6 基于供应链管理模式的企业业务流程模型

在供应链环境下，企业间的信息可以通过 Internet 传递，上、下游企业间的供、需信息可以直接从不同企业的网站上获得。这样可以简化上游企业的业务流程，如图 7-4 所示。

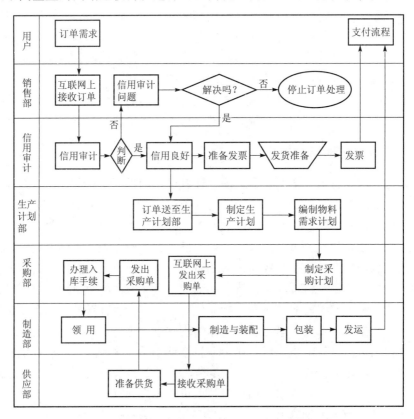

图 7-4　供应链管理环境下跨企业业务的流程模型

从图中可以看出，与一般情况下的企业与用户方的业务交往不同的是，处于供应链上的企业（如某供应商）不是被动地等待需求方（如用户或供应链下游的企业）提出订货要求再来安排生产，而是可以主动地通过 Internet 了解下游企业的需求信息，提前获取它们的零部件消耗速度，这样一来就可以主动安排好要投入生产的资源。在这种情况下，生产管理部门具有一定的主动权，销售部门不是生产部门的上游环节，而是和生产部门处于同一流程的并行环节上。在这种流程模式下，减少了信息流经的部门，因而减少了时间消耗。此外，由于流程环节少了，也减少了信息的失真。在本流程模型中，销售部门所获取的信息作为发货和资金结算的依据。

采用这种模式的企业提高了对需求方的响应速度，因此比潜在的竞争对手更有竞争力。由于可以为需求方提供及时、准确的服务，节省了需求方为向供应商发出订货信息而花费的人力和时间，因而大受下游企业的欢迎。在这方面已有一些成功的例子。例如，美国一家为其他公司提供零部件的企业，为了增强竞争力，采取了通过互联网了解下游企业零部件消耗速度的方法，可以及时、准确掌握需求方对零部件的需要时间和数量，本企业在不必接到下游企业要货令的情况下，就能事先做好准备工作，并且及时生产出来，在需求方需要的时候已经出现在生产第一线，深受需求方企业的欢迎，更重要的是双方共同提高了竞争力。

供应链管理环境下的企业间完成供需业务的流程也同样发生了变化，如图7-4所示。制造商和供应商之间通过互联网实现信息共享，双方又已建成了战略合作伙伴关系，每个企业在整个供应链中承担不同的责任，完成各自的核心业务。

7.7 供应链管理业务流程重组

7.7.1 概述

借助于业务流程重组技术，可以进一步优化供应链管理体系，追求高效益和低成本，使企业能够在激烈的市场竞争环境中，获得核心竞争力，如图7-5所示。

在供应链管理模型中主要包含活动、资源和产品三个基本要素，业务

图7-5 业务流程重组的目标

流程重组就是优化活动流程，整合供应链网络中的资源，实现高效益、低成本的产品生产。在供应链体系中，应该打破企业之间的界限，建立包含企业内和企业外活动的优化组合，将企业内的价值链转换成增值能力更强的企业间的价值链。供应链描述了一种联盟结构，采购企业联盟—生产企业联盟—销售企业联盟，这是一种增值能力更强的价值链，如图7-6所示。

供应链管理的实践，已经扩展成为一种所有节点企业之间的长期合作关系，超越了供应链初期以短期的、基于某些业务活动的经济关系，使供应链从一种作业性的管理工具上升为管理性的方法体系。供应链管理是一种集成化管理模式，它追求的最终目标是整体结构优化下最大限度地满足客户需要。供应链管理模式要求企业转变经营管理方法，并要求企业进行业务流程重组。

供应链管理体系中的价值链，将企业内各个部门的业务流程社会化为供应链的业务流程，供应链像单一企业的价值链一样运转。通过对供应链业务流程的有效管理，获得供应链

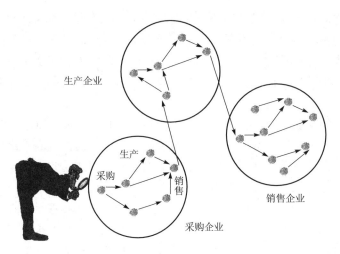

图 7-6 供应链中的价值链结构

的竞争优势。

面向供应链管理的业务流程重组项目同其他项目一样,都具有时间、成本和绩效三个目标(图 7-7)。三个目标综合成了供应链业务流程重组的目标,同时也构成了业务流程重组的三个方向。但是,所有的方向都围绕着满足客户需求、实现客户期望的中心。

7.7.2 基于时间的业务流程重组

从规模经济向速度经济的转移,给企业带来了越来越大的竞争压力,最终消费者对于产品的需求越来

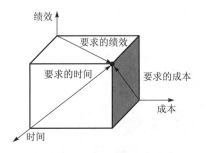

图 7-7 供应链管理的业务流程重组的目标

越苛刻,不仅要求产品有好的质量、低廉的价格、良好的顾客服务,还要求供应链能迅速地将产品送到顾客手中。如果企业不能及时地将满足顾客需求的产品送达顾客,非忠诚顾客就会转向其他竞争者来购买替代产品。

1. 活动的增值率分析

时间是衡量企业运营效率的重要指标,也是速度经济发展过程中着重追求的一种现代观念。因此,企业在实施供应链业务流程重组过程中,首先需要审查供应链各种流程分配时间的方式,分析各个环节增值的时间因素,从而设定企业重组的目标,不要将宝贵的时间花费在没有价值增值能力的环节,因此,需要调整当前时间分配的方式,确定重组的目标以及应达到的状况,如图 7-8 所示。

基于时间的业务流程分析就是将企业增值能力低、耗时的活动,从整个业务流程中突出出来,在能力和时

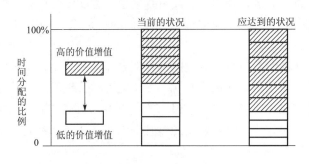

图 7-8 确定重组的目标

间消耗方面寻求平衡，进一步消除或简化这些流程。基于时间的业务流程分析可以描述活动的增值率分析，根据增值率确定各项活动时间分配的优先级，集中时间消耗在具有较高增值率的活动上。

通过对活动的增值率分析，从而获得企业业务流程中的时间价值。如果企业单纯追求时间价值，就需要处理时间约束条件下的资源平衡问题，应用更多的资源来满足时间要求（图7-9）。企业补充资源可能来自企业内部，也可能来自供应链节点企业。从而，实现了企业资源和活动的延伸。资源的增加带来了产品成本的增加，这实际上是时间价值的转移，如果缩短的时间价值大于增加源价值，相应的活动就会降低成本。反之，如果缩短的时间价值小于增加的资源价值，相应的活动就会增加成本。

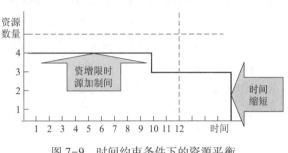

图 7-9　时间约束条件下的资源平衡

2. 供应链的时间压缩策略

供应链时间压缩策略的应用，能够降低"牛鞭"效应的影响，可以获得更短的提前期、更好的订货控制、更低的库存水平，更加适应现代社会消费者对产品多样性的需求。在供应链采购提前期构成要素中，存在需求信息传播和物流配送两个具有压缩潜力的因素。

1）信息流的时间压缩

信息流不仅包括订货数量信息，还包括反映客户需求的定性信息。在信息流中压缩时间有更大的发挥余地，当然也有更大的风险。有更大的发挥余地是因为信息流与生产工序不同，没有提前期的限制。理论上，通过信息技术，信息可以实时从供应链一端流向另一端。但是，由于非技术上的原因，可能会产生信息滞后，出现信息提前期。因此，更大的风险主要来自缓慢的信息提前期，可能给企业带来巨大的损失。1990年，斯托克（Stalk）和豪特（Hout）总结了信息延迟所带来的问题，主要是由于信息的时效性造成一旦信息失效，它就失去了价值……，旧有资料引起了扩张、延迟……解决这种问题的唯一方法是压缩信息流的传递时间，使渠道内传播的信息保持新鲜、有意义、及时被有效地理解。

在传统的供应链中，每个成员得到的需求信息都来源于他的下游企业，而这种需求信息不仅是滞后的，而且，往往不是最终消费者的真实需求，它是经过下游企业成员加工后得到的需求，或者是加上了安全库存，或者根据预测结果修改了需求。买者与卖者之间的敌对关系，也使得下游企业避免让上游企业了解真实的需求信息。因此，在许多供应链中，只有最接近最终客户的供应链成员才能感受到真实的需求。市场信息在供应链上传播的时候逐步受到延迟和扭曲，越是上游的企业，所了解到的需求信息就越不真实。而供应链管理中的真实信息是至关重要的战略资产。供应链中的每个成员都是为了满足最终客户的需求而工作的，每个成员都有权利获得快速真实的客户需求。

为了能在信息流中有效地压缩时间，就要将市场销售数据实时提供给供应链的成员。这样，每个成员可以根据其下游企业订货信息和最终消费者需求信息准确、快捷地进行生产决策和存货决策，有利于企业实现JIT生产和零库存，进而减少库存、降低成本。提高信息流运作绩效的主要技术是 EDI 系统和电子商务，可以在供应链上各成员间实现信息共享。但是，信息流的传递还不理想，订货信息扭曲、放大的过程依然存在，许多决策过程中依然存在着阻碍信息传递的障碍。

值得注意的是：尽管两个企业在同一时间获取了相同的市场信息，但是由于理解信息能力上的差别，导致企业的快速反应能力和最终结果大相径庭。另一方面，如果具有相同快速反应能力的两个企业在获取信息的优势上存在差异，也可以导致企业产生各不相同的竞争力。因此，在时间压缩战略中，信息流的价值主要体现在信息价值的时间性和提取有用信息的能力上。信息共享不等于信息理解，及时有效地理解信息才能获取竞争力。

2）物流的时间压缩

压缩物流渠道主要表现在时间上的压缩，供应链管理中的时间压缩主要集中在企业物流、产品物流和供应链合作伙伴关系中的时间压缩。

（1）企业物流中的时间压缩。物流时间压缩战略的起点是产品的设计阶段，即产品在最初设计时就应该考虑多种产品在物流管理、生产、分销、实际使用中的优化问题。产品的优化设计能有效地推动供应链中的时间压缩战略。如较大比例的产品标准化设计，可以大量减少生产过程中的改动。生产循环时间的压缩也是至关重要的，可以对物流提前期进行压缩。生产循环时间压缩的基本策略和方法主要有：

① 消除物流中没有价值增值的工序；② 压缩工序中冗余的时间；③ 在连续的流程中重组工序的连接过程；④ 并行工程方法的运用。

值得注意的是，许多企业只关注内部生产时间的压缩，而忽略物流中其他提前期的压缩，如分销时间的压缩，结果使内部生产中节约出来的时间，被分销过程浪费掉了。供应链管理强调整体绩效，主张通过供应链中各成员的积极合作来完成时间压缩战略，每个企业都应积极帮助上、下游企业减少物流流动时间，使整个供应链中的物流时间达到优化和平衡。

（2）产品物流中的时间压缩。供应链各成员实施 JIT 的原则，是成功压缩物流时间的保证。时间工序规划图（Time-based Process Mapping，TBPM）是一种重要的时间压缩工具，它可以应用图形清晰地表达产品在整个供应链中的时间分布情况，以便发现问题，提高时间压缩效率。

（3）供应链合作伙伴关系中的时间压缩。供应链合作伙伴关系中的时间压缩，主要反映企业间合作时的运输、库存等各种基于时间的优化问题，以及供应链契约问题。可以应用物流控制的 5 项原则：

① 只生产能够快速运送给客户并快速收回货款的产品；② 在本阶段只生产下阶段组装所需的组件；③ 最小化原料生产时间；④ 使用最短的计划周期；⑤ 从供货商处小批量购买流程、组装所需的组件，即外包策略。

物流和信息流的时间压缩并不是独立的，只有两者密切合作才能使整个供应链的循环时间最小。物流的时间压缩通常是伴随着开放的信息，而信息流中的时间压缩将直接影响物流的流动。

供应链管理的战略目标是建立一个无缝供应链，无缝供应链要求整个供应链要像一个独立实体一样运作，从而能有效地满足最终消费者的需求。时间压缩策略，对实现这一战略目标是非常重要的。

7.7.3 基于成本的业务流程重组

降低成本也是供应链管理的重要目标,是提高供应链竞争优势的重要途径。根据乔恩·休斯、马克·拉尔夫和比尔·米切尔斯等人(1999)的研究成果,将对基于成本的供应链管理业务流程重组进行分析。

1. 成本管理与竞争优势

有效降低成本是企业生产经营的目标,也是企业构筑供应链和优化供应链业务流程的目标。但是,在重组供应链业务流程过程中,不能一味地追求成本的降低,避免在降低成本时,损失企业的经济效益增长点和盈利基础。因此,要有计划地协调成本和核心竞争力之间的关系,平衡成本管理和市场联盟之间的关系,如图7-10所示。

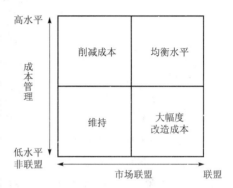

图7-10 成本管理和市场联盟的协调

在供应链业务流程重组过程中,成本和市场成为两个基本目标,决策的焦点问题如表7-4所示。

表7-4 两目标决策的问题焦点

	决策目标	
	以成本为中心	以市场为中心
典型问题	(1) 控制成本的目标是什么? (2) 如何降低供应链综合成本? (3) 怎样才能不损害企业核心竞争力? (4) 解决的主要供应链问题是什么?	(1) 市场效益的目标是什么? (2) 创造显著市场效益的因素有哪些? (3) 企业发展的机遇在哪里? (4) 供应链市场价值的积极作用如何?

2. 策略性和战略性成本管理的内容

在成本管理中,主要包含策略性的成本管理和战略性的成本管理两种方法。策略性的成本管理通过价格浮动和降价来实现,而战略性的成本管理可以借助成本降低和成本清除达到目的。尽管在大范围内主动进行降价、成本降低、成本清除都可以达到降低成本的目的,但是重组的力度是不同的,如图7-11所示。

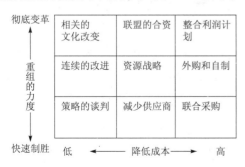

图7-11 降低—降低成本—成本清除

在价格浮动阶段,几乎没有价格控制,高层管理者还没有注重掌握供应链,与供应商依然保持着有冲突的竞争关系。

降价是真正进入成本管理阶段的标志,已经成为有效检验供应商优势和劣势的直接方法。并且降价还需要采用一些策略性的方法,如减少供应商、谈判和成本分析,这将实现供应商价格的部分减少。

成本降低和成本清除明显不同,它们意味

着企业要采用更多的战略性成本管理方法,如应用越来越复杂的利润分析方法、供应链业务流程重组和利润计划流程等方法。成本管理的目标是制定完全透明的、共同控制的供应商联合发展计划,从而降低整个供应链的成本。

价格和成本都是调控供应链增值能力和竞争优势的重要杠杆,而且全球化的节约成本抵消了价格的压力,(图7-12)促使成本在构筑供应链体系过程中发挥了巨大作用。

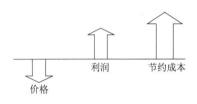

图 7-12 全球化的节约成本抵消了价格的压力

3. 策略性和战略性成本管理的作用

以价格为基础的策略性成本管理和以成本为基础的战略性成本管理的作用是不同的。(图7-13)战略性的成本管理依赖战略性的伙伴供应商关系和供应链管理来实现,与企业的发展融为一体。

战略性的成本管理能够有效降低整个供应链体系的成本,在实施过程中,主要采取目标成本管理方法。目标成本管理作为业务流程重组的过程,已经超越了企业内部流程的范围,面向最终客户的需求,有效集成供应商的业务流程,最大限度地满足变化的市场需求。

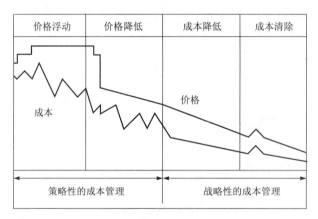

图 7-13 策略性成本管理和战略性成本管理

目标成本管理是由客户需求驱动的、价值传递的核心,客户可以以低于价值的价格购买商品。企业则可以成功地以很低的价格传递更多的价值给足够多的客户,创造更大的利润。目标成本需要对企业和供应链体系所有的功能进行整合,最大化企业和供应商的价值,可盈利地传递客户价值。

在成本压力的驱动下,企业会采取压缩资源的方式,但是资源的压缩会带来时间的延长。因此,需要在时间和成本之间进行平衡,如图7-14所示。

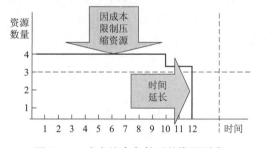

图 7-14 成本约束条件下的资源平衡

7.7.4 基于绩效的业务流程重组

以绩效为目标的业务流程重组,就是依据分析、比较获得的重组前后的绩效变化来决定进一步的行为方式。在绩效分析比较过程中，重点考虑标杆的作用和影响。因此，可以从横向和纵向两个不同的角度来分析。绩效分析是建立在绩效评估基础上的，绩效评估的好坏直接影响着绩效分析的能力。

1. 绩效评估策略

绩效评估是绩效分析的基础。在绩效评估过程中，会产生估算过低和估算过高的现象，使估算绩效偏离实际绩效。如果估算过低，将会使重组成本转移到绩效评估更高的流程上，从而产生无效的计划和错误，引发更高的成本；如果估算过高，根据规律，绩效增加时，消费随之增加，会抬高业务流程重组的成本。

无论绩效评估的结果是过低还是过高，都会导致业务流程重组成本的增加，因此，应采取有效的策略寻找实际绩效和估算绩效的交汇点，提高绩效评估的准确性。

2. 绩效分析

在绩效评估的基础上，可以应用横向分析和纵向分析策略，综合评判业务流程重组绩效的高低，从而制定相应的重组策略。

（1）横向分析。在重组流程中，绩效评估和绩效分析可以建立在横向分析的基础上，如图 7-15 所示。

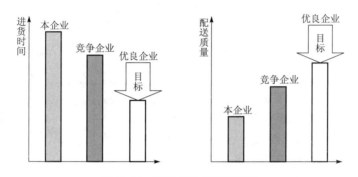

图 7-15　重组绩效的横向分析

在图 7-15 中，分析比较了本企业与竞争企业和优良企业在进货时间和配送质量两个流程上的绩效，特别突出了优良企业作为标杆的作用。

（2）纵向分析。在重组流程中，绩效评估和绩效分析可以建立在纵向分析的基础上，如图 7-16 所示。

在图 7-16 中，分析比较了企业目前与历史记录和优良记录在采购周期和服务质量两个流程上的绩效，特别突出了企业内部优良的历史记录作为标杆的作用。

3. 基于绩效的重组流程

以绩效为轴心的业务流程重组策略，需要对重组流程的绩效进行评估，并比较绩效评估的准确性。通过绩效分析，可以进一步判断对流程重组的结果是否满意，从而，做出确定流程的决策，如图 7-17 所示。

以时间、成本和绩效为基础的供应链管理业务流程重组，更多地表现为三项标准的综合，从而创造供应链管理业务流程重组的综合效益。在时间约束和成本约束的条件下，将会带来社会资源的最大化应用，从而提高整个供应链体系的绩效，如图 7-18 所示。

在图 7-18 中描述了时间、成本和绩效的关系，时间和成本降低都会带来绩效的增加。

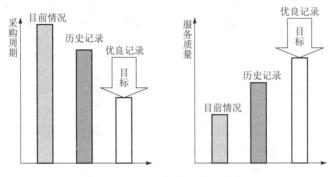

图 7-16　重组绩效的纵向分析

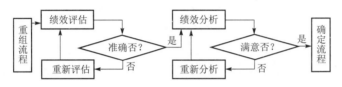

图 7-17　基于绩效的重组流程

7.7.5　供应链管理构筑的基本要点

在业务流程重组的基础上,构筑供应链管理体系需要考虑更多的因素。美国著名会计师事务所毕马威(KPMG)从企业内和企业外两方面,来说明供应链管理体系的组成。也就是说,真正有效的供应链体系应该建立在企业内部各业务流程重组的基础上,再与其他企业进行协作和融合,才能真正发挥整个供应链的绩效,因此,构筑供应链体系应该

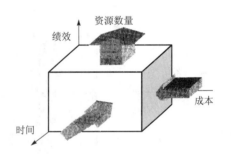

图 7-18　时间、成本和绩效的约束关系

注重业务流程重组和管理能力的培养,实现从内到外的发展。具体地讲,首先应该将企业内价值链所包含的采购、生产和销售功能,分解为设计/计划、购入/调配、生产/开发、配送/物流、促销/销售管理、客户服务/市场分析等 6 大功能,并实现这些功能的集成化,只有这样才能逐渐延伸到企业间。因此,在供应链管理构筑过程中,必须明确如下要点:

1. 组织结构和供应链结构

(1) 传统的金字塔形的垂直组织结构,主要面对的是推动式供应链。推动式供应链的运作方式以制造商为核心,产品生产出来后从分销商逐级推向客户。分销商和零售商处于被动接受的地位,各个企业之间的集成度较低,通常采取提高安全库存量的方法应付需求变动,增大了企业经营的风险,提高了运营成本,而且,从不同角度的思维方式,必然导致产销矛盾的加剧。整个供应链上的库存量较高,对需求变动的响应能力较差。电子化交易产生了许多局限性,如不能有效地确定对整个供应链商品的开发、物流和销售管理,不能从事有效的信息分析和指导,则会使信息资源管理功能大打折扣。因而,在推动式供应链管理模式中,信息系统不能发挥应有的功能。

(2) 随着企业组织结构扁平化的变革,产生了牵引式供应链。牵引式供应链的驱动力

产生于最终客户的需求实现定制化服务。采取这种运作方式的供应链系统库存量较低。通过商品分类管理和标准 EDI 的应用，使业务流程不断标准化和规范化。

牵引式供应链虽然整体绩效表现出色，但对供应链节点企业的管理要求和技术基础要求都较高。而推动式供应链方式相对比较容易实施。更重要的是，供应链上滚动着多种产品，不同的产品类型需要不同的供应链类型。因此，可以将推动式和牵引式供应链有效地集成在一起，如图 7-19 所示。

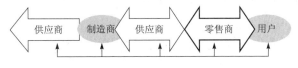

图 7-19　集成的供应链运作模式

集成的供应链运作模式可以针对不同的组织类型，承担供应链的功能，提高供应链应用的范围和柔性。

2．供应链和物流技术集成

一个功能完善的供应链管理系统，需要将市场营销、物流管理、信息技术和组织创新技术有机集成，以实现快速、有效反应的目标，如图 7-20 所示。

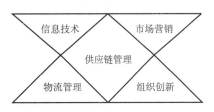

图 7-20　供应链集成技术

供应链管理的核心是物流管理。物流技术的应用有助于提高物流配送的效率。在物流管理技术中，主要包含连续补充计划、自动订货、预先发货通知、供应商管理库存、交叉配送和店铺直送等。

（1）连续库存补充计划（CRP）。利用及时准确的 POS 数据确定销售出去的商品数量，根据预先规定的库存补充程序确定发货补充数量和发送时间。以小批量、多频度方式进行连续配送，补充零售店铺的库存，提高库存周转率，缩短交货周期。

（2）自动订货（CAO）。是基于库存和需求信息，利用管理系统进行自动订货的方式。

（3）预先发货通知（ASN）。是生产厂家或批发商在发货前利用电子网络向零售商传送的货物明细清单。零售商可以据此做好进货准备工作。可以省去货物数据输入作业，使商品检验作业效率化。

（4）供应商管理库存（VMI）。是供应商对零售商等下游企业的流通库存进行管理和控制。供应商基于零售商的销售、库存等信息，判断零售商的库存是否需要补充，当需要补充时会自动向本企业的物流中心发出发货指令，补充零售商的库存。VMI 的方法包括 TPOS、CAO、ASN、和 CRP 等技术。采用 VMI 时，虽然零售商的商品，库存决策主导权由供应商把握，但店铺的空间安排、商品货架布置等店铺空间管理决策仍然由零售商主导。

（5）交叉配送。是在零售商的流通中心，将来自供应商的货物按发送店铺，迅速进行分拣、装车，向各个店铺发货。在交叉配送情况下，流通配送中心仅是一个具有分拣装运功能的通过型中心，有利于交货周期的缩短、减少库存、提高库存周转率，从而节约成本。

（6）店铺直达（DSD）。是指商品不经过流通配送中心，直接由生产厂家运送到店铺的运送方式。采用店铺直达方式可以保持商品的新鲜度，减少商品运输破损，缩短交纳周期和时间。

3. 价值链和供应链

供应链体系中的价值链能有效地应对多样化的客户需求，并快速对不同的客户需求做出反应。在价值链形成过程中，必须关注如下几点问题。

（1）由于价值链本身具有的动态性和易变性，核心企业或价值链中关键性的企业必须具有强大的、压倒一切的核心能力，如果特定企业不具备长远的核心竞争力，那么就有可能被排除在价值链之外，从而丧失发展的机遇。

（2）供应链必须培育能对任何不确定性做出敏捷反应的能力。

（3）企业积极推动非核心业务的外包，与供应链节点企业建立长期的战略伙伴关系。

企业内的组织变革逐步向企业间的组织融合转移，企业间的业务流程全面整合。在合作文化和互联网广泛应用的推动下，供应链节点企业之间的信息充分共享，并形成了一对一的营销策略。最终向着供应链和价值链集成的方向发展，实现整个供应链效率的最优化。

4. 识别关键流程

核心流程分析矩阵（CPAM）中关键流程的方法，如图 7-21 所示。

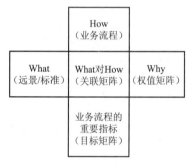

图 7-21 核心流程分析矩阵的结构

（1）What。What 是指 BPR 关心的标准列表。在供应链重组过程中，可能包括战略、功能、物流运输和信息管理观点。

（2）How。How 代表了可能需要重组的流程。可以通过重组选择的一个 Hows 集，获得一个 Whats 集。竞争优势国际中心将最初的供应链业务流程确定为 7 个过程。它们是客户关系、客户服务、需求、订单执行、生产流程、采购、开发和商业化。

（3）Why。Why 定义 What 相对的重要性。对于每一个标准，它们考虑主要竞争对手和公司自身评估的当前环境。一个典型的集合包含了有关业务观点的全部重要性的列表。相对重要性可以由相对评价值（RV）和调整的标准重要性（ACI）来衡量，可以应用公式：

$$RV = 对自己的当前评估值 / 对竞争对手的当前平均评估值$$
$$ACI = 标准重要性 / RV$$

（4）What 对 How。通过标识每一个 What 对 How 关系水平，生成关联矩阵，从而，获得业务流程和业务前景之间的关系，这种关系可以界定为多种水平，如强、中、弱和无。

（5）目标矩阵。每一个业务流程重要性的指数，都可以应用原始重要性指数 RI 和重要性指数 I，通过比较标准重要性 C、业务流程和远景之间的关联值 CO 来进行计算。

通过目标矩阵的建立，相关的业务流程已经形成了一个具有优先等级的重要性指标，从而识别关键的业务流程。

业务流程重组作为一个新的概念，是企业优化业务流程的工具。业务流程重组技术的应用不仅有利于企业调整业务流程中的不合理因素和环节，而且，更加有利于实现向管理要效益的目标。更重要的是，一个性能优越的供应链体系只能建立在业务流程重组的基础之上。

思考题

1. 业务流程重组产生的原因是什么？
2. 管理革命表现在哪些方面？
3. 信息技术对企业管理创新起到了什么方面的作用？
4. BPR 的核心内容是什么？
5. BPR 有哪些特点？
6. 供应链流程整合的障碍是什么？
7. 建立合作与信任的正确方法是什么？
8. 导致"牛鞭"效应的行为有哪些？
9. 核心供应链流程有哪 8 个？
10. 制造商与供应商之间的业务流程有什么变化？
11. 简述供应链的时间压缩策略。
12. 分别简述基于成本和基于绩效的业务流程重组。
13. 供应链管理构筑的基本要点有哪些？
14. 在识别关键流程中，核心流程分析矩阵的关键流程方法是什么？

案例资料

雅芳供应链改造启示录

你和供货商是伙伴关系吗？你有无利用供应链的协同合作效应呢？你的供应链是世界一流水平吗？如果不是，你是否可以从财富 500 强之一的雅芳的做法中学到一些。

作为一家年收益达 62 亿美元，产品横跨欧洲、中东和非洲的世界级销售商，雅芳 100 多年来的发展历史被多数企业视为学习的标榜。

然而，在与时间赛跑的市场竞争中，在走向国际的发展变革中，雅芳同样饱受挫折与烦恼。以史为鉴，可知兴衰。或许，雅芳走过的轨迹正是对我们今天欲做大做强的中国企业的警醒与启示。

供应链周期的烦恼

20 世纪 80 年代，雅芳在欧洲设分支机构有 6 个国家，每个国家都有独立的工厂和仓库供应市场。它们独立操作，信息系统分隔，没有统一的计划，也不共享生产、市场和分销渠道。在小范围内，它们每个机构的运行似乎都很顺利，都对当地的需求非常负责。

然而，20 世纪 90 年代初，雅芳在开始品牌全球化时，问题出现了。多年来，雅芳一直都是集中于市场和销售，而忽视了供应链，也从来没把它提升到战略高度上。

1996年，雅芳开始意识到，如果在每一个新市场都复制供应链，那么成本很高且很笨。关键还是雅芳不能依靠现有的供应链实现快速增长的目标，雅芳执行副总裁鲍伯·图斯解释道："10年前，我们通过一个很分散的财务控股公司，一个国家地操作。但现在，你不能再用那样的方式去竞争了，尤其你是一个快速成长的消费品公司。"

雅芳首要的问题是公司销售周期和供应链周期根本不匹配。在大部分欧洲市场，雅芳开始了一些新的销售活动，每3周就发新的小册子，推出新产品，打折促销等。这种短期销售周期是雅芳直销模式的基石。

但短期销售周期需要有一个弹性大，响应性好的供应链，雅芳就是被短期所困。尤其是欧洲业务越来越多，雅芳的工厂事先生产好所有的东西，然后在每次的三周销售活动开始前将存货运到各地仓库。不可避免的，某些产品会出现需求过大，分支机构向工厂下达紧急订单要求多发货的情况。而产品在雅芳供应链上，生产、分发、到达分支机构的周期平均长达12周，大大超过短期销售周期。

不能及时配送导致了每次销售活动中的低效率。雅芳靠它的员工对顾客直接承诺和服务来满足他们的需求——常常不计成本。这在规模相对较小时可行，但随着业务的扩大，满足不同市场的需求和准确预测单个产品的需求就越来越困难，尤其当雅芳以每年进入两到三个市场的速度扩张。

紧急订单破坏了生产效率。由于销售活动用到的产品中有40%到50%往往供不应求，工厂经常被迫打断原先的生产安排以适应一个又一个的临时订单，装备转换成本很高，特别是工厂都实现大规模生产后。

放缓产品销售的成本也很高。在每一个销售周期，许多产品卖得比预测的少，因此往往有许多卖不掉的产品。雅芳的库存量很高，常常多达150天的销售量，远远高过3周销售周期的量。因此，随着雅芳欧洲业务的扩张，存货所占资金也必定增加。

语言不同是增长的另一个关联问题。雅芳从供应商那里买下了预先印好的包装盒。新市场有新语言，从而需要印制不同语言的包装盒。由于采用生产预测和供应商提前的方法，雅芳在知道不同市场的确切销售量之前，必须先订购大量预先印好的包装盒。情况就越发复杂，例如雅芳经常在某一国家供不应求，但因为印好的包装盒用的是别国语言，不能在该国使用而颇费周折。

解决这些问题和改造供应链是件大事，一件需要公司支持和财务承诺的大事。

"最初的推动非常困难"，雅芳供应链改造主管迈克·华森解释说。但雅芳开始这个项目时，公司管理层给予了非同寻常的信任和支持，在18个月里，他们从欧洲抽出了45位最好的员工暂停原工作，全职投入这项工作。

从商业角度讲，把这些人调离原岗位代价特别昂贵且风险很大，但它对改造的成功却非常关键。"如果我们仅仅靠一个小团队在本职工作之余抽时间来做这个项目，那么它将无法成功，我们也就无法看到今天的成果。"华森说。

改造供应链

雅芳通过建立集中计划功能中心开始改造供应链，这是一项最为关键的优先权。其欧洲供应链的负责人约翰·凯切纳解释说："如果没有一个集中计划的组织看到欧洲地区的需求和存货水平并迅速做出反应，想达到增长目标是不可能的。"

但首先，雅芳需要建立一个公共数据库。这个团队花几个月时间来标准化产品的代码、描述和其他信息，以使在每个国家都能统一。数据库使得雅芳能洞见销售趋势和存货水平，经理们能纵观整个地区，了解需求和供给的动向。

为了扩大这项新能力和管理日益复杂的业务。雅芳设立了一个地区计划组织，授予他们在对整个供应链的鸟瞰上，对服务水平、存货和成本做出决策。其余关于新组织、角色和责任的决策则推后再议。

通过运用供应链运作参考模型，他们发现了计划、资源和交货的关键转变点——与雅芳业务最相融的供应链过程。雅芳在德国保留了一个生产工厂，但其他产品统一在波兰工厂生产。这样做有两大好处：首先，它扩大了雅芳新兴市场心脏地区的生产能力；第二，由于劳动力成本更低，它实现了极大的成本效率。雅芳还在波兰建立了存货中心，离生产工厂很近，以为全欧洲的分支机构服务。

雅芳一旦把供应链视为一个整体，那些光从一个立足点上看似乎毫无道理的决策，突然就会带来巨大的成果，而且经常是让人意想不到的。例如，雅芳曾决定自己来为包装瓶贴标签而不是让供货商事先印好。这是一项推迟战略，要在销售趋势更明了后才决定使用何种语言来为产品贴标签。最初，市场部门一直抵制这个主意，认为这样会影响产品外观；生产部门也因标签成本原先归属成本中心而对这个会增加成本结构的想法丝毫没有兴趣；从财务角度看，推迟战略也不尽合理，制作和粘贴商标、新增的设备和劳动成本将会抵消所有节省的费用，华森说，"所有的会计都告诉我们这么做不对。"

也只有在雅芳回过头来把供应链作为一个"端对端"的整体过程看待，推迟战略的真正价值才显现出来。从资源角度，雅芳香波或乳液只需要一种普通的瓶子即可，而不是贴有五到六种语言标签的不同瓶子。工厂能进行长期生产，而非不断地换瓶子装货。当一个市场的某种产品没有了，仓库能迅速做出反应，贴上合适语言的标签装车运走。

推迟战略通过供应链实现了成本、效率、服务等的提高，然而若不是雅芳跨越整个供应链评估了交易成本、弹性和周转时间，这个战略看上去是那么的违反直觉。

与推迟战略紧密相连的是新的存货中心战略，凯切纳解释道，"推迟战略很管用，但只有结合分发中心，才能让我们迅速地向市场推出产品。"雅芳的两个工厂都为波兰的中心仓库供货，在那里，产品贴上商标被分发到各个分支市场。过去，雅芳在知道确切的市场前就将产品运到各国的仓库；现在，雅芳在中心仓库存放产品，直到销售趋势明显后才发往有需要的市场。

"端对端"的整体供应链也改变了公司与供货商的合作方式。雅芳过去经常寻找最便宜的原材料，而且为降低成本，经常大量购买，但公司开始意识到最低的价格并不一定等于最低的总成本。例如，雅芳在墨西哥找到了一家便宜的玻璃瓶供应商，但从墨西哥到欧洲的船运时间需要8到12周——太长了。当需求旺盛急需瓶子时，雅芳就要空运瓶子，成本极昂贵，所以即使瓶子本身很便宜，弹性的缺乏和畅通成本的昂贵却大大超过所节约的。

基于这些洞察，雅芳完全改变了它的资源战略，公司减少了超过一半的低端供货商，采用了供货商伙伴概念，集中于用总成本最低代替价格最低。现在，雅芳从靠近它波兰和德国工厂的供货商那里购买产品，尽管公司在每件货物上付出的价格稍贵，但更近、更有弹性和响应更高的供货商关系使它们的总成本大大降低了。

与更少的供货商合作还带来了其他利益。例如，雅芳与一家供货商和伦敦的设计公司共同创造出了一个更好的产品设计。在不同产品的标准化过程中，雅芳就如何以最有效的成本消耗设计新瓶子求助于供货商,因为供货商能解释为什么一些方式更贵,比如轻一点的瓶子如何节约材料,特定规格的瓶子下生产线的速度几乎能比其他瓶子快两倍。

雅芳还与供货商面对面共同规划生产过程,寻找减时降价的方法。他们一起找出了低效的地方和原因。很多次,雅芳都必须改变自身方式以使供货商提高成本效率,例如,雅芳同意改变它的订单方式,以减少供货商的生产初始建立成本。

雅芳已停止向一些供货商下完整的订单,取而代之让它们通过以 Avon.com 为基础的网站系统获取产品信息,供货商只需看工厂的产品生产日程安排,根据相应的日期交货即可。

下一步挑战

在整个供应链的改造过程中,雅芳始终很清醒:公司首先集中精力于过程合适化,而非重装它的计算机系统。因此,除了创建中心数据库和面向供货商的网站系统,系统升级被推后了。随着业务越来越复杂,对速度和反应要求越来越高时,雅芳则开始重新设计一个全新的、全球化的平台来取代现有系统和支持新的过程。

在整个过程中,雅芳尽情享受到了供应链改造的成果。通过重新改造供应链,提高效率和削减成本,雅芳每年将节约5 000万美元,或提高2个点的利润。这里,几乎一半的成果直接来自公司与供货商的合作方式:更少数的供货商,当地资源战略,供货商伙伴关系,协同合作。同样重要的是,现在雅芳的管理大大简化,拥有了一套改进的组织、升级的技术、精简的过程和正确的价值观。

"它是我所做过的最有挑战的、回报最高和最有意思的事,"在雅芳工作了30年的老员工凯切纳说。但是,这个过程还没有结束,而且它可能从来不会结束。

(资料来源:http://www.enet.com.cn/article/2004/0929/A20040929348800.shtml)

▶ 从《西游记》看《供应链管理》 ▶▶▶

1.《供应链管理》的知识

在教材"7.3 供应链流程整合的障碍"中有如下表述:

在贸易伙伴之间的成功整合需要信任。除了观念陈旧和缺乏信息可视性,缺乏相互信任也被视为供应链管理中的一个主要绊脚石。在供应链合作伙伴当中,当你赢得了信任,你也就在某个业务领域赢得了声誉。虽然这种观点是老生常谈,但相互信任的关系的确会带来双赢的结局,或者是合作伙伴之间多赢的结果。

2.《西游记》第四十回有如下情境

尸魔三戏唐三藏 圣僧恨逐美猴王

行者道:"师父错怪了我也。这厮分明是个妖魔,他实有心害你。我打死他,替你除害,你却不认得,反信了那呆子谗言冷语,屡次逐我。常言道:'事不过三。'我若不去真是个下流无耻之徒。我去!我去!——去便去了,只是你手下无人。"唐僧发怒道:"这泼猴越发无礼!看起来,只你是人,那悟能、悟净,就不是人?"

3. 我们的理解

(1)供应链伙伴间的信任关系是供应链管理的灵魂与基础。

(2)美猴王三打尸魔,唐三藏不听美猴王的解释,认为美猴王做错了,逐美猴王离开。

从本质上讲，这就是供应链管理中的缺乏信任。信任是一种可靠的承诺，也是一种相互信赖，是一种交易双方共同的信赖关系，正是由于这种信赖关系，双方不会做出损害对方的事情。

（3）而从这一回可以看出唐三藏师徒四人当时就没有这种相互信赖的关系，导致之后发生了一些问题。

（4）由于未来有太多的不确定性，这使得供应链节点企业间的信任显得弥足珍贵，信任治理机制就成为供应链治理逻辑的基础性机制，并贯穿于治理逻辑的全过程。

（5）由此可见，信任关系在供应链管理中有着非常重要的地位。

4. 给我们的启示

（1）信任关系的建立避免了供应链管理的僵化，使企业不必茫然重新选择新的合作伙伴。

（2）信任可促进供应链间的合作，提高整个供应链的快速反应能力。

（3）供应链伙伴间的信任关系是供应链管理的灵魂与基础。

（4）信任可以缩短员工与管理者之间的距离，使员工充分发挥主观能动性，使企业发展获得强大的原动力。

（10级物流一班：熊桑、赵越、张丽卿、杨翠娟、王兴华）

从《三国演义》看《供应链管理》

1.《供应链管理》的知识

在教材"7.4.1 确定关键的供应链贸易伙伴"有如下表述：

对每一家公司的产品和服务而言，确定关键的贸易伙伴对于成功地销售和运送产品到客户手中非常重要。但这项工作非常的困难和麻烦，特别是供应链中包括许多业务以及公司将这个范围扩展到二级甚至三级供应链伙伴。确定主要的贸易伙伴，可以帮助公司充分利用时间和资源来管理公司的重要业务流程，使供应链运转良好。如果考虑所有非主要或者是辅助的业务，则对成功的供应链管理不利。

2.《三国演义》第三十七回有如下情境

司马徽再荐名士　刘玄德三顾茅庐

次日，玄德同关、张并从人等来隆中。遥望山畔数人，荷锄耕于田间，而作歌曰："天如圆盖，陆地似棋局；世人黑白分，往来争荣辱：荣者自安安，辱者定碌碌。南阳有隐居，高眠卧不足！"玄德闻歌，勒马唤农夫问曰："此歌何人所作？"答曰："乃卧龙先生所作也。"玄德曰："卧龙先生住何处？"农夫曰："自此山之南，一带高冈，乃卧龙冈也。冈前疏林内茅庐中，即诸葛先生高卧之地。"三人回至新野，过了数日，玄德使人探听孔明。回报曰："卧龙先生已回矣。"玄德便教备马。张飞曰："量一村夫，何必哥哥自去，可使人唤来便了。"玄德叱曰："汝岂不闻孟子云：欲见贤而不以其道，犹欲其入而闭之门也。孔明当世大贤，岂可召乎！"遂上马再往访孔明。关、张亦乘马相随。时值隆冬，天气严寒，彤云密布。行无数里，忽然朔风凛凛，瑞雪霏霏：山如玉簇，林似银妆。张飞曰："天寒地冻，尚不用兵，岂宜远见无益之人乎！不如回新野以避风雪。"玄德曰："吾正欲使孔明知我殷勤之意。如弟辈怕冷，可先回去。"飞曰："死且不怕，岂怕冷乎！但恐哥哥空劳神思。"

3. 我们的理解

（1）为公司寻找贸易合作伙伴是一件非常重要的事情，合作伙伴的选择关系着公司产品销售的成功，销售的成功也关系着公司运营的成功，这就说明寻找贸易合作伙伴决定着公司的成功。

（2）就像是刘玄德三顾茅庐寻找孔明一样，他拜访孔明就像寻找贸易合作伙伴，他需要孔明这样的人才来帮助他取得天下，所以他积极地去拜访他以取得他的帮助。

（3）正因为刘玄德找到了诸葛亮这样的贸易伙伴，所以他在三国鼎立的时候能够分到一国——建立了蜀国。

（4）有了正确的合作伙伴才能帮助公司的成长，让公司的供应链取得良好的运转。

4. 给我们的启示

（1）抓住主要的问题来解决当前的事务。

（2）在寻找伙伴时应该多方考虑，找到最适合自己的。

（3）我们做任何事情都离不开别人的帮助。

（10级物流一班：邹泽、袁露、余海林、胡寒）

第 8 章
供应链绩效评价

> **本章学习重点**
>
> 传统的绩效评价指标的不足方面，世界一流绩效评估体系的标准与建立步骤，供应链绩效评价指标的原则、特点及作用，供应链绩效评估的体系，供应链的运作参考模型，平衡计分卡，供应链管理成熟度的表现及应用。

8.1 传统的绩效评价指标的不足

烽火戏诸侯

虽然供应链绩效评价体系不同于传统的企业绩效评价体系，但是，它是在传统的企业绩效评价体系中发展起来的。建立新的供应链绩效评价体系，首先必须了解传统的企业绩效评价指标的不足。

多数公司目前所采用的绩效评估体系还是沿用了传统的以成本为基础的财务统计，这些统计结果以年度报告、资产负债表和损益表的形式被递交给股东们。潜在投资者和股东们根据这些信息来制定股票买卖决策，很多公司还以此作为分红的依据。不足的是，财务报告和其他以成本为基础的信息并没有充分反映出潜藏在一个公司生产体系下的绩效，和很多人在几年前目睹安然和世通公司的遭遇一样，成本和利润信息有可能得到了隐藏或操纵，使绩效看起来比实际情况好得多。旨在促成当前股票价格最大化的决策并不一定意味着将引导公司走向卓越或在今后持续看好。公司的成功有赖于公司将内部的竞争力转换成客户所需的产品和服务的能力，同时还要以合理的价格提供必要的能力、质量还有客户服务水平。财务绩效的评估固然重要，但不能充分体现公司在这些财务统计数据以外的能力。

传统的企业绩效评价指标主要是基于功能的，体现在会计、财务指标上，注重的是对过程结果的反映，具有静止的、单一的和被动的特点，不能全面、动态地反映企业生产经营过程中的问题，不能主动进行分析和管理，也不能有机地融合组织的战略目标和战略管理手段。

因此，传统的企业绩效评价指标不适于对供应链运营绩效的评价，其原因在于：

（1）传统企业绩效评价指标的数据来源于财务结果，在时间上比较迟缓，不能反映供应链动态运营情况。

（2）传统企业绩效评价指标主要评价企业职能部门工作完成情况，不能对企业业务流程进行评价，不能科学地、客观地评价供应链的运营情况。

（3）传统企业绩效评价指标不能对供应链的业务流程进行实时评价和分析，而是侧重于事后分析。因此，当发现偏差时，偏差已成为事实，已经造成了危害和损失，并且往往很难加以补偿。

8.2　世界一流的绩效评估体系

西游记片尾曲
《敢问路在何方》

8.2.1　一流绩效评估的原则

世界上很多公司都试图通过建立并保持一种独特的竞争优势来缓解不断加剧的竞争压力，因此对建立有效的、连接公司战略和运营决策的绩效评估体系的需求也与日俱增。绩效标准必须易懂，易于执行和衡量，才能使公司的经营决策始终指向战略目标的达成；而且这些指标还必须具有灵活性，和公司的目标相一致；那些绩效标准必须在对公司的成功至关重要的方面得到执行。因此，一个有效的绩效评估体系应该包括对外报告用的传统财务信息，以及用来评估公司竞争力并指导公司获得其他期望能力的战略层面上的绩效标准。最后，一个良好的绩效评估体系还应该包括评估"什么对客户来说是重要的？"等指标。这些评估体系会因公司和时间的不同而不同，因为公司的战略会因其产品和供应链的改变而不同。

8.2.2　制定世界一流的绩效评估体系的步骤

制定世界一流的绩效评估体系的步骤，见图8-1。

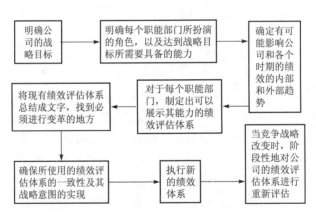

思政之窗

图8-1　制定世界一流的绩效评估体系的步骤

8.2.3　一流的绩效标准

世界一流的公司都会就不同种类产品的质量、成本、灵活性、可靠性和创新性在各个职能部门建立有战略针对性的绩效标准，然后随着问题的解决、竞争和客户需求的改变以及供应链和公司战略的改变，对这些评估体系进行重新评估。表8-1所列的一些绩效评估体系适用于公司里不同职能部门来实现目标，提升公司产品和服务的价值，增加客户的满意度。

表 8-1 世界一流的绩效评估体系

能力领域	绩效评估体系
质量	（1）生产或采购产品中次品的数量； （2）售出产品中退货的数量； （3）售出产品中要求保修的数量； （4）供应商的数量； （5）从次品检测到纠正的提前期； （6）采用统计过程控制的工作中心的数量； （7）通过质量认证的供应商的数量； （8）申请质量奖的数量，得奖的数量
能力领域	绩效评估体系
成本	（1）每个工作中心的废料或废品损失； （2）平均库存周转率； （3）平均启动时间； （4）雇员流动率； （5）平均的安全库存水平； （6）为满足运送日期而要求的紧急订单的数量； （7）由于机器故障出现的停工期
能力领域	绩效评估体系
灵活性	（1）职工所掌握的平均技能的数量； （2）平均生产批量； （3）可提供的客户定制服务的数量； （4）特殊操作或紧急订单所需的天数
能力领域	绩效评估体系
可靠性	（1）平均服务响应时间或产品提前期； （2）承诺运送有关事项的实现比例； （3）平均每次运输延误的天数； （4）每件产品的缺货数量； （5）处理一个保修申请所需的天数； （6）工程师和客户打交道的平均小时数

续表

能力领域	绩效评估体系
创新性	（1）每年在研发上的投入； （2）流程自动化的比例； （3）引入新产品或服务的数量； （4）生产每个产品所需的操作步骤

8.3 供应链绩效评价指标的原则、特点及作用

8.3.1 供应链绩效评价的原则

随着供应链管理理论的不断发展和供应链实践的不断深入，客观上要求建立与之相适应的供应链绩效评价方法，并确定相应的绩效评价指标，以客观科学地反映供应链的运营情况。供应链绩效评价指标有其自身的特点，其内容比现行的企业评价指标更为广泛，它不仅代替会计数据，同时还提出一些方法来测定供应链是否有能力及时满足客户或市场的需求。在实际操作上，为了建立能有效评价供应链绩效的指标体系，在衡量供应链绩效时应遵循如下原则：

（1）要对关键绩效指标进行重点分析。
（2）要采用能反映供应链业务流程的绩效指标体系。
（3）指标要能反映整个供应链的运营情况，而不仅仅是反映单个节点企业的运营情况。
（4）应尽可能采用实时分析与评价的方法。因为能反映供应链实时运营状况的信息要比事后分析更有价值。
（5）要采用能反映供应商、制造商及客户之间关系的绩效评价指标。
（6）能够全方位、多角度地反映供应链的竞争优势和竞争能力。

8.3.2 供应链绩效评价的特点

根据供应链绩效评价应遵循的原则，供应链绩效评价指标主要反映供应链整体运营状况以及上下节点企业之间的运营关系，而不是孤立地评价某一节点企业的运营情况。例如，对于供应链某一供应商来说，该供应商所提供的某种原材料价格很低，如果孤立地对这一供应商进行评价，就会认为该供应商的运营绩效较好，其上层节点企业如果仅考虑原材料价格这一指标，而不考虑原材料的加工性能，就会选择该供应商所提供的原材料，而该供应商提供的这种价格较低的原材料加工性能不能满足该节点企业生产工艺要求，这势必会增加生产成本，从而使这种低价格原材料所节约的成本被增加的生产成本所抵消。所以，评价供应链运营绩效的指标，不仅要评价某节点企业的运营绩效，而且还要考虑该节点企业的运营绩效对整个供应链的影响。

现行的企业绩效评价指标主要是基于功能的绩效评价指标，如图8-2所示，不适用于对供应链运营绩效的评价。而供应链绩效评价指标是基于业务流程的绩效评价指标，如

图 8-3 所示。

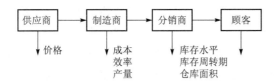

图 8-2　基于功能的绩效评价指标

图 8-3　基于业务流程的绩效评价指标

基于供应链业务流程的绩效评价指标，描述了规划、设计、构建和优化供应链的途径和方法，突出了价值链社会化的增值能力。供应链绩效评价体系的建立，不仅应该考虑供应链管理的物流决策、关系决策和整合决策，还要综合考虑反映了供应链竞争优势的方法，如图 8-4 所示。

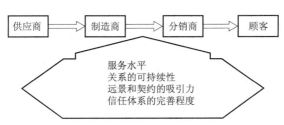

图 8-4　基于供应链关系的绩效评价指标

8.3.3　供应链绩效评价的作用

供应链管理带来了整体效益，同时，也带来了新环境下如何制定分配机制的问题。正是由于传统的企业绩效评价指标的不完善，许多企业已经从传统的成本会计转为基于活动的成本核算（ABC），基于活动的成本核算记录了企业价值增值过程中发生的成本，并且将价值分析、过程分析、质量管理和成本核算等方法融合在一起。成功地运用 ABC 方法，可以使活动的主体能够迅速地获得相关的成本信息，有效地进行收益率控制。

供应链管理形成了一种跨企业的动态联盟，覆盖了从产品设计到产品消费和废品回收的全过程。供应链节点企业之间的协调运作，有利于供应链整体优化，以缓解日益激烈的竞争压力，集中精力开发高效率、高效益的物流资源，消除整个供应链中不必要的动作和消耗。因此，供应链管理绩效评价不仅需要与企业的激励机制相结合，而且需要协调整个供应链体系的远景和契约机制。

供应链绩效评价指标主要是基于过程的绩效评价指标，综合反映供应链整体运营状况和供应链节点企业之间的运营关系，而不是单独评价某一节点企业的运营情况。绩效评价的最终目的不仅要获得企业或供应链的运营状况，更重要的是优化企业或供应链的业务流程。根据约束理论，绩效评价是寻找约束的重要途径，也是消除约束、优化资源配置的前提。

供应链绩效评价的黏合剂作用，正是通过激励机制而得到供应链各节点企业的重视。供应链体系中的激励机制突破了企业内部的范围，扩展到供应链管理各节点企业的相互激励。激励的依据是绩效评价的结果，各节点企业相互激励是共同进步和利益重新分配的过程，通过谈判建立统一的激励机制标准，或通过客户投票可以实现这一过程。

在供应链之间的竞争代替企业之间的竞争发展趋势的推动下，供应链的整体绩效成为衡量供应链竞争优势高低的一项综合指标，不仅推动了以成本定价格向以价格定成本转移的发展，而且迫使企业按照整个供应链的产品价格核定成本。为了确保整个供应链的可持续的竞争优势，每个节点企业不再以追求企业利润最大化为目标，而是以整个供应链利润最大化为目标。

8.4 供应链绩效评估体系

用于供应链的绩效评估体系必须有效地连接起供应链里各个贸易伙伴，以便在满足终端客户方面达到突破性的绩效。如果在当地或公司间的层面来讨论世界一流绩效评估体系时，评估体系也必须要求能够覆盖整个供应链以确保每个公司都能为整个供应链战略做出贡献并让终端客户满意。

在一个成功的供应链里，成员们都会一致认同该供应链的绩效评估体系。其关注点应该是为终端客户创造价值，因为客户的满意度决定着所有供应链成员的销售额。当真正开始实施时，供应链就开始朝着胜利进发了。绩效评估小组在1995—2000年所进行的一项重要研究显示，一流的供应链运营在如下方面起着领导作用：高度的响应度和灵活性（供应链总体绩效提高65%），高效率（供应链总管理成本下降27%，现金到现金的流动周期缩短18%），互联网的应用使贸易伙伴之间的交流得到根本改变（通过互联网下订单，正在迅速地取代电话、信件和传真下订单。互联网还可以用来传送运输、订单和库存的状态），完美订单执行正在成为可靠性的新定义（完美订单执行或完成，准时、无破损的订单增加5%。领先的供应链以有竞争性的价格达到一个更好的客户服务水平，它们的绩效每年持续提高）。

为了达到前面提到的绩效，必须针对供应链采用特有的评估体系，见表8-2所示，让贸易伙伴能调节它们特有的绩效来符合供应链的整体目标。下面介绍一些评估方法。

表8-2 供应链绩效评估方法

供应链绩效评估方法	供应链的总管理成本
	供应链的现金到现金流动周期
	供应链的生产灵活性
	供应链的运送绩效
	供应链完美订单的执行绩效
	供应链的电子商务运营绩效

1. 供应链的总管理成本

包括处理订单、采购物料、管理库存以及对供应链财务、计划和信息提供的管理的成本。一流的供应公司将销售额的 4%~5% 作为供应链管理成本，而一般公司的平均支出是 5%~6%。

2. 供应链的现金到现金流动周期

是指从支付原材料的货款到收到供应链伙伴购买产品的货款的平均天数（计算方法为：可供应库存的天数+应收账款天数-物料平均付款期）。这一评估体系显示了低库存对现金在公司和供应链里流动速度的影响。领先的供应链公司的现金流动周期大约为 30 天，远远低于一般的公司。这些贸易伙伴再也不把"慢速度付款"看成一种可行的战略了。

3. 供应链的生产灵活性

是供应链成员增加可承受的 20% 计划外生产所需要的平均时间。供应链在既定的财务指标内运营，同时对预期之外的需求变化的快速反应能力。为了对计划外增加的需求做出快速响应，供应链通常采用的一个做法是在当地为供应链伙伴储备一些零部件库存。那些最佳供应链的平均生产灵活性约为一到两周。

4. 供应链的运送绩效

指供应链成员的订单在要求的时间里准时或提前送达的平均百分比。在绩效一流的供应链里，有 94%~100% 的时间里是按照要求的日期进行运送的。而对一般的公司来说，准时运送约在 70%~80%。及时通知客户货物预计到达时间，成了很多供应链电子服务的一项内容。

5. 供应链完美订单的执行绩效

指供应链成员订单的准时送达、完成及无破损的平均百分比。这正在迅速成为运送业务的标准，成为绩效一流的供应链及其成员公司一项重要的竞争优势。

6. 供应链的电子商务运营绩效

指所有供应链成员通过网络下订单的平均百分比。在 1998 年，只有 2% 的公司通过互联网进行订单采购。到了 2000 年，有 75% 接受调查的职业采购人员说他们的公司通过互联网进行一些订单采购。如今，供应链公司都在对网络为基础的订单接收系统、营销战略、采用互联网进行的其他方式的沟通和研究上进行大手笔的投资。

当这里展示的评估体系和表 8-1 所列的世界一流的绩效评估体系组合在一起时，这些评估体系就可以帮助供应链的贸易伙伴向供应链的战略看齐，为它们创造竞争能力，从而在它们的市场里占据主导位置。最重要的是，这种类型的运营带来的结果是其利润比普通公司高出 75%。

8.5 供应链运作参考模型

在整合供应链和评估供应链成员运营绩效上广为认可的方法就是供应链运作参考模型（SCOR 模型）和平衡计分卡。SCOR 模型由供应链委员会在 1996 年推出。供应链委员会提出了供应链参考模型的目的是开发、维护、测试并验证跨行业的供应链过程标准，它提供了通用的供应链结构、标准的术语定义、与评价有关的通用标准和最佳实施分析，可用于评价、定位和实施供应链应用软件的公共模型。供应链委员会的成员们一直在对内部成员和外

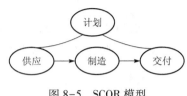

图 8-5 SCOR 模型

部购买 SCOR 模型软件的公司所使用的模型进行评估和更新。从图 8-5 我们可以看出，SCOR 模型把卖家的运送运作和买家的采购活动连接起来，这样就把供应链成员的运作结合起来。

全球很多行业的制造和服务公司都把 SCOR 模型作为供应链管理诊断、基准和程序改进的工具。SCOR 模型把供应链的运作划分为 5 个过程——计划、采购、制造、运送和退货。

（1）计划。需求和供应计划包括根据需求平衡资源；供应链计划的设立/沟通；对商业规则、供应链运营、数据搜集、库存、资本资产、运输和规则需求的管理。

（2）采购。资源储备，按订单生产，按订单设计，包括计划运送时间；收货、验货、产品运输；批准给供应商付款；考察、选择供应商；评估供应商的绩效；管理进货库存和供应商协议。

（3）制造。面向库存生产，按订单生产，按订单设计，包括安排生产活动；生产、检测、包装、分段运输、产品交付；对按订单设计的产品的最终定稿；对在制品、设备、设施和生产网络的管理。

（4）运送。对库存、按订单生产及按订单设计的产品的订单、仓储、运输和安装的管理，包括从订单的询价、报价到安排运输和选择承运商的所有订单步骤的管理；从产品接收、挑选到产品的出库、运输的仓储管理；对客户开具发票；管理成品库存和进口/出口需求。

（5）退货。把采购的物料退还给供应商，以及接受客户对最终产品的退货，包括同意和安排退货；收货、查验、对次品或多余产品的处理；退货更换或担保；管理退货库存。

SCOR 模型中有三个级别的标准化流程细节，SCOR 模型的执行并不是一项简单的任务，需要公司内部和供应链成员间在时间和交流方面做最大的投入。SCOR 模型可用于供应链结构的描述、度量和评估，所设计的模型可以在供应链成员间进行有效的沟通、绩效评估和流程整合。一个标准化的参考模型有助于管理团队关注管理的结果，对内外部客户的服务，和整个供应链绩效的提升。实际上，使用 SCOR 软件可以和实际运作企业一样，对任何供应链进行组织，评估并设立标准，为供应链的参与方带来持续的改进和竞争优势的提高。

8.6 BSC 平衡计分卡

1992 年，卡普兰和诺顿推出了通过平衡计分卡（BSC）来进行绩效评估的方法。这是一种将公司的绩效评估和其战略计划与目标结合起来的方法，因此也改进了管理决策。

BSC 的设计为经理们提供了一个正式的框架，使财务结果和非财务结果之间达到平衡，兼顾长期和短缺的规划。图 8-6 显示的 BSC 框架由 4 个角度组成。

（1）客户角度。着重于对客户需求和满意度的评估，包括客户满意度评分、客户流失、获取新客户、客户的价值特征、客户的利润度以及生产份额。

（2）财务角度。从收入增长、产品组合、成本下降、生产率、资产利用率和投资战略等方面进行评估。

（3）学习与成长角度。针对机构人员、系统和程序的评估，包括无形资产、员工的再培训、信息技术和系统的提高、员工的满意度等。

（4）内部业务流程角度。着重于机构内部主要业务流程绩效评估，包括质量、灵活性、流程的创新成分以及时间基准评估。

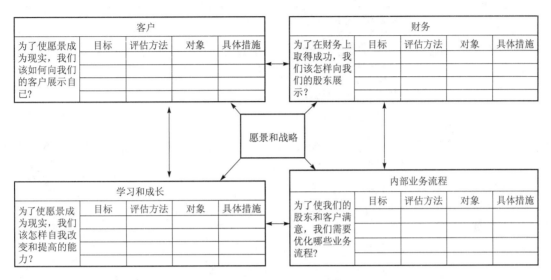

图 8-6　BSC 的框架

绩效评估体系将这些角度的内容联系在一起。针对公司战略计划的每个目标进行评估体系设计，包括产出评估体系和取得这些产出的绩效动力评估体系。在这个过程中，资深的管理者可以在公司内部能力的详细设定时进行引导，使其朝公司目标的方向发展。正确的计分卡设计应该支持公司的战略，由一套连接紧密、相互一致、相互补充的评估体系组成。

制定平衡计分卡的过程从定义公司的战略开始。一旦理解了公司的战略，并得到了资深管理者的认同后，下一步就可以把这些战略目标转化成绩效评估体系。BSC 中四个角度的每一方面都要求 4~7 项绩效评估项目，这样一张计分卡中对每个战略就有大约 20 项相关的评估。但是如果公司对自己所期望达到的目标不明确，没有意识到那些有着正确绩效评估的计分卡是和公司所推行的战略密切相关的，那么公司即便采用了 BSC，仍然有可能失败。

公司在设定一个协作的供应链时也可以采用 BSC，把计分卡的内部参照系扩展到包括内部职能和供应链合作伙伴的职能。这样一来，公司的员工就有了明确的目标：着重于公司的绩效对整个供应链成功所做的贡献。现金到现金周转时间就是一个综合评估体系的例子，可以包括跨机构的多种职能。布鲁尔和斯潘推出的一些评估体系把公司的界线扩展到了供应链，具体内容详见表 8-3。把这些和其他以供应链为基础的评估体系添加到传统使用的、更注重内部评估的平衡计分卡中有助于公司达到目标，同时对公司所在的供应链也有好处。

表 8-3　供应链的平衡计分卡评估

角度	评估体系
客户	供应链上客户服务点的数量
	对客户订单的响应时间
	客户对供应链价值的认识

续表

角度	评估体系
内部业务流程	供应链里的增值时间/总时间
	选择数量/订单处理周期
财务	供应链中在采购、持有库存、质量不合格和运送失败上的成本
	供应链所达到的目标成本百分比
	供应链所带来的利润百分比
	现金到现金的周转时间
	供应链资产的回报率
学习和成长	从产品准备完备到交付给客户之间的时间
	共享数据的数量/总数据
	客户需求的替代科技的数量

8.7 SMM 供应链管理成熟度表现及应用

8.7.1 供应链的柔性

供应链管理的目的在于建立具有竞争力的合作机制，形成一个优化的供应链增值体系。具有竞争力的供应链管理体系，应该具有承受成员动态变化、市场需求动态变化、供应链结构动态变化的能力，不应该受到各种环境因素变化的影响。

可以将柔性定义成反映客户需求的能力。供应链柔性主要包含连接柔性和管理柔性两部分。连接柔性体现了供应链成员之间连接的紧密程度，可以根据约束理论来衡量供应链成员之间关系的柔性；而管理柔性体现了供应链价值在传递过程中的无损程度，可以表示成价值增值能力，主要包含生产柔性和分销柔性两种类型。生产柔性体现了供应链改变产品生产水平的能力，用生产能力和生产能力利用之差来衡量。分销柔性体现了供应链按计划交货的能力，用现实的分销量和客户需求量之差来衡量。

1. 连接柔性

从信息功能集成、过程集成到节点企业资源集成的发展趋势，给供应链管理带来了新的需要，特别是供应链管理优化、计划和执行的方法，改善供应链业务流程的集成化程度，将从根本上改变供应链的连接柔性。

供应链节点企业之间的关系，是通过远景的描述和契约机制的完善来实现的。信息功能集成和过程集成不仅增进了信息共享和交流的能力，而且增进了企业资源集成的能力。信息和流程成为连接企业的重要途径，也是增强供应链节点企业之间紧密程度的重要方式。

根据约束理论，整条供应链连接的紧密程度取决于连接紧密程度最低的企业之间。因此，提高供应链连接柔性的方法应该面向整条供应链，不是简单地优化某个环节连接的紧密程度，并且形成一个动态的优化流程。

2. 管理柔性

建立一个优化的供应链体系，需要根据柔性供应链管理和刚性供应链管理的特征，如表 8-4 所示，消除供应过程中的约束限制。这些约束限制，主要就是企业的生产柔性和分销柔性不够。一般来说，销售商的订单所规定的交货日期比制造商生产这些产品的时间要短。在这种情况下，制造商不得不保持一定的产品库存，但是如果能延长订单周期，使之与制造商的生产周期保持一致，那么，制造商就可以真正实现按订单生产及零库存管理。制造商就可减少甚至消除库存，可以大大提高企业的经济效益。

表 8-4 柔性和刚性供应链管理的特征

柔性供应链管理的特征	刚性供应链管理的特征
按客户（或上层节点企业）的需求组织生产	通过预测来组织生产
牵引式生产方式	推进式生产方式
每天生产所有产品类型的产品	组织生产产品的方式为轮番生产类型
高可靠系统	低可靠系统
供应商之间是一种战略伙伴关系	没有正式的供应商伙伴
客户参与供应链管理	几乎没有客户伙伴
供应与需求同步	经常变动生产作业计划
整条供应链有一个统一的生产作业计划	在供应链中存在不同的生产作业计划和日程安排
基于供应链业务流程的管理	基于职能专门化的管理

自 20 世纪 90 年代以来，集成供应链管理（ISCM）力求克服传统管理思想中的采购、生产和销售之间的障碍，将企业内部和相关企业共同的产、购、销、人、财、物管理看作供应链的整体功能。实现集成化供应链管理的关键，是将企业内部供应链和外部供应商及客户集成起来，这也正是供应链管理思想的精髓所在。

集成供应链管理以系统的观点准确把握了供应链管理的实质，将企业内部的供应链与企业外部的供应链集成管理，达到全局动态最优的目标，以适应新的竞争环境下市场对生产和管理过程提出的高质量、高柔性和低成本的要求。

8.7.2 供应链的敏捷性

敏捷供应链的理论、技术和管理系统是支持动态企业联盟、实施敏捷制造的重要使能技术之一。敏捷供应链管理（ASCM）覆盖了从供应商的供应商到客户的客户的全部过程，包括采购、生产、库存管理、销售、运输和客户服务等环节。

1. 敏捷性的定义

根据 Martin Christopher 2000 年给出的定义，敏捷性是一种业务能力，它包含组织结构、信息系统、物流流程，特别是思想观念。敏捷组织的一个关键特性是柔性，毫无疑问，敏捷性作为一个业务概念来源于柔性制造系统。

敏捷性不同于精细化，不能混淆这两个概念。精细化强调的是以少量的投入生产出更多的产品，它经常应用于精细化生产，以实现零库存的 JIT 方法。Martin Christopher 从数量、

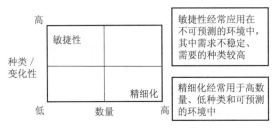

图 8-7 敏捷性和精细化的区别

种类和变化性三个维度,描述了敏捷性和精细化的区别,如图 8-7 所示。

2. 敏捷供应链

具有敏捷性的供应链不仅具有市场敏感性、虚拟性、过程集成和基于网络的特性,而且具有精细化和柔性,如图 8-8 所示。

敏捷供应链构筑了基于时间竞争的优势,能够实时满足波动的市场需求,保持与市场需求的同步。敏捷供应链的敏捷性主要来自如下几方面:

(1) 建立战略伙伴关系。良好的战略伙伴关系不仅包括良好的客户关系,而且也包括良好的供应商关系,通过实施 CRM 策略、VMI 策略和早期供应商参与策略,有利于建立良好的战略伙伴关系,形成一个关系协调的管理体系。

(2) 实现信息共享。信息已经成为供应链管理体系中重要的资源,信息共享可以产生任何资源共享所无法替代的力量。借助于信息共享,供应链节点企业之间可以缩短采购提前期、交货提前期等一系列提前期,提高供应链的市场反应能力。

(3) 形成多渠道纽带。改变传统的由采购部门——销售部门建立的企业间关联渠道,形成一个全方位的、具有多重连接的伙伴关系,如图 8-9 所示。

图 8-8 敏捷供应链的特性

图 8-9 具有多重连接的伙伴关系

(4) 降低复杂性。供应链复杂性来自产品和品牌增值能力,以及组织结构和管理流程。可以通过产品标准化和业务流程重组技术,有效地降低供应链管理体系的复杂性。供应链复杂性的降低,将有效地改善信息传递的速度、运营的效率、整体绩效和整体反应能力。

供应链的复杂性,还可以反映在供应链结构与物流和信息流的适应程度上。根据 Gregory N. Stock 等人 2000 年的研究成果,在供应链结构中主要包含渠道管制和地域分布。与物流和信息流适应的供应链体系,能够提高供应链的敏捷性和绩效,如图 8-10 所示。

敏捷供应链管理的研究与实现是一个复杂的系统工程,而基于供应链管理的信息集成和系统的快速重构是两个重要的研究领域。

供应链动态联盟的敏捷性直接反映了供应链体系的竞争力,这将为企业之间的信息交换与共享提供良好的基础,并促进企业间的合作、优势互补和企业生产模式的转变。敏捷性所反映的供应链绩效会影响供应链提供客户价值的能力,特别是在产品可得性方面,因而有必

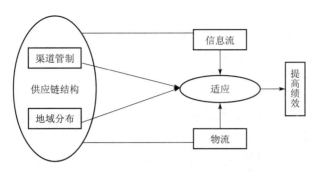

图 8-10 供应链的适应性

要开发评价供应链绩效的独立标准。

8.7.3 供应链管理成熟度的应用

供应链管理成熟度（SMM）从不同的侧面，全方位、多角度地反映了供应链管理体系信息集成、知识集成和过程集成的程度，因此，供应链管理成熟度可以作为一项综合的评价指标来反映供应链的整体绩效。供应链管理成熟度的应用结构如图 8-11 所示，具体的应用可以概括如下。

舜禅让大禹

图 8-11 供应链管理成熟度（SMM）的应用结构

1. 绩效评价

应用供应链管理成熟度对整个供应链体系运营能力进行综合评价，分析供应链的管理绩效，分析管理投入所带来的效率、效益和效能。

应用供应链管理成熟度对供应链进行绩效评价，能够及时准确地获得供应链运营状况的信息，及时采取有效措施，调控供应链体系中所有节点企业的运营方式，加快运营效率。

2. 供应链管理决策分析

在供应链管理体系中，主要包含物流决策、关系决策和整合决策，SMM 将成为各项决策的重要基础。

SMM 分析的结果能够综合反映是否应该强化某类决策行为，是否应该关注某类决策结果，是否应该跟踪某类决策进程，SMM 在决策分析中具有举足轻重的作用。

3. 寻找约束

由供应链节点企业构成的动态联盟，企业间和流程间存在各种类型的衔接关系，制约整个供应链运营的瓶颈因素，只有在 SMM 分析的基础上才能显现出来。借助于 SMM 分析，可以及时发现供应链体系中的约束，并进行调整，以保持供应链的动态优化。

寻找约束的过程，就是 SMM 分析的过程，将获得的 SMM 信息进行综合分析，重新平衡和配置各类资源，实现资源的最大化应用。

4. 建立标杆

随着竞争的加剧，供应链将成为竞争的焦点，因此，面向供应链体系的 SMM 分析将会获得反映供应链核心能力的参数，从根本上分析供应链面临的问题和解决问题的方法。

供应链标杆的建立，将形成一个具有较高 SMM 的标准体系，这个标准体系的建立和完善是以 SMM 为依据的，从不同的角度反映标杆的价值。

思考题

1. 传统的企业绩效评价指标不适于对供应链运营绩效评价的原因是什么？
2. 制定世界一流的绩效评估体系有哪些步骤？
3. 世界一流的绩效评估体系是什么？
4. 什么是供应链绩效评价的原则？
5. 供应链绩效评估方法有哪些？
6. SCOR 模型把供应链的运作划分为哪些过程？
7. 供应链的平衡计分卡从什么方面进行评估？
8. 简述供应链的柔性。
9. 敏捷供应链的敏捷性主要来自哪些方面？
10. 简述供应链管理成熟度的应用。

案例资料

中小型家族企业绩效考核实施之问题与对策

案例回放

"简单的考核则不见成效，复杂的考核则费时费力"，"严格的考核则人才流失率高，松懈的考核则业务成绩低"，"这可怎么办"……××公司的老总见到项目组后就大吐苦水。

××公司（以下简称"案例"）是一家中小型的家族企业，创业十几年来，业务稳步发展，直到今天已经是国内拥有较大规模和影响的高端润滑油专业制造商，以生产自主品牌的润滑油系列产品享誉市场。其管理人员上到董事长下到一般的业务员，都有家族成员的影子。尤其是公司的高层管理者，"占坑"的都是家族的成员——老子、儿子、女婿、女儿、儿媳、甚至亲家等全家覆盖。

目前，案例公司已有简单的、仅在销售部门实行的绩效考核措施，但这些考核也弊端重重，其中最大的问题在于指标设置过于简单，没有考虑到岗位要求的特殊性，从而造成指标考核的相对不公平而难以推行，另外公司内部的多头管理、目标不明确等也是造成绩效考核难以推行的原因。面对蓬勃发展的业务和公司的战略目标，公司急需建立一套科学、有效、简单、易行的绩效管理体系。绩效考核体系的建立向来就是一项长期的管理投资，案例公司开始建立科学的现代考核制度，当然毫无疑问地要经历一番探索的过程，暂时的不公平和欠科学的现象也是不可避免的。项目组通过仔细的管理诊断和翔实的岗位分析，针对中小型家族企业的特点，为客户量身定做了一套科学、高效、实用的绩效管理体系。在设计这套绩效管理体系过程中，项目组发现了在中小型家族企业绩效考核实施中的普遍性问题。

问题分析

1. 绩效目标不明确

众所周知，公司的目标是公司运转的导航仪，更是绩效目标的指南针。绩效目标要与公司目标保持高度一致。因此，绩效目标应定性为准确考核员工绩效并督促员工努力提高个人绩效，从而实现公司目标。然而，案例公司绩效管理体系并不能准确反映员工的绩效。公司的目标定位不明确，过于随意、笼统和空泛，不能切中要害。

2. 考核关系不清晰

首先，绩效考核中的考核者与被考核者应该是直接的上下级关系，这不仅有利于绩效考核的相对准确性和公平性，更利于下一个考核周期内工作的开展。但案例中"老板"太多，即使能够各谋其政，但在日常的工作中，尤其是在指使下属员工时，仍然避免不了多头指挥，这样在具体的考核实施过程中，考核者的不明确导致考核结果的失真。

其次，家族式企业的管理过分重视人情，这种管理模式使得与企业有血缘关系的内部员工之间人际关系融洽，而没有血缘关系的员工之间，以及员工与老板及亲属或亲信之间的利益关系，必须有一个客观公正的绩效标准，用统一的绩效标准来考核全体成员的行为，然而案例公司内家族成员之间与没有血缘关系的成员之间的考核关系极不明确。

3. 考核组织不得当

首先，考核组织工作应有人事部门来完成，人事部的工作重点应放在调查、研究、分析公司各部门的实际情况，制定行之有效的考核方案，并收集反馈信息，对考核方案进行适当调整上。然而案例中，人事部门几乎没有做具体的考核工作，而是由业务附属部门进行考核。

其次，绩效信息获取渠道不科学，案例公司在绩效考核时采取民主评议的方式，民主评议的方式很不合适，其主观性很大，必然有太多的成见和偏见等不实之见。民主评议的客观公正性不得不让人产生怀疑。

再次，考核者对绩效考核的认知不全面，而考核者也未经相应的培训，极易导致在民主评议中得出不符合实际的结果。另外，在民主评议的过程中对考核人员进行培训是不可能的，人事部相应的培训工作做得也不够好。

4. 考核内容不合理

考核内容过于统一。对于一个公司来说，不同的部门、不同岗位的要求、工作性质、工作方式有很大差别，所以要求对各部门的考核应有不同的侧重，针对各部门工作岗位的特点，确定相应的考核方法，选择适当的考核指标。然而，案例公司却采用统一标准、统一尺度、统一考核指标，对公司不同部门的人员进行考核。

5. 考核标准不准确

考核标准描述不准确。对于同一个考核指标，不同部门、不同岗位要设立不同的评价标准。然而，案例公司执行统一的评价标准，描述也是泛泛而谈，结果根本无法做到针对不同部门的特点作准确细致地描述。

考核内容和考核标准是考核过程最重要的环节，任何工作都要为考核内容和考核标准服务，所以案例公司的绩效考核工作的重中之重是考核内容和考核标准的改革。

6. 考核周期不科学

合理的考核周期是绩效考核成功的关键因素之一，周期太长的考核使考核者很难记住员工的长期表现，导致考核失误，比如以近期的表现代替整个考核期间的表现；而周期太短的考核容易使公司上上下下陷入烦琐的考核事务中，更为重要的是有的公司，员工的绩效目标可能需要数月才能达成，若在成果尚未具体实现时即对绩效予以考核，就不能产生真正的奖惩效果，反而滋生急功近利的草率行动，不利于绩效达成。

案例公司的考核周期不管对任何级别的考核都为一年，结果导致年终的考核不能准确地反映员工整年度的实际绩效。

解决方案

为尽快消除客户老板的苦恼，项目组为客户设计了切实可行的绩效考核体系，并辅之以以下几个方面的重点工作。

1. 进行绩效培训

成功进行绩效考核的前提之一是公司上下员工必须对绩效考核有比较全面正确的认识。案例公司中只有少数员工了解绩效考核，而大部分员工对绩效考核一知半解。上面分析的所有的绩效考核问题，其实归根结底都是由于对绩效考核认识偏差而实施不当所致。案例中每个岗位的考核内容和标准不够清晰，工作业绩不能从平时的记录中得出来。加上家族企业的企业文化向来是以人际关系为主，而不是以业绩为主，不够清晰的业绩标准当然会被人际纽带所歪曲。

所以项目组对各层级的员工进行一次全面系统的绩效考核的培训，让案例公司的所有员工对绩效考核有科学全面系统的认识。

2. 制定考核目标

由公司领导牵头，组成由人事部和各部门负责人参与的领导小组，对公司进行深入细致分析，制定总体考核目标，针对不同部门，确定各部门的考核目标。考核目标的制定，应从促进员工个人绩效发展和公司目标实现两方面着手。

3. 明确考核关系

首先，确定考核人员。民主评议费时、费力且效果不佳，建议取消，即使保留，也只能是一种分量很小的参考。针对各部门负责人的考核，由公司领导与人事部组成考核小组来考核；而对一般员工的考核，则由其直接上级主管领导来考核。人事部主要负责考核的组织与执行，以及对考核人员的技能培训和与被考人员的沟通等方面的工作。主要考核人为公司领导代表与本部门负责人。

其次，建立规范的上下级管理体系。家族企业中，多头管理和血缘人际管理非常普遍，但为了提升公司规范化管理的水平，必须制定统一、严格的标准和制度来规范绩效考核工作的进行，尽量避免甚至消除因血缘管理而产生的不公平。

4. 调整人事工作

增加人事部门人员，保证充分发挥人力资源管理的作用。把原先由业务附属部门所做的绩效考核工作统一划归到人事部，由人事部统一负责公司的绩效考核各项工作，调整人事部门把精力重点放在对公司各部门的调查、研究、分析，制定考核方案及考核方案完善上。同时，加强对员工做好考核宣传、解释以及与员工沟通的工作，使广大员工理解支持考核计划，使他们明白考核的过程，以便考核顺利进行。

5. 编制考核内容

首先，明确绩效考核的含义。绩效考核，顾名思义，是对绩效的一种检测，所以考核内容是工作业绩，工作能力，个人主观能动性。所设立的考核项目不得超过这三个基本框架范围。工作业绩所占比重在一半以上，而其余两项所占比重应基本相等。

其次，根据各部门考核目标，根据人事部对各部门的深入认识，在与各部门进行沟通确认的基础上，制定各部门的考核项目。如果部门中岗位之间差别很大，在制定考核项目时，也要做一定的调整。

6. 确定考核标准

案例公司中对绩效标准的规定过于统一和绝对，导致不同部门和不同员工的绩效标准一致而无法区分。我们认为应据绩效内容的不同而有所不同，另外，绩效标准要具有挑战性又不脱离实际，即大多数人经过努力是可以达到的，同时，绩效标准要有一定的稳定性。绩效标准是考核一个人工作绩效的权威性文件，因此，需要相当的稳定性，以保证标准的权威性。

7. 安排考核周期

案例公司的考核周期为一年，这个考核周期未免太长。调整为根绝员工层级的不同而采取不同的考核周期，高层管理者、高级技术人员的考核周期为一年，中层管理者、一般技术人员的考核周期为一季度，一般管理人员、基层员工的考核周期为一月。

案后解析

绩效考核工作是人事部门的重要工作之一，绩效考核工作规范化是公司走上规范化道路的必经环节，成功的绩效考核工作无论对公司还是员工个人都有无比重要的意义，能够不断提升公司的核心能力和竞争优势，不断提升个人绩效和公司绩效，保证公司战略目标的实现和员工个人职业规划目标的达成。

1. 绩效考核最忌人情考核

家族式管理过分重视人情，忽视制度建设和管理规范。另外，家族式管理任人唯亲现象严重。他们在处理工作关系时往往带着强烈的人情关系，按亲疏远近而非因才适用、因绩定功。因此在公司内产生"自己人"和"外人"的差别，造成了浓烈的家族主义氛围。绩效考核的过程中，人情的关照直接失去考核的实质意义。因此，在家族性企业中，进行绩效考核工作时，必须有一个客观公正的标准，用统一的标准和制度来约束全体成员的行为，才能形成客观公正的绩效考核机制和良好的组织秩序。

2. 绩效考核更忌一刀切

一刀切是公司绩效管理中很不平等的一种方式。毫无疑问，公司各个部门，各个职位的衡量方式是不一样的。公司首先要建立一套行之有效的绩效考核制度，将各个部门的岗位职责、产生的经济效益量化，在公司内部进行计划，再对完成任务的情况进行考核。而不是制定一个"放之四海而皆准"的普适性绩效标准，否则绩效考核的结果将事与愿违。

绩效考核并无简单、复杂之分，更无严格、松懈之别，家族企业的绩效考核也不例外，基于公司的发展阶段、企业文化和管理特点，有针对性地定制有效的绩效考核体系并非难事。至此，案例中那位老总的苦恼迎刃而解。

综上，这个案例并不是绩效考核的技术案例，更不是一个具体操作的案例，而是通过对实战经验的剖析，针对中小型家族企业绩效考核实施的实际情况，尤其是瞄准经常出现的问题，做一系统概括和总结。

（资料来源：http://www.cpss.cn/ztjj/ShowClass.asp?ClassID=144&page=2）

从《红楼梦》看《供应链管理》

1.《供应链管理》的知识

在教材"8.7.3 管理成熟度的应用"中有如下表述：

供应链管理成熟度（SMM）可以作为一项综合的评价指标来反映供应链的整体绩效。

绩效评价：分析供应链的管理绩效，分析管理投入所带来的效率、效益和效能。

寻找约束的过程，就是SMM分析的过程，将获得的SMM信息进行综合分析，重新平衡和配置各类资源，实现资源的最大化应用。

2.《红楼梦》第十四回有如下情境

林如海灵返苏州郡 贾宝玉路谒北静王

"这四个人专在内茶房收管杯碟茶器；这四个人单管酒饭器皿；这八个人单管收祭礼；这八个单管各处灯油、蜡烛、纸札；这二十个每日轮流各处上夜，照管门户，监察火烛，打扫地方。横竖你们上房里也有时辰钟：卯正二刻我来点卯；巳正吃早饭；凡有领牌回事，只在午初二刻；戌初烧过黄昏纸，我亲到各处查一遍，回来上夜的交明钥匙。"一面交发，一面提笔登记，某人管某处，某人领物件，开得十分清楚。众人领了去，也都有了投奔，不似先时只捡便宜的做，剩下苦差没个招揽，各房中也不能趁乱失迷东西。便是人来客往，也都安静了，不比先前紊乱无头绪：一切偷安窃取等弊，一概都蠲了。

3. 我们的理解

（1）供应链管理成熟度可以作为一项综合的评价指标来反映供应链的整体绩效，而《红楼梦》第十四回中"各房中也不能趁乱失迷东西。便是人来客往，也都安静了，不比先前紊乱无头绪：一切偷安窃取等弊，一概都蠲了"，就充分体现了宁国府内部管理的一个整体绩效。在王熙凤的管理下，宁国府内的秩序越发井井有条，治安也越来越好，整体绩效水平也较高。

（2）"一面交发，一面提笔登记，某人管某处，某人领物件，开得十分清楚。众人领了去，也都有了投奔，不似先时只捡便宜的做，剩下苦差没个招揽"充分体现了绩效评价，分析供应链的管理绩效，分析管理投入所带来的效率、效益和效能。王熙凤投入了自己大量的精力去管理宁国府内部，并在管理上严格要求，所以下人们做事效率高了；王熙凤对自己的管理效益的要求达到了；宁国府内部日常生活运作效能提升了。

（3）"这四个人专在内茶房收管杯碟茶器……凡有领牌回事，只在午初二刻；戌初烧过黄昏纸，我亲到各处查一遍，回来上夜的交明钥匙。"反映了寻找约束的过程，就是SMM分析的过程，将获得的SMM信息进行综合分析，重新平衡和配置各类资源，实现资源的最大化应用。王熙凤在管理上先将宁国府内的人力资源重新进行了配置，使得其人力资源得到了最大化应用，再将下人们的一些工作时间重新进行配置，这就使得时间得以充分利用。现今的一些管理体系是在传统的管理体系下发展而来的，它与传统的管理体系相比，更加的全面、完整和科学，它更能实现各类资源的最大化应用。

4. 给我们的启示

（1）供应链绩效评价的应用更能加快企业的运营效率。

（2）传统的管理体系的应用还存在着许多的不足和弊端。

（3）随着科学的发展，供应链管理体系会越来越全面、完善。

（4）供应链管理成熟度在决策分析中具有举足轻重的作用。

（10级物流一班：朱群伟、郑玲、汪瑾、陈川德、韩振新）

第 9 章
供应链企业的激励机制、标杆管理与风险管理

本章学习重点

供应链企业建立激励机制的重要性，供应链激励机制的特点与内容；标杆管理的作用、类型、实施步骤与注意的问题；供应链风险的定义、特点，供应链风险的分类，供应链风险管理的含义与基本环节。

9.1 供应链企业激励机制

9.1.1 建立供应链企业激励机制的重要性

为什么要建立供应链企业激励机制？要回答这个问题，不妨从一个实际例子谈起。某一大型汽车制造商为了促进其生产的汽车在市场上销售，向分销商提出了一个促销的激励措施。公司规定，只要经销商的销售额达到一定数额，年底时制造商将付给经销商一笔奖金。

同时，为了帮助经销商，制造商出面与银行签订了分期付款的协议。此举推行下去之后，曾出现一阵销售热潮，库存量明显下降。但是，到年底一算账，制造商才发现有问题。原来，经销商为了扩大销售业绩，纷纷下调价格出售汽车。结果，汽车卖出去不少，经销商也得到了实惠，但是制造商则损失惨重。制造商不得不承受低价销售的损失，使本来就步履艰难的生产经营活动雪上加霜。于是，制造商不得不检讨该项措施的失误，第二年重新制定新的促销战略。

这个例子说明，制造商的出发点是激励经销商多卖汽车，希望在给自己带来效益的同时，经销商也能获得一定利益。但是，事与愿违，此激励措施不但没有发挥正常作用，反而给企业造成一定的损失。

导致这种情况出现的原因当然是多种多样的，其中之一就是在实现委托代理过程中的风险所造成的。委托代理过程中的风险有多种表现形式，其中最为常见的是不完全信息下决策的风险、代理人的道德风险等。供应链企业间的关系实际上是一种委托代理关系。事实上就是居于信息优势与处于信息劣势的市场参加者之间的相互关系。由于信息非对称现象在经济活动中相当普遍，而许多经济合同又都是在信息非对称条件下执行的，难免出现道德风险问题。产生道德风险的原因之一在于代理人拥有私有信息。这从道德风险对策环境中看得很清

楚。委托人与代理人签订合同时，双方所掌握的信息是相互对称的（至少双方都认为他们自己已经掌握了对方了解的信息）。然而，建立委托代理关系后，委托人无法观察到代理人的某些私有信息，特别是代理人努力程度方面的信息。在这种情况下，代理人可能会利用其私有信息采取某些损害委托人利益的行动。为了克服道德风险带来的危害，委托代理理论普遍发展了以合作和分担风险概念为中心的信息激励机制理论。

对委托人来讲，只有使代理人行动效用最大化，才能使其自身利益最大化。然而，要使代理人采取效用最大化行动，必须对代理人的工作进行有效的激励。因此，委托人与代理人，即制造商和供应商或制造商和经销商之间的利益协调关系，就转化为信息激励机制的设计问题。所以说，设计出对供应链上各节点企业的激励机制，对保证供应链的整体利益是非常重要的。

9.1.2 供应链激励机制的特点

在供应链管理环境下，企业的激励机制有着与传统管理模式不同的特点。企业激励的主体与客体、激励的目标、激励的手段都发生了变化，必须根据供应链企业的特点制定相应的激励措施。

1. 供应链企业激励主体与客体的变化

激励主体是指激励者，激励客体是指被激励者，即激励对象。供应链企业激励主体已从传统企业最初的企业主、企业管理者委托人转变为今天供应链中的核心企业。相应地，供应链企业激励客体也从传统企业最初的蓝领、白领、代理人转变为供应链中的上、下游成员企业。因此，供应链管理环境下的激励主体与客体的内涵与传统企业有着很大区别，主体与客体的关系已从原来的单一关系变为以下一些关系：核心企业对成员企业的激励；制造商（下游企业）对供应商（上游企业）的激励；制造商（上游企业）对销售商（下游企业）的激励；供应链对成员企业的激励；成员企业对供应链的激励。

2. 供应链企业激励目标的变化

供应链企业激励目标是追求整个供应链的效益最大。供应链企业激励目标主要是通过某些激励手段调动委托人和代理人的积极性，兼顾合作双方的共同利益，消除由于信息不对称和道德行为带来的风险，使供应链的运作更加顺畅，实现供应链企业共赢的目标。

供应链企业相互之间的利益应通过建立激励机制使其不再矛盾对立，而是趋于一致。供应链企业为了实现整个系统效益最大化，必须紧密协作、精细分工，共同对产品的成本、质量以及上市时间进行控制。在技术和市场竞争日趋激烈的今天，产品的成本、质量，特别是上市时间和技术创新已成为一个产品在市场中能否取得胜利的关键，因此供应链企业在这些方面能否进行广泛和深入的合作，是关系到整个供应链成败的关键。供应链中的核心企业必须从战略的角度出发，对产品的成本、质量、上市时间、技术创新等问题进行深入细致的研究和评估，然后与链上其他企业进行广泛的合作，制定出具体的策略和计划。

供应链企业的激励过程可以借用传统的激励过程模型来描述，如图 9-1 所示。供应链的激励机制包含激励对象（又称激励客体、代理方）、激励的目标、供应链绩效测评（包括评价指标、指标测评和评价考核）和激励手段（正激励和负激励、物质性激励、精神性激励和感情性激励）等内容。事实上，根据供应链激励的特点，供应链的激励机制还隐含了两个内容：供应链协议和激励者（又称激励主体、委托方）。考察激励主体，实质是站在什么角度去实现激励行为，达到什么目的。

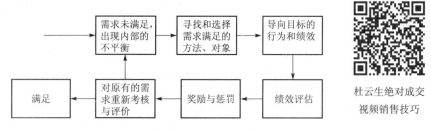

图 9-1　激励过程模型

9.1.3　激励机制的内容

从一般意义上讲，激励机制的内容包括激励的主体与客体、激励目标和激励手段。

1. 激励的主体与客体

激励的主体从最初的业主转换到管理者、上级，到今天已经抽象为委托人。相应地，激励的客体从最初针对蓝领的工人阶层转换到白领的职员阶层，以及今天的代理人。供应链管理中的激励对象（激励的客体）主要指其成员企业，如上游的供应商企业、下游的分销商企业等，也包括每个企业内部的管理人员和员工。这里主要讨论对以代理人为特征的供应链企业的激励，或对代理人的激励。供应链管理环境下的激励主体与客体主要涉及以下5对：核心企业对成员企业的激励，制造商（下游企业）对供应商（上游企业）的激励，制造商（上游企业）对销售商（下游企业）的激励，供应链对成员企业的激励，成员企业对供应链的激励。

2. 激励目标

激励目标主要是通过某些激励手段，调动委托人和代理人的积极性，兼顾合作双方的共同利益，消除由于信息不对称和败德行为带来的风险，使供应链的运作更加顺畅，实现供应链企业共赢的目标。

3. 激励手段

供应链管理模式下的激励手段多种多样。从激励理论的角度来理解，主要有正激励和负激励两大类。

正激励和负激励是一种广义范围内的划分。正激励是指一般意义上的正向强化、正向激励，是鼓励人们采取某种行为；负激励是指一般意义上的负强化，是一种约束、一种惩罚，阻止人们采取某种行为。

正激励是指在激励客体和激励目标之间形成一股激励力，使激励客体向激励目标进发。负激励是对激励客体实施诸多约束，而仅预留指向激励目标一个方向给激励客体发展，从而达到向激励目标进发的激励目的。通常的激励方式基本上都是正激励，负激励被作为约束机制来研究。

对于激励的手段，在现实管理中主要采取三种激励模式：物质激励模式、精神激励模式和感情激励模式。

在 X 理论和"经济人"假设的前提下，物质性刺激是唯一或者是主要的激励手段。在物质性刺激因素中，金钱的作用首当其冲。对供应链管理来讲，物质激励模式可以理解为利润的刺激。要保证代理人企业获得理所应当的经济利益，同时又能鼓励它积极工作，就要在物质收益方面建立满足代理人经济利益的激励指标，如图 9-2 所示。

(1) 价格激励。在供应链环境下，各个企业在战略上是相互合作的关系，供应链的各个企业间的利益分配主要体现在价格上。价格包含供应链利润在所有企业间的分配、供应链优化而产生的额外收益或损失在所有企业间的均衡。供应链优

图 9-2　激励指标

化产生的额外收益或损失大，多是在相应企业承担，但是在许多时候并不能辨别相应对象或对象错位，因而必须对额外收益或损失进行均衡。这个均衡通过价格来反映。

价格对企业的激励是显然的。高的价格能增加企业的积极性，不合理的低价会挫伤企业的积极性。供应链利润的合理分配有利于供应链企业间合作的稳定和运行的顺畅。但是，价格激励本身也隐含着一定风险，这就是逆向选择问题。即制造商在挑选供应商时，由于过分注重价格的谈判，往往选中报价较低的企业，而将一些整体水平较好的企业排除在外，其结果影响了产品的质量、交货期等。当然，看重眼前的利益是导致这一现象的一个不可忽视的症结。出现这种差供应商排挤好供应商的最为根本的原因是：在签约前对供应商的不了解，没意识到低价风险。

(2) 订单激励。供应链获得更多的订单是一种极大的激励，在供应链内的企业也需要更多的订单激励。一般地，一个制造商拥有多个供应商。多个供应商竞争来自制造商的订单，多的订单对供应商是一种激励。

(3) 商誉激励。商誉是一个企业的无形资产，对企业极其重要。商誉来自供应链内其他企业的评价和本企业在公众中的声誉，反映了企业的社会地位（包括经济地位、政治地位和文化地位）。委托代理理论认为，在激烈的竞争市场上，代理人的代理量（决定其收入）决定于其过去的代理质量与合作水平。从长期来看，代理人必须对自己的行为负完全的责任。

即使没有显性激励的合同，代理人也要积极努力工作，因为这样做可以改进其在市场上的声誉，从而提高未来收入。

从我国目前的情况看，一个不可否认的事实是：外资企业和合资企业更看重自己的商誉，而我国有些较差的企业，长期以来习惯于听命上级领导的指示，对纵向关系十分重视，而对于横向关系没有提高到一个战略的高度来认识。久而久之，企业没有养成良好的合作精神。除了履行合同的意识较差（如不能按交货期按时交货、不按合同付款、恶意欠债等）外，企业之间相互拖欠货款已经不是个别现象了，甚至将按期付款反而被看作不正常的奇怪现象。这些行为严重影响了这些企业的声誉。声誉差一方面使企业难以获得订单，另一方面也埋下了风险的种子。

为了改变这种状况，企业应该从长远发展的战略目标出发，提高对商业信誉重要性的认识，不断提高信守合同、依法经营的市场经济意识。整个社会也要逐渐形成一个激励企业提高信誉的环境，一方面通过加强法制建设为市场经济保驾护航，严惩那些不遵守合同的行为，另一方面要大力宣传那些遵纪守法、信守合同、注重信誉的企业，为这些企业获得更广泛的认同创造良好的氛围。通过这些措施，既可打击那些不遵守市场经济游戏规则的企业，又可帮助那些做得好的企业赢得更多的用户，起到一种激励作用。

（4）信息激励。在信息时代，信息对企业来说，意味着生命。企业获得更多的信息意味着企业拥有更多的机会、更多的资源，从而获得激励。信息对供应链的激励实质属于一种间接的激励模式，但是它的激励作用不可低估。在供应链企业群体中利用信息技术建立信息共享机制，主要目的之一就是为企业获得信息提供便利。如果能够很快捷地获得合作企业的需求信息，本企业就能够主动采取措施提供优质服务，必然使合作方的满意度大为提高。这对在合作方建立起信任有着非常重要的作用。

因此，企业在新信息不断产生的条件下，始终保持着了解信息的欲望，更加关注合作双方的运行状况，不断探求解决新问题的方法，就达到了对供应链企业激励的目的。信息激励机制的提出，也在某种程度上克服了由于信息不对称而使供应链中企业相互猜忌的弊端，消除了由此带来的风险。

（5）淘汰激励。淘汰激励是负激励的一种。优胜劣汰是世间事物生存的自然法则，供应链管理也不例外。为了使供应链的整体竞争力保持在一个较高的水平，供应链必须建立对成员企业的淘汰机制，同时供应链自身也面临被淘汰。淘汰弱者是市场规律之一，保持淘汰对企业或供应链都是一种激励。对优秀企业或供应链来讲，淘汰弱者使其获得更优秀的业绩；对于业绩较差者，为避免被淘汰的危险，更需要上进。

淘汰激励是在供应链系统内形成一种危机激励机制，让所有合作企业都有一种危机感。这样一来，企业为了能在供应链管理体系获得群体优势的同时自己也获得发展，就必须承担一定的责任和义务，对自己承担的供货任务，在成本、质量、交货期等方面负有全方位的责任。这一点对防止短期行为和"一锤子买卖"给供应链群体带来的风险也起到一定的作用。危机感可以从另一个角度激发企业发展。

（6）组织激励。在一个较好的供应链环境下，企业之间的合作愉快，供应链的运作通畅，很少有争执。也就是说，一个组织良好的供应链对供应链及其内的企业都是一种激励。减少供应商的数量，并与主要的供应商和经销商保持长期稳定的合作关系，是制造商采取组织激励的主要措施。但有些企业对待供应商与经销商的态度忽冷忽热，零部件供过于求时和供不应求时对经销商的态度两个样。产品供不应求时对经销商态度傲慢，供过于求时往往企图将损失转嫁给经销商。因此，得不到供应商和经销商的信任与合作。产生这种现象的根本原因，是由于企业管理者头脑中没有建立与供应商、经销商的长期战略合作的意识，管理者追求短期业绩的心理较重。如果不能从组织上保证供应链管理系统的运行环境，供应链的绩效会因此受到影响。

（7）新产品/新技术的共同开发。新产品/新技术的共同开发和共同投资也是一种激励机制。它可以让供应商全面掌握新产品的开发信息，有利于新技术在供应链企业中的推广和开拓供应商的市场。

在传统的管理模式下，制造商独立进行产品的研究与开发，只将零部件的最后设计结果交由供应商制造。供应商没有机会参与产品的研究与开发过程，只是被动地接受来自制造商的信息。这种合作方式最理想的结果也就是供应商按期、按量、按质交货，不可能使供应商积极主动关心供应链管理。因此，供应链管理实施理想的企业，都将供应商、经销商甚至用户结合到产品的研究开发工作中来，按照团队的工作方式展开全面合作。在这种环境下，合作企业也成为整个产品开发中的一分子。其成败不仅影响制造商，而且也影响供应商及经销商。因此，每个人都会关心产品的开发工作，这就形成了一种激励机制，构成对供应链上企业的激励作用。

9.2 标杆管理

思政之窗

各国奉唐太宗为天可汗

9.2.1 标杆管理概述

企业标杆管理是在 20 世纪 70 年代末由施乐公司首创,后经美国生产力与质量中心系统化和规范化。企业标杆管理是现代西方发达国家企业管理活动中支持企业不断改进和获得竞争优势的最重要的管理方式之一。标杆管理的基本环节是以最强的竞争企业或那些行业中领先和最有名望的企业在产品、服务或流程方面的绩效及实践措施为基准,树立学习和追赶的目标。通过资料收集、比较分析、跟踪学习、重新设计并付诸实施等一系列规范化的程序,将本企业的实际状况与这些基准进行定量化评价和比较,分析这些基准企业达到优秀绩效水平的原因,并在此基础上选取改进本企业绩效的最佳策略,争取赶上和超过对手,成为强中之强。标杆管理方法蕴含科学管理规律的深刻内涵,较好地体现了现代知识管理中追求竞争优势的本质特性,因此具有巨大的实效性和广泛的适用性。如今,标杆管理已经在库存管理、质量管理、市场营销、成本管理、人力资源管理、新产品开发、企业战略、研究所管理、教育部门管理等各个方面得到广泛的应用,并不断拓宽新的应用领域。据美国 1997 年的一项研究表明,1996 年世界 500 强企业中有近 90% 的企业在日常管理活动中应用了企业标杆管理,其中包括 Kodak、Ford、IBM、Xerox 等。

9.2.2 标杆管理的作用

标杆管理之所以能引起各大企业的重视并风靡于世界,其根本原因在于它能给企业带来巨大的实效。标杆管理为企业提供了一种可行、可信的奋斗目标,以及追求不断改进的思路,是发现新目标以及寻求如何实现这一目标的一种手段和工具,具有合理性和可操作性。

(1) 标杆管理是企业绩效评估的工具。
(2) 标杆管理是企业持续改进的工具。
(3) 标杆管理是企业绩效提升的工具。
(4) 标杆管理是企业战略制定的工具。
(5) 标杆管理是企业增进学习的工具。
(6) 标杆管理是挖掘企业潜力增长的工具。
(7) 标杆管理是衡量企业工作好坏的工具。
(8) 标杆管理是企业实行全面质量管理的工具。

9.2.3 标杆管理的类型

1. 内部标杆管理

内部标杆管理是以企业内部操作为基准的标杆管理,是最简单且易操作的标杆管理方式之一。辨识内部绩效标杆的标准,即确立内部标杆管理的主要目标,可以做到企业内信息共享。辨识企业内部最佳职能或流程及其实践,然后推广到组织的其他部门,不失为企业绩效提高最便捷的方法之一。单独执行内部标杆管理的企业往往持有内向视野,容易产生封闭思维。因此在实践中，内部标杆管理应该与外部标杆管理结合起来使用。

2. 竞争标杆管理

竞争标杆管理是以竞争对象为基准的标杆管理。其目标是与有着相同市场的企业在产品、服务和工作流程等方面的绩效与实践进行比较，直接面对竞争者。这类标杆管理的实施比较困难，原因在于除了公共领域的信息容易接近外，其他关于竞争企业的信息不易获得。

3. 职能标杆管理

职能标杆管理是以行业领先者或某些企业的优秀职能操作为基准进行的标杆管理。这类标杆管理的合作者常常能相互分享一些技术和市场信息，标杆的基准是外部企业（但非竞争者）及其职能或业务实践。由于没有直接的竞争者，因此合作者往往比较愿意提供和分享技术与市场信息。不足之处是费用高，有时难以安排。

4. 流程标杆管理

流程标杆管理以最佳工作流程为基准进行的标杆管理。标杆管理是一系列的工作流程，而不是某项业务与操作职能或实践。这类标杆管理可以跨越不同类组织进行。虽然被认为有效，但也很难进行。它一般要求企业对整个工作流程和操作都有全面的了解。

9.2.4 标杆管理的实施步骤

标杆管理的先驱和最著名的倡导者——施乐公司的罗伯特·开普，将标杆管理活动划分为5个阶段，每阶段有若干个步骤。

1. 计划

确认对哪个流程进行标杆管理，确定用于做比较的公司，决定收集资料的方法并收集资料。

可在下面领域中来决定现在公司该从哪一流程开展标杆管理工作：了解市场和消费者，设计产品和服务，推销产品和服务，提供产品和服务，向客户提供服务，确立公司愿景和战略，开发和管理人力资源，管理各种信息，管理财务资源，管理物质资源。

要尽可能使自己成为对业务流程进行标杆管理的专家；向该业务流程的最直接的参与者了解该流程从头到尾是怎样运作的；鼓励员工坦言流程中存在的问题与可以改进的地方；将该流程分解成若干个子流程，以确保了解整体流程和每一细节。为确定作为标杆对象的公司，让你的成员进行头脑风暴法式的群体讨论，寻求以下问题的答案：哪一个公司需要真正做好这一流程？为什么？并收集尽可能多的答案。

2. 发现与分析

了解作为标杆管理的公司，确定自己目前的做法与最好的做法之间的绩效差异，拟定未来的绩效水准。

尽可能地了解被确认为标杆管理对象的公司。像数据库、行业联盟时事通信以及公司年报等资源都是非常有用的。目标是尽可能地了解该公司的资讯及其业务流程，从而能充分利用向标杆公司学习的机会。与此同时，在对该公司进行标杆管理拜访时，要对意外之事保持心态开放，并做到保持合法性、愿意提供你所获得的、尊重机密性、防止信息外流、未经许可不得擅自引用、从一开始便有所准备、诚信、承诺并全力贯彻等应该遵守的行为规范。

3. 整合

针对标杆管理过程中的发现进行交流并获得认同，确立部门目标。

4. 行动

制订行动计划，实施明确的行动并监测进展情况。

制订一个行动计划以实施在其他组织中观察到的实践活动。计划应包含以下基本要素：人事、预算、培训、所需资源、评估方法等。计划应能反映小组成员关于哪个实践活动是应最先进行的，哪个活动最适于在本公司开展等的判断。

5. 监测与评估

对革新所产生的长远结果进行定性和定量的评估，重新调校标杆。

9.2.5 标杆管理的若干问题

1. 企业伦理问题

企业伦理指任何商业团体或机构以合法手段从事经营时所应遵循的伦理规则，是企业在处理内外部关系时所应遵守的行为规范。简单地说，企业伦理就是处理人与人之间关系的行为规范。

标杆管理中要考虑的企业伦理主要指确定个人与组织间交流协议的原则、规范或标准。在标杆管理过程中可能会出现许多伦理问题，包括：开展标杆活动的企业有没有权利发展标杆企业管理的概念和方法等内容；如果开展活动的企业收集到标杆企业极有价值的信息，那么它有没有权利在其广告等活动中使用？这些问题不是很快或很容易就能够回答的。标杆合作者需要在这些问题上交流相互的期望和感觉，并遵循一些基本规范。它们需要建立具体的行为规则，包括不应该通过分享信息来获得竞争优势，但可以通过分享信息彼此改进或相互受益。另外，开展活动的企业不应该向标杆企业索要一些敏感性数据，也不应该为了使标杆管理活动能继续进行而施加压力，迫使合作者公开这些信息。数据资料应视为机密，不应该用来限制竞争或获得优势。

2. 法律问题

标杆管理要求参与者意识到这种标杆关系的一些法律问题，包括期望、所有者信息、知识产权、反托拉斯和不平等交易、证据、贬低和诽谤等。

期望指每个合作者认为什么应该公开并且怎么使用。企业之间应该相互意识到对方的期望。标杆企业应该问自己，分享这些信息是否会违背标杆活动者的期望。

所有者信息指标杆企业创造、获得或控制的还没有公开发布且如无限制仍希望继续保持机密的任何信息，这需要行业规范来保证。

知识产权指科研成果、工业设计、计算机程序等，包括专利、商标和版权。合作双方应了解各自所拥有的知识产权的性质，并对知识产权的限制进行法律咨询。

反托拉斯和不平等交易实践是政府关心的问题。参与标杆管理的各方应该充分意识到反托拉斯和不平等交易实践，因为法律不相信单纯的合作活动，相反会仔细审视这些行为和动机。标杆管理本身不是反竞争的，然而当涉及竞争时，界限就容易模糊。合作者应该事先就竞争和限制交易的权利展开讨论。同时，竞争者应避免讨论定价、生产能力等问题。开展标杆管理活动的企业应该尽量通过图书馆、互联网和咨询等安全的方式来获取信息。

证据虽然关键,却是相对简单的问题。它指一个合作企业(标杆企业)给予另一个企业(开展标杆管理活动的企业)的信息。这些信息包括标杆企业成功和失败两方面的信息。提供的信息应对接收者有用,同时也不要伤害提供者自己。另外,所有信息都应该真实。在国外,这已经成为大多数企业的共识。

贬低和诽谤不应该成为标杆管理活动的目的。标杆活动应该把注意力放在向标杆企业学习方面。

3. 实施问题

标杆管理很有效,但实施中往往容易出现偏差。

(1) 容易将注意力集中于数据方面。标杆管理的真正价值应该是弄明白产生优秀绩效的过程,并在本企业实施,而不应该只注重某几个财务数据本身。

(2) 不明白数据的真正来源。标杆管理者往往注重绩效数据,但对数据的来源不重视,这很容易产生比较错误,从而难以进行对口比较。

(3) 偏离顾客和员工。为了很快实现标杆管理目标,开展标杆活动的企业有时会采取快收慢付等手段来达到利己的收集数字的目标,这反过来会影响与顾客、供应商及员工的关系。

(4) 来自员工的抵触情绪。意识到执行的障碍无助于标杆管理者开展工作。障碍之一来自员工。有些员工往往不愿与新政策合作。最佳实践不能强加,要让员工意识到或看到将来会发生什么。

(5) 执行不当。标杆管理最终的执行者是员工。因此,员工从一开始就应该明白这一过程,而不是等到要执行时才想到员工。

(6) 意识和观念问题。标杆管理是一种持续过程,而不是一次性工程。有些企业会以为别人的东西不一定是好的;有些企业怕通过标杆管理暴露自己的弱点。标杆管理是企业的长效管理,应该变为企业的日常活动。

4. 费用问题

标杆管理无疑需要一定的经费,包括差旅费和其他间接费用,如研讨费、咨询费等。降低费用的一个办法是在寻求和考察标杆企业之前做好充分的准备。1997 年的一项研究表明,在 1992 年,一项标杆管理活动的平均费用是 50 000 美元,1996 年降到 5 000 美元。这说明,合理筹划可以大大降低标杆管理活动的成本。

9.3 供应链风险的概念与特点

9.3.1 供应链风险的定义

供应链风险是一个比较新的概念,它是风险在供应链领域应用的一个特例,目前没有统一的认识,国内外学者从各种角度对其进行了定义。

(1) 根据 Deloitte 咨询公司 2004 年发布的一项供应链研究报告,供应链风险是指对一个或多个供应链成员产生不利影响或破坏供应链运行,而使得供应链达不到预期目标甚至导致失败的不确定性因素或意外事件。

(2) Cranfield School of Management 把供应链风险定义为供应链的脆弱性,供应链风险因素的发生通常会降低供应链运行效率、增加成本，甚至导致供应链的破裂和失败。有效的供应链风险管理将使供应链运行安全，降低运行成本，提高供应链的运行绩效。

（3）丁伟东等指出，供应链风险是一种供应链潜在的威胁，会导致供应链系统脆弱，对供应链系统造成破坏，给上下游企业以及整个供应链带来损失和损害。供应链上的各环节是环环相扣的，彼此依赖，相互影响，任何一个环节出现问题，都可能波及其他环节，影响整个供应链的正常运作。

综上所述，结合风险的定义，我们认为，作为一种特定领域的风险，供应链风险是指供应链企业在运营过程当中，由于各种不确定因素使供应链企业实际收益与预期收益发生偏差的大小及可能性。

供应链的参与主体多、跨地域、多环节的特征，使供应链容易受到来自外部环境和链上各实体内部不利因素的影响，形成供应链风险。

9.3.2 供应链风险的特点

1. 客观性与必然性

自然界中的地震、洪涝灾害等自然灾害与社会环境中出现的战争、冲突等，都是一种不以人们的主观意志为转移的客观存在，因此它们决定了供应链风险的产生具有客观性。而且，虽然供应链是作为一个整体来应对市场竞争，但供应链环节中的企业仍是市场中的独立经济实体，彼此之间仍存有潜在利益冲突和信息不对称。在这种不稳定的系统内，各节点企业是通过不完全契约方式来实现企业之间的协调，因而供应链必然存在风险性。

韩信临死前的一句话

2. 偶然性和不确定性

尽管供应链风险的产生具有客观性与必然性，但我们并不能确切地知道，风险在何时、何地，以何种形式出现，其危害程度、范围如何。这是因为风险所引起的损失后果往往是以偶然和不确定的形式呈现在人们面前的。供应链风险是作为一种具有发生和不发生两种可能的随机现象而存在的。在一定条件下，人们可以根据经验数据的统计发现，某一风险存在或发生的可能性具有较规则的变化趋势，这就为人们预测风险提供了可能。

3. 多样性与复杂性

供应链从诞生之日起就面临许多风险，它不仅要面对普通单个企业所要面对的系统风险与非系统风险、财务资产风险、人力资产风险、危害性风险与财务性风险，还要面对由于供应链的特有结构而决定的企业之间的合作风险、技术与信息资源传递风险、合作利润在不同企业中分配的风险和市场风险等。这些风险产生的原因也是很复杂的，有时很难对风险进行分析与预防。

4. 传递性与放大性

由于供应链从产品开发、生产到流通过程是由多个节点企业共同参与，因此风险因素可以通过供应链流程在各个企业间传递和累积，不只是影响到当事企业，而是利用供应链系统的脆弱性，对供应链系统造成破坏，给上下游企业带来损害和损失，影响整个供应链的正常运作。这是由于供应链作为一个系统而产生的特点。因此，对供应链风险的传递和控制是供应链管理的关键之一。

9.3.3 供应链风险的分类

从不同的角度、按照不同的标准，对供应链风险有不同的分类结果如图9-3所示。

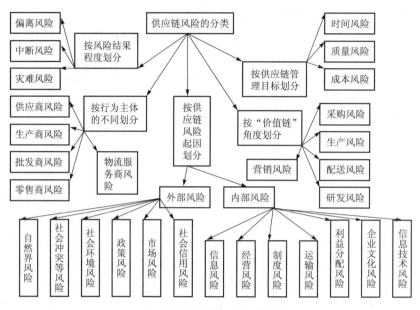

图9-3 供应链风险的分类

1. 按照供应链风险的起因划分

按照供应链风险的起因来划分，可以将供应链风险分为外部风险和内部风险。

1）外部风险

外部风险，是指由外界的不确定性因素导致的风险，这些风险一般是难以控制和预测的，也可以称为环境风险。

（1）自然界风险。主要包括：源于地震、火山爆发、洪水以及其他各种不可抗拒的自然灾害原因，给供应链成员带来的风险。

（2）社会冲突、恐怖事件和社会动荡风险。主要指由于社会冲突、恐怖事件和社会动荡的存在，给货物和商品的流通造成了很大危害，这些危害增加了许多供应链企业的风险，导致了更多供应链的中断。

（3）社会环境风险。主要包括：工厂水污染、电力供应中断、火灾风险、类似于SARS、H1N1导致生产中断的风险。

（4）政策风险。主要包括：一是由于宏观政策和金融危机存在着一定的偏差，会导致经济危机的发生、企业破产，造成企业违约。二是对政府经济政策的预期会影响供应链中上下游实体之间的策略行为，也会增加节点企业面临风险的可能。

（5）市场风险。主要包括源于顾客核心需求识别不足和市场不稳定所导致的风险。

（6）社会信用风险。主要包括由于社会信用机制的缺失，导致社会信息流通不畅、企业恶意违约的成本不大而带来的风险。

2）内部风险

（1）信息风险。主要包括源于信息不完全或信息阻塞的风险。

（2）经营风险。主要包括源于合作伙伴经营过程中的不确定导致的风险。

（3）制度风险。主要包括源于制度方面的不确定导致的风险。

（4）运输风险。主要包括源于运输方面的不确定导致的风险。

（5）利益分配风险。主要包括源于利益分配不均导致的风险。

（6）企业文化风险。主要包括源于企业经营理念、文化制度、员工的职业素养和敬业精神等方面缺失导致的风险。

（7）信息技术风险。主要源于数据传输过程中被竞争者窃取、信息基础设施故障导致的风险。

2. 按风险结果程度划分

按照风险结果带给供应链的影响程度来划分，可以将供应链风险分为偏离风险、中断风险和灾难风险。

（1）偏离风险。偏离风险的产生是由一个或更多个参数变化所引起的，这些参数有：成本、需求、提前期等。当这些参数偏离它们的预期值或者均值的时候，供应链的根本结构没有什么改变。这样的风险有：需求波动、供应波动、采购成本和产品成本等成本的波动、提前期和运输时间的波动等。

（2）中断风险。人为因素或自然因素产生的不可预料事件引起了某种产品、仓库和运输的不可获得时，会导致供应链系统根本的改变，这时中断风险就产生了。中断风险有：产品的中断，比如我国台湾地震造成了 IC 芯片的中断，TOYOTA 在墨西哥的一个工厂发生的火灾导致了某个部件的中断；供应的中断，比如英格兰传播的口蹄疫导致的肉类供应的中断；运输中断，比如美国港口的停工造成了从亚洲运往美国的部件运输的中断。

（3）灾难风险。灾难风险是指不可预计的灾难性的系统性中断导致了暂时的不可挽回的供应链网络的停滞。比如，"9·11"恐怖主义袭击事件后，美国消费低迷、很多工厂停工，所有这些造成了美国整体经济的暂时停滞。通常，供应链可以设计得足够强健以应对偏离风险和中断风险，但是，依靠设计一个足够强健的供应链来应对灾难风险则是不可能的。

3. 按照行为主体的不同划分

供应链是一个多参与主体、多环节的复杂系统，参与供应链活动的行为主体包括：提供原辅材料和服务的供应商、生产商、批发商、零售商以及物流服务商等。

按照行为主体的不同，供应链风险又可划分为供应商风险、生产商风险、批发商风险、零售商风险和物流服务商风险等。

4. 按供应链管理目标的不同划分

供应链风险可以分为时间风险、质量风险和成本风险。

5. 按"价值链"角度的不同划分

供应链风险可以分为采购风险、生产风险、配送风险、研发风险和营销风险。

以上对供应链风险的分类是从不同的角度来考虑的，同一风险从不同的角度考虑属于不同的类别，比如：库存风险从产生的风险因素划分，属于信息因素产生的风险，它同时也是偏离风险。

9.3.4 供应链风险管理的含义

供应链风险管理是通过识别、度量供应链风险，并在此基础上有效控制供应链风险，用最经济合理的方法来综合处理供应链风险,并对供应链风险的处理建立监控与反馈机制的一整套系统而科学的管理方法。其目标包括损失前的管理目标和损失后的管理目标,损失前的管理目标是避免或减少损失的发生;损失后的管理目标则是尽快恢复到损失前的状态,两者结合在一起,就构成了供应链风险管理的完整目标。

9.3.5 供应链风险管理的基本环节

1. 供应链风险识别

风险识别是供应链风险管理的首要步骤,它是指供应链风险管理主体在各类风险事件发生之前,运用各种方法系统地认识所面临的各种风险以及分析风险事件发生的潜在原因。通过调查与分析来识别供应链面临风险的存在;通过归类,掌握风险产生的原因和条件,以及风险具有的性质。

Cooper 和 Chapman(1987)认为:风险识别阶段可能是最重要的一步,因为有许多相关风险事件、情景与结果的分析必须恰当地定义。Itambarger(1990)认为:风险存在的认识是第一步,可能是最重要的一步,是有效进行风险管理的一步。ALBahar(1992)认为:没有风险识别,就没有风险评估、风险控制和风险管理,就不会有预防和保险。供应链风险因素识别是供应链风险管理的前提,具有非常重要的建设意义。

由于风险存在的客观性与普遍性及风险识别的主观性两者之间的差异,使正确识别风险成为风险管理中最重要,也是最困难的工作。

2. 供应链风险度量

供应链风险度量是指对风险发生的可能性或损失的范围与程度进行估计与度量。仅通过识别风险,了解灾害损失的存在,对实施风险管理来说还远远不够,还必须对实际可能出现的损失结果、损失的严重程度予以充分地估计和衡量。只有准确地度量风险,才有助于选择有效的工具处置风险,并实现用最少费用支出获得最佳风险管理效果的目的。

在评估供应链风险时不仅要考虑风险对某个供应链企业的影响,还要考虑供应链风险的发生对供应链整体造成的后果;不仅要考虑供应链风险带来的经济损失,还要考虑其所带来的非经济损失,如信任危机、企业的声誉下降等无形的非经济损失。这些非经济损失有时是很难用金钱来估价的。

3. 供应链风险处理

供应链风险处理是供应链风险管理的核心。识别供应链风险、度量供应链风险都是为了有效地处理供应链风险,减少供应链风险发生的概率和造成的损失。处理供应链风险的方法包括供应链风险回避、供应链风险控制、供应链风险转移和供应链风险自担。

(1)供应链风险回避。是彻底规避供应链风险的一种做法,即断绝风险的来源。供应链风险回避的方法是放弃或终止某项供应链合作,或改变供应链合作环境,尽量避开一些外部事件对企业造成的影响。当然,回避供应链风险在某种程度意味着丧失可能获利的机会。

(2)供应链风险控制。是在对供应链风险进行识别和评估的基础上,有针对性地采取积极防范控制措施的行为。供应链风险控制的目标是,在风险发生之前降低风险发生的概率;风险发生之后降低风险发生造成的损失,从而使风险发生所造成的损失降到最低的程度。这是一种主动积极的风险管理方法,但经营风险控制受到技术条件、成本费用、管理水平等的限制,并非所有的经营风险都能采用。

(3) 供应链风险转移。是将供应链中可能发生风险的一部分转移出去的风险防范方式。供应链风险转移可分为保险转移和非保险转移两种。保险转移是向保险公司投保，将供应链中部分风险损失转移给保险公司承担；非保险转移是将供应链中一部分风险转移给供应链以外的企业，或风险由整个供应链企业来共同承担。

(4) 供应链风险自担。是供应链中企业将可能出现的风险损失留给自己承担，是被动的措施。对于企业而言，可能已知风险存在，但一种是因为可能获得高利回报而甘愿冒险。另一种可能是因为供应链系统风险无法回避，各供应链企业只能通过系统吸纳来接受风险。

4. 供应链风险监控与反馈

制订出风险处理方案后，要在实践中进行检验，一旦发现其中可能存在的缺陷，应及时进行反馈。供应链风险的监控与反馈就是将在危险识别、风险分析及风险处理中得到的经验或新知识，或者是从损失或接近损失中获取的有价值的经验教训，集中起来加以分析并反馈到供应链相关经营活动中，从而避免犯同样错误的过程。供应链风险管理是一项长期的、艰巨的工作，不是一蹴而就的事情，必须动态地重复风险管理过程的各个步骤，以使这一过程融入供应链管理运作中，才能真正做到长期有效地管理风险。

思考题

1. 供应链企业激励主体与客体有哪些变化？
2. 供应链企业激励目标有哪些变化？
3. 简述激励手段的正激励和负激励。
4. 激励指标有哪些？
5. 标杆管理作用表现在什么方面？
6. 标杆管理主要有什么类型？
7. 在进行标杆管理时要注意什么问题？
8. 按照起因划分，供应链的风险有哪些？
9. 简述供应链风险度量。
10. 如何进行供应链风险处理？

案例资料

沃尔玛的供应链制胜：比对手更好地控制成本

在沃尔玛的超市里，"天天低价"是其最醒目的标签，但只是沃尔玛的表象，虽然薄利多销是沃尔玛恒久的原则。就像沃尔玛的创始人山姆·沃尔顿的名言："一件商品，成本8毛，如果标价1元，可是销量却是1.2元时的3倍，我在一件商品上所赚不多，但卖多了，我就有利可图。"

但沃尔玛从来都以合理的利润率决定价格，而非刻意低价。中国国内某些企业也一度把

"低价策略"奉为圭臬,却成了价格战的牺牲品。沃尔玛"天天平价"的背后有一整套完善的物流管理系统。因为它的成本永远控制在最低,才得以保持"天天平价"。高效的物流配送体系是沃尔玛保持最大销售量和低成本的存货周转的核心竞争力。

供应链制胜

山姆·沃尔顿有句话说:"供应链制胜的关键是——永远都要比对手更好地控制成本"。

沃尔玛起步之初,其商店就一直远离中心城市,大都选址在小城镇和郊区,以避免残酷的商业竞争。但随之而来的难题就是配送问题。供货商大都在中心城市,郊区的配送更为迟缓,从商店发出订单到收到货物,耗时往往要长达30天之久。

这迫使沃尔玛不得不创新配送理念。最终,沃尔玛放弃了通行的直接送货到商店的方式,创建了集中管理的配送中心。沃尔玛的供应商根据各分店的订单将货品送至沃尔玛的配送中心,配送中心则负责完成对商品的筛选、包装和分拣工作。配送中心高度现代化,85%的商品都采用机械处理,大大减少了人工处理商品的费用。

如今,从任何一个配送中心出发,汽车只需1天就能抵达它所服务的商店。当沃尔玛的商店用计算机发出订单,到它的商品补充完毕,这个过程平均只需2天。比以往大大缩短了时日。

沃尔玛中国市场总监曾这样描述沃尔玛的配送中心:"一个面积为110 000平方英尺[①]的建筑,相当于23个足球场那么大。你再把自己能够想象到的各种各样的商品都放进去,从牙膏到电视机,从卫生纸到玩具,应有尽有。"

"在配送中心里,每件货品都贴有条形码,当一件商品储存进来或者运出去时,有一台计算机专门追踪它所处的方位和变动情况。配送中心有600~800名员工,提供24小时不间断的服务。这些商品通过长约13.7千米的激光控制的传送带在库房里进进出出。激光识别出物品上的条形码,然后把它引向正待当晚完成某家商店定购任务的卡车。任务繁重的时候,这些传送带一天处理约200 000件商品。"

这应验了山姆的那句话:"比对手更好地控制成本"。沃尔玛把货品送到商店的成本低于3$,而其竞争对手做同样的事情一般要付出4.5$到5$。也就是说,当沃尔玛以同样的价格零售同样的商品时,他们比竞争对手多得1.5$的利润。

沃尔玛一直没有请第三方的运输公司帮助自己运送货物,而组建了自己的高效的运输车队。至今沃尔玛的机动运输车队是其供货系统的另一无可比拟的优势。沃尔玛已拥有40多个配送中心,4 000多辆运货卡车,保证进货从仓库到任何一家商店的时间不超过48小时,相对于其他同业商店平均两周补货一次,沃尔玛可保证分店货架平均1周补2次。沃尔玛可以在全美范围内快速地送货,使沃尔玛各分店即使只维持极少存货也能保持正常销售,从而大大节省了存贮空间和费用。由于这套快捷运输系统的有效运作,沃尔玛85%的商品通过自己的配送中心运输,而竞争对手凯马特只有5%。结果是沃尔玛的销售成本因此低于同行业平均销售成本2%~3%,成为沃尔玛全年低价策略的坚实基石。

沃尔玛的卫星通信系统也是完善的物流管理系统的重要一环。沃尔玛投资4亿美元由休斯公司发射了一颗商用卫星,实现了全球联网,在全球4 000多家店面通过全球网络可在1小时之内对每种商品的库存、上架、销售量全部盘点一遍,并把销售情况传送给上千家供应

---

① 1平方英尺=0.092 903 04平方米。

商。并通知货车司机最新的路况信息，调整车辆送货的最佳线路。

这样沃尔玛通过自己的卫星通信系统，把配送中心、供应商和每家分店更紧密的联成一体。既提高了工作效率，也降低了成本，把营业的高效和准确提升到极致。也使得沃尔玛超市所售货物在价格上占有绝对优势。

中国物流瓶颈

谈到沃尔玛的成功，供人参考的还是美国的经验。在中国，沃尔玛却没有成为美国沃尔玛的翻版。

1996年沃尔玛进入中国，相比家乐福等对手，沃尔玛的开店速度要慢得多。至今，沃尔玛在中国不过26家店，以广东、福建等南部沿海城市为据点，难以深入北方京津腹地。全球物流和采购体系就像沃尔玛的两条腿，在中国，物流和采购体系不完善，滞缓了沃尔玛的前进。同时，因为中国政策环境、商业环境与美国的差异，沃尔玛许多在美国的经典策略没法在中国完全施展。

比如沃尔玛建店的"市场饱和战略"——每扩张一个区域，会以20英里[①]左右为间隔，让沃尔玛的分店遍地开花，使该地区的零售市场趋于饱和。这样做，既可以充分发挥配送中心的效率，降低配货成本；也避免了竞争对手的进入，和自己争夺该地区的市场和顾客。

2004年之前，沃尔玛在中国市场的发展几乎就是一个磨合期。根据中国加入世贸组织的承诺，2003年将是国内商业领域开放即将告别试点的阶段，在结束试点后，零售业将转入正常开放，在外资商业企业的数量、布局上进一步放开限制。沃尔玛遍地开花的开店速度首先要受限于政策壁垒。没有足够的店面支撑，配送中心降低成本的作用失去了意义。

在美国，沃尔玛投资建设一个物流配送中心大约要8 000万~1亿美元，配送中心辐射的范围大约100家店。只有店面达到了一定的数量，配送中心才起作用。

目前，沃尔玛只在深圳蛇口有一家配送中心。其规模、效果和投入还难以与美国本土的配送中心相媲美。而且在中国沃尔玛只有26家分店，规模效果显现不出来。建立的物流配送中心不但起不到降低成本的作用，近10亿人民币的建设费用反而会使成本上升。

除了市场准入条件尚不明朗，究竟采取何种形式实现本土化经营，沃尔玛也在摸索。摸索的过程中，美国沃尔玛的一些策略在中国发生了"变通"。

国内的众多零售连锁商，大多通过压榨供货商的利益来赢利。如向供应商收取上架费、服务费等，也使供货商叫苦不迭。沃尔玛一直秉承着传统的"供应链制胜"的理念。不向供应商收取上架费。

因为沃尔玛绕开中间环节直接从供货商进货，就更加注意保护供应商的利益——以最短时间和供应商结账，帮助供应商改进工艺、提高质量、降低劳动力成本、分享沃尔玛的信息系统等，由此博得了供应商的信赖。

但有业内人士对记者表示，在中国，沃尔玛对供应商的付款结算周期也在延长。在深圳，店面最初的铺货某些费用也要由供应商负责。

此外，沃尔玛的惯常原则是避开中间环节从制造商处直接进货。而2002年9月，沃尔玛中国公司的高级总监艾文纳在厦门也和400多家中小型进出口贸易商洽谈合作事宜。沃尔玛把贸易商当成合作伙伴，依靠贸易商和制造商的亲密关系，以解决沃尔玛的采购问题。虽

---

① 1英里=1.609 344千米。

然，直购是沃尔玛的原则，但降低成本才是根本。如果沃尔玛单个搜寻制造商，采购成本会更高。

2002年，沃尔玛的全球采购办从香港迁到了深圳，10月在上海成立了采购分部。也有意在武汉和天津建立北方区物流配送中心，满足沃尔玛在中国北区各店的配货需求。随着中国零售业、进出口贸易权、物流业的进一步开放，也会有助于沃尔玛中国脚步的提速。

（资料来源：http://www.chinawuliu.com.cn/）

从《水浒传》看《供应链管理》之一

1. 《供应链管理》的知识

在教材"9.1.2 供应链激励机制的特点"中有如下表述：

（1）供应链企业激励主体与客体的变化。激励主体是指激励者；激励客体是指被激励者，即激励对象。

（2）供应链企业激励目标的变化。供应链企业激励目标是追求整个供应链的效益最大。

2. 《水浒传》第三回有如下情境

史进只得离开华阴，去寻王进。途经渭州，结识了渭州经略府提辖鲁达，二人来到酒楼饮酒。饮酒正酣，忽然隔壁传来啼哭声。鲁达生性鲁莽而又素好行侠仗义，叫酒保将啼哭之人带来。金氏父女被带到，女儿哭着说：因到渭州投亲无着，状元桥肉铺的郑屠乘人之危，要强娶小女为妾，今被赶出，那郑屠反要我父女给他银钱。鲁达听后大怒，决心惩治郑屠。次日早上，鲁达送走金氏父女，来到状元桥肉铺，先叫郑屠亲自操刀切肉，戏弄这恶棍一番之后，三拳结果了他的性命。随即离了渭州。半月后由赵员外出面，把鲁达送往五台山当了和尚，法名智深。

3. 我们的理解

（1）供应链企业激励主体与客体的变化：在本故事中，激励主体是指金氏父女，激励客体是指鲁智深，他得知金氏父女的遭遇十分震怒，决心惩治郑屠，激励主体与客体的关系变成了以下的关系：强者对弱者的激励，行侠仗义者对遭遇不平者的激励，上位者对平民的激励。

（2）供应链企业激励目标的变化：供应链企业激励目标是追求整个供应链的效益最大。供应链企业激励目标的变化，本应遭遇不平的金氏父女，得到了鲁智深的帮助，本应作威作福的郑屠，受到了鲁智深的惩罚，被结果了性命。金氏父女的遭遇激励了仗义的鲁智深，从而使结果发生了改变。

4. 给我们的启示

（1）对企业而言，应当正确地看待激励主体与客体的关系，并以此对供应链企业进行分析。

（2）为了更好地促进企业的长期发展，需要对激励主体与客体进行逐个适时激励。

（3）根据企业发展战略，明确企业的激励目标，从而追求最大利益。

（10级物流一班：钟爱红、曾秋萍、韦洁、刘振文、舒科林）

第9章 供应链企业的激励机制、标杆管理与风险管理

▶ 从《水浒传》看《供应链管理》之二 ▶▶▶▶

1.《供应链管理》的知识

在教材"9.2.4 标杆管理的实施步骤"中有如下表述：

制订行动计划，实施明确的行动并监测进展情况。

制订一个行动计划以实施在其他组织中观察到的实践活动。计划应包含以下基本要素：人事、预算、培训、所需资源、评估方法等。计划应能反映小组成员关于哪个实践活动是应最先进行的、哪个活动最适于在本公司开展等的判断。

2.《水浒传》第四十九回有如下情境

三打祝家庄

梁山好汉因杨雄、石秀上山，决意攻打祝家庄。宋江带兵一打祝家庄，命石秀、杨林去探庄。杨林被擒，石秀遇钟离老人，得知盘陀路走法。祝家庄伏兵齐出，梁山人马迷路，幸亏石秀赶到说出暗记，花荣射落号灯，人马才得安全退出。宋江二打祝家庄，仍然失利，但活捉了祝家庄的同盟军扈家庄的女将扈三娘，剪去了祝家一翼。三打祝家庄，利用新来投寨入伙的孙立与祝家庄教师栾廷玉是师兄弟的关系，骗得祝家相信，孙立和家人亲戚打入祝家庄作内应。梁山人马与他们里应外合，最后攻破祝家庄，得胜回山。

3. 我们的理解

在供应链管理中制订行动计划包括了人事、资源、评估方法这三个要素，在《水浒传》这个故事中分别指：

（1）宋江、杨林等和攻打祝家庄的人马。

（2）以利用新来投寨入伙的孙立与祝家庄教师栾廷玉是师兄弟的关系，骗得祝家相信，孙立和家人亲戚打入祝家庄作内应。

（3）攻打祝家庄的人马好比一个小组，如同一个团体参加打仗这个实践活动，最后梁山人马里应外合，攻破祝家庄，得胜回山。

4. 给我们的启示

（1）不管做任何事都应该懂得挖掘资源，注重变通。

（2）作为一个管理者，光想不做的话，是不可能实现目标的，只有付出行动才能成功。

（3）做事情要找到正确的方法去干，才能做得更成功。

（10级物流一班：黄婷、杜娟、庄涛、刘晓斌、丁建林）

▶ 从《红楼梦》看《供应链管理》 ▶▶▶▶

1.《供应链管理》的知识

在教材"9.1.3 激励机制的内容"中有如下表述：

供应链获得更多的订单是一种极大的激励，在供应链内的企业也需要更多的订单激励。一般地，一个制造商拥有多个供应商。多个供应商竞争来自制造商的订单，多的订单对供应

商是一种激励。

2. 《红楼梦》第九十九回有如下情境

那时吓得王夫人、袭人等俱哀告道:"老太太这一生气,回来老爷更了不得了。现在宝玉病着,交给我们尽命的找来就是了。"贾母道:"你们怕老爷生气,有我呢。"便叫麝月传人去请。不一时传话进来,说:"老爷谢客去了。"贾母道:"不用他也使得。你们便说我说的话,暂且也不用责罚下人。我便叫琏儿来,写出赏格,悬在前日经过的地方,便说:'有人捡得送来者,情愿送银一万两,如有知人捡送找得者,送信找得者。送银五千两。'如真有了,不可吝惜银子。这么一找,少不得就找出来了。若是靠着咱们家几个人找,就找一辈子,也不能得。"王夫人也不敢直言。贾母传话,告诉贾琏,叫他速去办了。

3. 我们的理解

(1) 红楼梦中宝玉丢玉,贾母则是用下订单的方式来寻玉。

(2) 贾母说:"写份告示悬在前日经过的地方,便说有人捡的送来着,情愿送一万两,如有知人捡送找得着,送银五千。"这里就运用了我们的"订单激励"的知识。

(3) "一个制造商"指贾母,"多个供应商"就指找到与得到赏钱的人,或得知宝玉玉石下落的那些人,而告示寻玉,就犹如是下订单。

(4) "重赏之下必有勇夫"这句话正适应了多个供应商竞争来自制造商的订单。

4. 给我们的启示

(1) 订单激励适用于现在这种社会环境,谁拿到的订单多,谁就可以获得更多的利益。

(2) 人不逼自己一把,永远不知道自己有多优秀。比如一个大的订单需几个公司去争、去抢,要不然你不争、我不抢,都觉得不能完成,大家都没有那么大的目标,那么订单的存在也没有意义。所以大家必须积极努力地去抢这个订单,才会有收获,永远相信自己"行"。

(10级物流二班:周洁、赵足美、廖华连、高彩义)

第 10 章
供应链客户关系管理

> **本章学习重点**
>
> 客户关系管理的定义、意义与核心指导思想，客户关系管理的功能与应用的要点，交易前、中、后的客户服务要素分析，客户服务绩效的基本衡量指标，客户服务检查的目标与步骤，识别改进的方法和机会，建立客户服务水平。

10.1　客户关系管理概述

10.1.1　客户关系管理的定义

客户关系管理（Customer Relationship Management，CRM）的产生是市场与科技发展的结果，是在合适的时间和合适的地点，以合适的价格、合适的质量、合适的数量、合适的包装、合适的来源和合适的方式，向合适的客户提供合适的产品和服务的过程中，所进行的计划、组织、协调和控制的系列活动。它是以现代客户管理为基础，包括对企业相关的部门和外部客户——业务伙伴之间发生的从产品（或服务）设计、原料和零部件采购、生产制造、包装配送直到终端客户全过程中的客户服务的管理。CRM 从松散到紧密、从混乱到规范，逐步形成整的管理体系和运作系统。

客诉案例分析

10.1.2　客户关系管理的意义

现代企业理论经历了几个发展阶段，从以生产为核心到以产品质量为核心，再到现在的以客户为中心，这些变化的主要动力就是社会生产力的不断提高。在以数码知识和网络技术为基础，以创新为核心，以全球化和信息化为特征的新经济条件下，企业的经营管理进一步打破了地域的限制，竞争也日趋激烈。如何在全球贸易体系中占有一席之地，赢得更大的市场份额和更广阔的市场前景，保持现有的客户和开发潜在的客户已成为企业发展的关键问题，CRM 为这些问题提供了解决思路。

10.1.3　客户关系管理的核心指导思想

CRM 系统中对客户信息的整合与集中管理，体现出将客户作为企业资源之一的管理。

客户是企业发展最重要的资源之一，企业发展需要对自己的资源进行有效的组织与计划。随着人类社会的发展，企业资源的内涵也在不断扩展，早期的企业资源主要是指有形的资产，包括土地、设备、厂房、原材料和资金等；随后企业资源概念扩展到无形资产，包括品牌、商标、专利和知识产权等；再后来，人们认识到人力资源成为企业发展最重要的资源；时至工业经济时代后期，信息又成为企业发展的一项重要资源，乃至人们将工业经济时代后期称为"信息时代"。

由于信息存在一个有效性问题，只有经过加工处理变为"知识"，才能促进企业发展。为此，"知识"成为当前企业发展的一项重要资源，信息总监（CIO）让位于知识总监（CRO），这在知识型企业中尤显重要。在人类社会从产品导向时代转变为客户导向时代的今天，客户的选择决定着一个企业的命运。在很多行业中，完善的客户档案或数据库就是一个企业颇具价值的资产，通过对客户资料的深入分析并应用销售理论中的"二八"法则会改善企业营销业绩。

1. 对企业与客户发生的各种关系进行全面管理

企业与客户之间发生很多关系，不仅包括单纯的销售过程发生的业务关系，如合同签订、订单处理、发货和收款等；而且包括在企业营销及售后服务过程中发生的各种关系，如在企业市场活动、市场推广过程中与潜在客户发生的关系；在与目标客户接触的过程中，内部销售人员的行为、各项活动及其与客户接触全过程所发生的多对多的关系；还包括售后服务过程中，企业服务人员对客户提供关怀活动，各种服务活动、服务内容和服务效果的记录等，这也是企业与客户的售后服务关系。对企业客户发生的各种关系进行全面管理，将会提升企业的营销能力，降低营销成本，有效地控制营销过程中可能导致客户抱怨的各种行为，这是 CRM 系统的另一个重要思想。

2. 进一步延伸企业供应链管理

20 世纪 90 年代提出的 ERP 系统的实际应用，并没有达到企业供应链管理的目标，这既有 ERP 系统本身功能方面的局限性，也有 IT 技术发展阶段的局限性，最终 ERP 系统又退回到帮助企业实现内部资金流、物流与信息流一体化管理的系统。CRM 系统作为 ERP 系统中销售管理的延伸，借助 Internet、Web 技术，突破了供应链上企业间的地域边界和不同企业之间信息交流组织边界，建立起企业对企业电子商务（B2B）的网络营销模式，CRM 系统与 ERP 系统的集成运行才真正解决了企业供应链中的下游链管理，将客户、经销商、企业销售部全部整合到一起，实现企业对客户个性需求的快速响应。同时也帮助企业消除了营销体系中的中间环节，通过新的扁平化营销体系，缩短响应时间，降低销售成本。

10.2 客户关系管理的功能与应用的要点

10.2.1 CRM 的功能

CRM 就是通过对企业与客户间发生的各种关系进行全面清理，以赢得新客户、巩固、保留既有客户，并提高客户利润贡献度。CRM 的功能主要分为 4 大部分。

1. 客户信息管理

整合记录企业各部门、每个人所接触的客户资料，进行统一管理。这包括对客户类型的划分、客户基本信息、客户联系人信息、企业销售人员的跟踪、客户状态和合同信息等。

2. 市场营销管理

制订市场推广计划，并对各种渠道（包括传统营销、电话营销和网上营销）接触的客户进行记录、分类和辨识，提供对潜在客户的管理，并对各种市场活动的成效进行评价。CRM 营销管理最重要的是实现"一对一营销"，实现从"宏观营销"到"微观营销"的转变。

3. 销售管理

销售管理功能包括对销售人员电话销售、现场销售和销售佣金等进行管理，支持现场销售人员的移动通信设备或掌上电脑设备接入；进一步扩展的功能还包括帮助企业建立网上结算管理及与物流软件系统的接口。

4. 服务管理与客户关怀

服务管理与客户关怀功能包括产品安装档案、服务请求、服务内容、服务网点和服务收费等管理，详细记录服务全程进行情况，支持现场服务与自助服务支持实现客户关怀。CRM 可以集成呼叫中心（Call Center）技术，快速响应客户需求。CRM 系统中还要应用数据库和数据挖掘技术进行数据收集、分类和分析，以实现智能营销。

10.2.2 客户关系管理应用的要点

1. 转变管理思想，建立新的管理概念

CRM 系统的应用不仅是一项技术工程，而且要在系统应用之前，接受 CRM 系统中的管理思想，建立以客户为导向的管理理念，不断提升企业的客户满意度。

五张羊皮换来的当世奇才

2. CRM 应用成功的关键在于营销体系重构

业务流程重构（BPR）是 ERP 应用成功的前提，而 BPR 又有两种方式：一种是渐进改良，二是彻底重新计划。同样 CRM 应用成功的前提也取决于 BPR 工作，在应用 CRM 过程中的 BPR 必须对企业原有的营销体系进行一次彻底的重新设计，因为 CRM 应用将要帮助企业建立一套崭新的 B2B 扁平化营销体系，这将使设计企业原有分企业（办事处）岗位、职能的重新定位，具体有销售体系与物流体系的分离、第三方物流的引入、银行结算体系设计、供应链上分布库存控制策略调整、企业营销组织架构的重新设计等。CRM 应用能否取得成效在很大程度上取决于 BPR 工作，这是 CRM 成功应用的难点。CRM 的成功应用意味着企业成功实现了营销电子化，并为企业进入网上电子市场（E-Market）做好了准备。

3. CRM 应用的基础是企业内部 ERP 系统

CRM 系统应用的主要作用是提升企业营销能力，改善营销绩效。因此，CRM 应用会给企业带来直接经济效益，这一点不同于关注内部成本控制与工作效率的 ERP 系统应用。CRM 系统作为 ERP 系统销售管理功能的延伸，一般要求企业在 ERP 实施成功之后再应用 CRM 系统。但由于 ERP 在中国的应用普及率不到 1%，这会导致很多企业先引入 CRM 再考虑 ERP，可能出现的风险是企业从网上接收众多订单而难以靠人工方式进行高效处理，甚至会造成业务的混乱。

10.3 客户关系管理的客户服务要素分析

10.3.1 交易前的客户服务要素分析

交易前的要素包括下列内容，如图 10-1 所示。

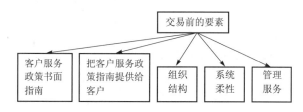

图 10-1 供应链管理环境下 CRM 的客户服务要素——交易前

（1）客户服务政策书面指南。这个政策确定与客户需求相匹配的服务水平，是可以衡量和实施的，包括跟踪服务运行情况的度量标准、汇报实际服务运行情况的频率等。

（2）把客户服务政策指南提供给客户。服务指南使客户知道可以期望些什么服务，如果企业没有达到客户的期望服务水平，服务指南还应当告知客户如何反映情况。

（3）组织结构。组织结构应适于保证实现客户服务的目标，这些目标依组织的不同而有所区别；供应链的高级管理者处于组织高层，具有很高的透明度；并使企业内部和外部在政策、运作和纠正措施等方面的沟通都变得很容易。客户应很方便地与企业联系，当一个客户对产品递送或工作情况有疑问时，打电话询问销售部门却被搁置和推诿给其他代理商，他就会感到很受打击。从此以后，这个客户可能再也不会打电话给这个组织询问任何事情了。

（4）系统柔性。柔性和应急计划应当被纳入系统之中，它使组织能够成功地应对不可预见的事件，如工人罢工、物料短缺和台风、洪水等自然灾害。

（5）管理服务。管理服务是在产品销售中为客户提供帮助，这些服务可以是免费时，也可以是收费的。具体有培训手册、专题讨论会或一对一的咨询形式等。

所有这些交易前的要素都应该让客户在正常的订货周期之外感受到，与交易要素相关的决策应该是相对稳定的、不经常变动的长期决策。

10.3.2 交易中的客户服务要素分析

交易中的客户服务要素通常受到最大的关注，因为对客户来说，它们是最直接、最明显的，通常认为与客户服务紧密联系，具体包括下列内容，如图 10-2 所示。

（1）缺货水平。即指用于衡量产品的可得性。为更好地跟踪潜在问题，生产者和客户应当监测缺货的情况。一旦缺货，应提供合适的替代品，从其他地方直达装运给客户，竭尽全力地满足客户需求。

（2）订货信息。客户对于获取各种订货信息的期望值大幅度提高，这方面的信息包括库存状态、订货情况、期望的或实际的装运日期以及迟延订货情况等。按客户或产品类型跟踪迟延订货的运作是非常重要的，因为客户非常注重发生的问题和递送的例外情况。

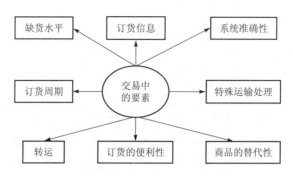

图 10-2　供应链管理环境下 CRM 的客户服务要素——交易中

（3）系统准确性。客户除了能快速获取广泛而多样化的数据外，还希望所收到的关于订单执行情况和库存水平的信息是准确的。对客户和供应商来说，纠正时间延误和文件错误的代价是很高的。

（4）订货周期。订货周期是从客户开始订货直到收到产品或服务的时间的总和。因此，如果一个销售员从客户手中拿到订单，并在进入订货程序之前保留订单 5 天，那么就会使订货周期增加 5 天，而配送中心并不知晓这 5 天。订货周期的要素包括下达订单、订单录入、订单处理、拣货、包装、运输和货物到达。客户关注前置期的一贯性，而不是绝对的前置时间，随着基于时间竞争的强化，企业越来越重视减少订货周期的总时间。

（5）特殊运输处理。它与不能通过正常运货系统处理的订单有关，可能是由于需要加速运货或者有独特的运输要求而出现的。这种运输与标准运输相比较，所需的成本很高；然而，失去一个客户的成本同样可能会很高。企业应当确定哪些客户或哪些情况需要特殊对待，哪些不需要特殊对待。

（6）转运。是指为避免缺货，在不同的配送点之间运送产品。对于有多个配送点的企业，为应对迟延订货或直接从多个地点装运给客户，一些与转运有关的政策必须执行。

（7）订货的便利性。是指客户下订单的难易程度。客户希望其供应商是友好型的，如果形式混乱，条款不标准，或者接电话的等待时间过长，客户可能会感觉很不满意。应通过直接与客户交流，监控和识别与订单有关的问题，并及时纠正存在的问题。

（8）商品的替代性。如果客户无法得到订购的商品，但是可以利用能完成原来商品职能的同种品牌、不同尺寸的商品或者其他品牌的商品代替，就出现了商品替代。拥有为客户提供可以接受的替代品的能力，可以显著地提高企业的服务水平。在利用一种商品替代另外一种商品之前，向客户询问意见是一种很好的方法。

10.3.3　交易后的客户服务要素分析

这是客户服务的三组要素中最容易忽视的部分，因为在客户对不良服务的投诉中，交易后的服务要素的比例相对较低。然而，留住客户和使现有客户满意比发现新客户所获取的利益更大，交易后的要素日益受到企业的重视。交易后的要素包括如下几点，如图 10-3 所示。

（1）安装、质量保证、修理和配件。这些要素对商品是重要的因素，特别是对于那些服务成本远大于商品本身成本的资本设备来说更是如此。

（2）商品跟踪。又称商品追踪，是很重要的一个客户服务要素。例如，企业一旦确认

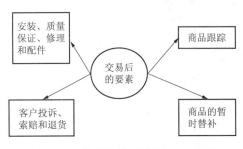

图 10-3 供应链管理环境下 CRM 的
客户服务要素——交易后

了潜在问题，在向客户通告的同时必须能够从市场上迅速调回有潜在危险的商品。

（3）客户投诉、索赔和退货。为了解决客户投诉，企业应有一个准确的在线信息系统，用于处理客户数据、监控走势，以及向客户提供最新信息。非常规的商品处理、客户退货成本是很高的。企业的政策应该基于有效益和有效率地处理这些投诉。

（4）商品的暂时替补。在某些商品接受客户服务时，可提供备用品。例如，一些汽车代理商在客户的汽车接受服务（如修理）时，免费借给客户备用汽车，这可以消除客户的不便，还可以培养出更忠诚的客户。客户服务是物流系统的产物，而且是营销与物流的关键性接口。当竞争者在其他方面有与本企业相似的优势时，只有客户服务，才能真正使客户再次光临。令人满意的服务，或者合意的客户投诉解决方式，是供应链的各企业能真正在客户中提高商誉的主要途径。

10.4　客户服务绩效标准与检查

10.4.1　客户服务绩效的基本衡量指标

客户的合作，对公司获取速度、可靠性和运送的货物状态等方面的信息，是必不可少的，应该让客户坚信，我们对服务质量的管理是可以有助于服务水平的不断提高。

客户服务绩效可以通过以下各项进行衡量和控制。

（1）为每一项服务要素建立服务的定量标准。

（2）衡量每一项服务要素的实际绩效。

（3）分析实际提供的服务和标准的服务之间的差异。

（4）在需要的地方，采取纠正措施，使实际服务符合标准。

如图 10-4 所示是客户服务标准的划分。被选择的标准应客观地反映客户的实际要求，而不是反映管理人员所认为的客户需要的服务。相关员工应该懂得如何衡量服务水平，并同标准进行比较，定期向管理人员汇报这些信息。公司的订单处理和财务信息系统可以提供建立"客户—产品获利模型"的必要信息和有用的客户服务管理报告。

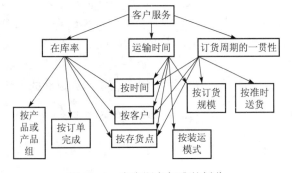

图 10-4　客户服务标准的划分

10.4.2　客户服务检查的目标

客户服务检查（Customer Service Audit）是评估一个公司提供的服务水平的方法，是评估改变客户服务所带来的影响的基准。

1. 客户服务检查的目标

识别关键的客户服务要素，如何控制这些要素的绩效，评估内部信息系统的质量和容量。

2. 外部检查的主要目标

（1）识别客户认为在其购买决策中起重要作用的客户服务要素。

（2）确定客户对本公司和主要竞争对手提供的服务的感知质量的差异。

第 1 步是确定客户认为哪些服务要素比较重要。这可以通过对公司客户的抽样访问调查完成。访问调查可以深入认识客户服务的问题，而这些问题中，有些可能并没有被公司意识到。零售商评估生产商的一些主要客户服务要素可能是订货周期的一贯性、订货周期的长短、供应商是否使用 EDI、货物运送完成量、公司的迟延订货政策、收款手续等。因为许多服务随着行业的不同而变化，所以调查客户，以满足其服务要求，就显得十分重要了。

3. 内部检查的目标

主要目标是找出公司的客户服务与客户要求之间的差距。应当确定客户对当前服务水平的看法。如果客户把预期服务水平看得比实际的服务水平更差，就应该通过引导客户把握对顾客期望的正确定位，而不是去提高公司的服务水平。

10.4.3 客户服务检查的步骤

1. 外部客户服务检查

（1）营销职能必须包括在检查过程中。在外部客户服务检查中，营销部门的参与是非常有好处的。首先，在营销组合中进行客户服务权衡方面，营销通常对决策起主导作用。其次，营销职能有助于深入理解客户需要，把相关的问题融入客户服务数据收集方法的设计中。营销部门的参与可以增加销售量，而且，当贯彻实施检查结果时，营销部门会提供更多支持。如果组织中没有营销研究部门帮助进行客户服务检查，则可以聘用外面的研究公司或咨询公司，或与本地的大学合作。

（2）使用调查问卷得到客户信息反馈。调查问卷用于确定不同的客户服务要素和其他营销组合要素的相对重要性，衡量公司和主要竞争对手对每一要素采取的行动。可以帮助管理人员在考虑特定竞争对手的优势和劣势的同时，通过客户细分，建立客户服务战略。

用调查问卷了解客户的每一个供应商的相对的市场份额，以及它们对供应商的整体感觉/满意度，是很重要的。可以帮助公司检查它的销售量和客户眼中的公司表现之间的关系。调查问卷也应探究现在和将来客户对一些关键事务的绩效水平的期望。人口统计数据帮助公司根据地理区域、客户类型和其他相关尺度评估现行绩效水平的差距。为得到最好和最有效的结果，调查问卷应先对一些客户样本进行调查，以保证没有忽略任何关键问题，并且使客户能理解并回答所提的问题。

（3）外部检查可以帮助公司发现客户服务问题和客户服务机会。客户服务调查中得到的结果，一方面可以揭示服务机会，另一方面也可以发现服务中潜在的问题。受到客户高度重视的方面，应该是工作分析和行动的重点所在。比如，一家公司在一些关键评分方面比竞争对手的得分高出很多，那么它可以在营销组合中利用这些结果，也许可以因此增加销售收入。如果一个组织在一些重要的差异服务方面，比竞争对手的得分低许多，或者期望的服务水平和实际服务水平之间存在巨大差距，那么它就面对着一些重大的潜在问题。如果不采取措施纠正，而且当竞争对手充分利用公司的这些弱点，则该公司的市场份额会减少。

（4）分析调查问卷的评分要素，寻找市场机会。评分最高的要素似乎应该在市场份额分配时起最大作用。然而，由于一些原因，并不总是这样：当一个行业的主要供应商服务水平很接近时，区别供应商就很困难。使供应商绩效产生重大差异的要素，可能是市场份额分配的更好的预言者：客户可能认为某一服务要素极端重要，但很少或没有供应商能够为这一要素提供令人满意的服务；某些服务要素为提供差异化服务创造了机会，可是没有单个的供应商提供恰当的服务水平。相反，有些客户并没有意识到在那些要素上能够获得卓越服务，如果某一供应商在这些要素上改进了客户服务水平，则其市场份额很可能会增加。

企业应同时观察各种要素在竞争者那里的重要性和地位。如果客户认为企业在某些方面的服务较差，而这些方面又与企业的管理信条有关，则管理层应该确定企业衡量自身服务的方式与客户衡量组织的方式是否相同。如果不同，就应该调整衡量方式，以便和客户保持一致。

（5）基于服务检查的纠正措施。如果实际服务水平优于客户认为的服务水平，那么管理人员应该考虑如何向客户说明这种情况，并告诉它们实际的服务水平。这可能包括由客户向销售人员提供月度/季度运行报告，然后由销售人员逐一检查。

2. 内部客户服务检查

（1）内部检查的问题。内部客户服务检查可以检查公司目前实际的服务状况。这为评估改变客户服务水平带来的影响打下了基础。进行内部客户服务检查时应提出下列问题：

- 当前公司内部如何衡量客户服务？
- 衡量服务的单位是什么？
- 服务的标准和目标是什么？
- 当前达到何种水平（结果与目标）？
- 如何从公司的信息/订单处理系统中得到这些衡量尺度？
- 什么是内部客户服务报告系统？
- 公司的每一个职能部门（如物流、营销）如何看待客户服务？
- 这些职能部门在交流和控制方面的关系如何？

（2）管理人员访问调查是信息的重要来源。管理人员应该对所负责的全部物流活动和与物流相关的活动，如会计/财务、销售/营销、生产的管理者进行访问调查。访问调查内容包括：

- 职责定义。
- 规模和组织结构。
- 决策权力和决策过程。
- 绩效衡量和结果。
- 客户服务定义。
- 管理人员对客户如何定义客户服务的看法。

- 公司改变或改善客户服务的计划。
- 职能部门内部的信息交流。
- 职能部门之间的信息交流。
- 同紧密联系的对象，如消费者、客户、承运人和供应商之间的信息交流。

10.4.4　识别改进的方法和机会

外部客户服务检查使管理人员能够发现公司客户服务和营销战略的问题。把它同内部客户服务检查联合使用，可以帮助管理人员调整这些战略，细分客户，分别对待，以提高公司的获利性。但如果管理人员想要利用这些信息建立最佳的客户服务和营销战略，则必须利用这些数据，分析竞争对手，以确定赶超竞争对手的战略。

马云的一段话

比较客户对竞争对手和自己的服务的评价，以及比较客户对供应商属性重要程度的评价，可以发现最有用的竞争性标准。一旦管理人员使用这种类型的分析方法确定可获取竞争优势的机会，就必须全力以赴地找出最优的实践方法。也就是说，找出最有效的成本利用技术和系统，以及行业内已经成功使用的方法。非竞争对手更愿意分享它们的经验，因此也可以通过联系他们找出潜在的机会。

10.4.5　建立客户服务水平

检查过程的最后一步是建立客户服务标准，进行不间断的服务衡量。管理人员必须在影响因素中，如客户类型、地理区域、分销渠道和生产线等，设定细分的目标服务等级。必须就这一信息与负责执行服务策略的全体员工进行交流，而且要建立相应的补偿程序，鼓励员工完成客户服务目标。

最后，管理人员必须定期重复进行这一过程，以保证公司的客户服务政策和计划反映当前的客户要求。在指导公司战略和公司内部不同职能部门的具体战略方面，最重要的是定期收集客户信息。

思考题

1. 简述客户关系管理的定义。
2. 简述客户关系管理的核心指导思想。
3. CRM 的功能主要分为哪四大部分？
4. CRM 应用成功的关键为什么在于营销体系重构？
5. 简述交易后的客户服务要素分析。
6. 客户服务绩效可以通过什么指标进行衡量和控制？
7. 客户服务检查的目标是什么？
8. 为什么外部检查可以帮助公司发现客户服务问题和客户服务机会？
9. 进行内部客户服务检查时应提出哪些问题？
10. 管理人员访问调查内容包括哪些方面？

案例资料

百安居:成功源于高效供应链管理

欧洲装饰建材超市第一品牌——来自英国的百安居,以一流的产品品质、周到的全程服务、超低的市场价格,赢得了中国广大消费者的认同,在同行业市场占有率名列前茅。其成功运营的背后离不开不断优化的供应体系、高效的物流配送系统和功能强大的IT系统的支撑。

1969年诞生于英国南安普敦市的B&Q(百安居),隶属于世界500强企业之一的英国翠丰(Kingfisher)集团。翠丰集团实力雄厚,发展速度极快,日渐成为全球最为出色的装饰建材企业。拥有30多年成功经营管理经验的B&Q,主要经营厨具、洁具、灯具、电工电料、油漆涂料、瓷砖、家具、软装饰、五金工具、木材地板、建材管件、园艺、家用电器等共50 000多个品种的商品,目前已在全球10多个国家和地区拥有700多家仓储式装饰建材连锁超市,销售额位列欧洲第一、世界第三,是国际化程度最高的建材连锁超市企业。

1999年,B&Q携其全球先进的零售管理经营模式以及在中国台湾开设连锁店所获得的丰富经验,拉开了在中国大陆地区发展的序幕。6月18日,B&Q第一家正式以"百安居"为品牌的大陆连锁店——上海沪太店开业。随后,百安居进入全国布点阶段,迅速扩大规模。凭借一流的产品、周到的服务、超低的价格,百安居在中国消费者心目中树立起领先、可靠的品牌形象,为进一步拓展中国市场打开了知名度。在中国连锁经营协会评出的"家居、建材、家装"连锁企业排行榜中,百安居分别荣获2002年、2003年总销售额以及单店平均销售额两项第一。目前,百安居(中国)已相继在上海、苏州、昆明、深圳、杭州、青岛、武汉、广州、北京、福州、南京等地开设了20家分店,拥有较大的市场份额。

百安居在中国取得如此佳绩固然有众多原因,但不容忽视的是,现代连锁零售企业要保持高速健康运转,顺畅高效的采购体系和物流体系在其中起着举足轻重的作用,直接关系到商品的价格竞争力。下面就让我们一起走进这座橙色"大厦",探寻百安居的成功之道。

业内人士认为,在完成市场初期跑马圈地的"闪电战"之后,2004年,外资建材超市及有实力的中国本土建材超市已将目标锁定在修炼内功上。即,通过优化供应链管理,构建完善高效的物流配送体系,进一步降低成本、提高服务水平,为企业提高利润,并提升在未来市场竞争中可持续的制胜能力。记者了解到,在这方面,来自欧洲的百安居无疑处于行业领先地位。

行业难题困扰企业发展

在采访中,百安居(中国)置业发展有限公司华北区总经理文东先生认为,与其他类型的超市相比,家居建材类连锁超市在经营管理方面有很多独特之处,同时这也构成了建材连锁企业的经营难点。

(1)特殊制作的商品种类多:如客户定做的门窗等规格多样且不统一,为满足不同客户的特殊需求,供货商很难做到大规模统一生产、配送,增加了送货、接货次数,带来整个供应链的经营成本上升。

（2）条形码的应用参差不齐：目前国内建材类商品很多没有自带条形码，给门店经营管理造成极大不便，也导致了物流管理水平和运作效率低下。

（3）销售体制落后：在计划经济时期，我国建材行业采用多级批发体制，现在虽然转变为总经销、地区经销的方式，但是经营思路没有变，表现为流通环节过多，不可避免地带来库存与资金占压，物流资源浪费。

（4）家居建材商品由于自重大、体积大，客户一般需要送货上门。而提供"门对门"的配送服务，难免给供货商和经营单位带来很大麻烦，如需要多次联系以确定送货上门的时间，无疑增加了相应人员与配送成本。

（5）由于存在国家治理超载、物流企业税负不合理以及市场秩序混乱等问题，与运作不规范的企业相比，正规的物流公司面临着非常大的竞争压力，给建材连锁超市的物流外包带来一定难度。

百安居意识到，针对中国家居建材行业的特点，要想在日益激烈的市场竞争中取胜，必须从供应链的角度切入，提高经营管理水平。几年来，百安居主要在以下几个方面加大力度，不断完善管理。

完善采购供货体系

据文东总经理介绍，严格来讲，目前国内建材连锁超市虽然已建立起全国统一的销售网络，但还没有一家实现了真正意义上的统一采购、统一配送。现在百安居的商品采购有总部统一采购、地区采购、门店采购等不同的方式。总部的采购部负责进口商品、自有品牌商品和厂商直供商品的全国统一采购，下达采购订单后，商品由百安居的签约第三方物流公司——上海佳宇物流公司负责运送到百安居的物流中心或遍布全国的门店；而约 20 000 多种特殊商品，则由各门店的订货办直接向供货商下单采购，再由供货商或其经销商直接送到门店或者顾客家中，并负责安装、退换货等售后服务。

百安居认为，对建材超市来说，顾客满意度非常重要。现在百安居 60%～70% 的顾客都是回头客以及经朋友推荐来的，他们对整个销售额的贡献最大。因此，百安居始终把满足客户需求放在第一位。进入中国以来，百安居通过一系列措施不断缩短供应链，优化采购流程，降低采购成本，减少缺货现象。

1. 建立合作伙伴关系

百安居认为，与供货商之间不应当是简单的商品采购关系，而是共同合作的商业伙伴。百安居提出："加入我们，支持我们，一起合作，一起发展，那将会是双赢的结局！"成为百安居的供货商后，不仅意味着产品销售可以稳定增长，更为重要的是，通过与百安居合作，供货商的产品能逐步进入翠丰集团亚洲中心的采购体系，有机会进入欧洲市场和全球其他建材连锁超市，而目前翠丰集团亚洲采购中心的采购额已达到每年近 10 亿美元。

2. 减少供应商数量

百安居在达到一定规模、运行逐渐平稳后，开始对供应链进行优化。到目前为止，已经有 200 个区域型、中小型供应商被百安居淘汰。现在百安居在中国还拥有 1 000 多家供货商。百安居的目标是：2004 年大型供应商的销售额增长比例最高提升 10 倍，最低也要达到 60%，全国供应商的比例要达到或接近 30%。

3. 引入厂商直供模式

为了进一步规范自身的物流服务，百安居在 2004 年的深圳采购大会上宣布，百安居将对销售额排名前200位的供货商（占百安居整个销售额的70%~80%）推行厂商直供模式。即，由百安居总部统一向供货商采购，供货商直接送货到百安居的门店或物流中心。只有做到厂商直供，才能省掉许多中间环节，整合社会物流资源，提高物流效率，使供应链管理更加优化。据测算，厂商直供的商品采购成本比中间商供货可下降25%以上。目前，百安居已经与科勒、东海瓷砖厂等部分厂家签订了直供协议。

4. 加速发展自有品牌商品

自有品牌商品堪称当今世界商业发展的潮流趋势，商品的品种和销售额都在不断增长。专家分析，由于广告成本低、采购规模大，自有品牌商品可以与同类商品拉开25%~30%的价格差距，显现出巨大的价格优势。在中国，标示着"B&Q"字样的百安居自有品牌商品正加速面世，并以其鲜明的个性、超低的价格，受到越来越多消费者的青睐。百安居（中国）总部提供的信息显示，2004年5月以来，全新面世的百安居自有品牌商品系列超过10个，几乎覆盖家庭装潢、居家生活等各领域。与此同时，百安居自有品牌商品的销售额节节攀升。到2008年，百安居在中国市场的年销售额将超过150亿元人民币，届时自有品牌商品的销售额将占据10%~15%的比例，达到15亿至20亿元人民币。

5. 提高信息管理水平

为了满足企业发展的需要，百安居正在开发面向供应商的B2B采购平台。采用该系统后，供应商可以直接上网查询自己商品的销售情况，其最终目的是变百安居的被动采购为供应商的自动补货。该系统将于2005年3月投入运行。届时，百安居的商品采购信息化管理水平将提升到新的高度。

采用先进的信息系统理顺进销存

作为一家经营品种超过50 000种的零售企业，百安居每天要管理众多的商品，涉及繁复的商品采购、记账、库存与销售管理。这些都迫使百安居考虑改进业务流程，理顺进销存的关系，掌握良好的物流状态，为其在中国的进一步发展打好坚实的基础。

早在开业之初，百安居就采用了一套国产软件管理进销存。但是，随着开店数量不断增加，经营规模不断扩大，该系统渐渐地满足不了实际需要。考虑到企业未来发展，百安居决定投入巨资，在整个中国连锁经营网络中引入世界领先的SAP零售业管理信息系统，将其业务水平提升到新的高度。该项目于2001年5月开始实施，同年12月3日正式上线。

可以说，百安居对于SAP零售业解决方案的强大功能了解颇深，在英国总部早已采用了该系统，并取得了显著的效果。百安居中国采用的主要模块包括：

(1) 基础数据模块MM。具体分为供应商管理（包括供应商编号、名称等信息）和商品信息管理（包括商品名称、商品描述、类别、原产地、进价、零售价等信息）两部分。

(2) 零售管理模块Retail。包括销售管理、配送管理等功能。

(3) 供应链管理模块SC。包括订货管理、收货管理、入库管理等功能。

(4) 财务结算模块FI。完成与供应商的货款结算。

系统成功上线后，百安居的员工马上体验到了信息管理系统为企业和个人带来的快捷与方便。第一，实现了实时、可视化管理，总部可以随时了解任何门店在任何时间的销售与库存情况，便于评估整个公司的经营情况，以加强统一管理，减少库存，降低成本。第二，大幅度缩短了结账时间，对赊账和应收账款的管理也有了很大改善。原来每日结账需要干到凌晨的情况一去不复返了，如今只需3个人3个小时就可以完成结账。第三，借助于该系统，百安居的开店成本下降了30%。这些数据不仅说明了利用先进的信息技术手段改善管理、优化商业流程的重要意义，更为百安居带来了实实在在的效益。

建立高效的物流系统

从公司组织架构来看，百安居设立了商品部对采购、物流、销售、自有品牌商品等实行集中管理，公司还专门设有供应链副总裁负责供应链优化与物流运作管理。

目前，百安居的商品配送交给第三方物流公司完成。文东总经理指出，由于物流公司直接代表百安居为客户服务，因此对物流服务商的考核与管理丝毫也马虎不得。先要考察众多物流公司并公开招标，对中标企业再进行全面考核，只有最终通过考核才能成为百安居的物流服务商。之后，百安居对物流公司的人员进行专门培训，提出具体的服务要求，包括：必须有足够的车辆，可以满足百安居不同销售时期的配送需要；准时送货上门，协助顾客签收、验货；送货后的客户回访率不得低于20%等。对物流服务商的考核指标主要有：准时到达率、商品完好率、对客户的服务态度等。目前，客户对百安居的物流服务基本满意。

在物流成本控制方面，百安居的主要管理手段为：

（1）要求供货商交货及时准确，按质按量完成订单，这也是对供货商考核的重要指标。

（2）供货商要在事先规定的交货时间准时到达，以避免大批供货商排队等待交货。

（3）确保供货商同收货部人员快速、及时地完成货物清点并做相应处理，如进入卖场、配送中心或者收货部的临时仓库。

（4）采取仓储式销售，专门设立了空间管理部，每种商品都有固定的存放位置，货物直接存放在卖场的货架上部，节省了仓储面积。

（5）掌握送货装车与装箱技巧，保证满载率，减少运输车辆数量。

（6）事先与客户确定送货时间，商品尽快一次送达客户家中，避免因多次送货增加成本。

2004年，百安居在物流体系建设方面加大投入力度，准备建立全国以及华东、华南、华北地区物流中心，同时建立起完全由电脑系统管理的订货和产品流，为优化库存、完善服务以及产品的全国采购和供应提供强大的后盾支撑。

百安居（中国）总部供应链副总裁赵崎说："我们正在实施建立一个优化库存、完善服务的统一配送体系。通过建立订单中心和配送中心，整合商店补货订单，减少供应商的配送频次，降低供应商的物流成本，最终达到双赢的局面。同时，通过建立中心库存管理，减少门店库存量，提高商品库存周转率，从而减少商品的库存成本，提高资金利用率。"

赵崎分析，建材超市内部供应链管理优化所带来的变化与改善将是非常明显的，可以"以最有效的整体成本优势，保证货架上总是有顾客想要购买的商品"，并且由此大大提升企业的整体可持续竞争能力。其价值具体体现在三个方面：

（1）订单处理。以前的操作模式是门店直接向各个供应商下订单，订单没有整合，导致较高的订单频率，供应商需要花费较多的人力、物力来处理订单。优化之后，门店将向统一的物流中心下订单，物流中心将按供应商进行整合，合并成一张订单后再下给供应商。这样，对于单个的供应商来说，订单数量极大减少，在处理订单方面将更为便利。

（2）货物发送。以往，供应商处理完各个门店的订单后，根据订单要求备货，并分别发往不同目的地。这样导致供应商较高的发货频率，并需要支付较高的零担运输费用。优化之后，供应商将按整合后的订单，把提供给所有门店的商品送到百安居的物流中心，然后由物流中心统一配送到各个门店。这样，将极大降低供应商的发货频率，而且供应商的货物集中到一起能形成规模效应，供应商可以支付比零担运输费率更低的整车运输费率。

（3）财务结算。传统的模式，供应商将货物送到商店，商店签收单据返回到供应商后，供应商才能依据签收单开具收款发票。优化后，供应商将货物一起送到物流中心，当场收到签收单据。这样一来，不仅结款期缩短了，而且单据的管理也加强了，不会因为单据回来得太晚或丢失而影响了结算；更重要的是，货物运输途中的风险得到了有效控制，供应商不必承担运输途中的各种损失。

据悉，目前百安居正在抓紧实施HHP仓储管理系统，将采用无线手持终端结合条形码，完成订单管理、收货、入库、库存管理等多项功能。该系统将于2004年12月正式开通。借助该系统，通过扫描条形码，可以即刻了解每种商品的品名、位置、规格、价格、供货商、订单数量、订单处理状态等信息，实现更加智能化、方便快捷的物流管理。

收货与配送流程

下面以北京金四季店为例，简要介绍百安居的收货与商品配送流程。

2003年开设的北京金四季店占地3万多平方米，拥有1 200车位超大免费停车场，不仅是B&Q全球最大的旗舰店，而且在年销售额、商店贡献率（包括每平方米销售额、员工平均销售额、毛利、利润额等指标）和管理技术（包括公司运作管理水平、人力资源管理、各部门的专有技术、信息技术等指标）等方面居于领先地位。该店有50 000多种商品，一层以建材管件、地板木材、油漆涂料、五金工具、园艺花卉为主，能为顾客提供在家居装潢过程中所需要的一切建材用品；二层不仅有精心设计的样板房，同时各种灯具、厨房设备、卫浴洁具、时尚家具以及软装潢产品琳琅满目，可以满足顾客轻松完成个性化家居装饰的需要。

百安居的每家门店都设立了商品部，商品部又分为前台和后台，前台主要负责销售与客户投诉，后台主要有收货部与配送中心两个业务部门。

收货基本安排在百安居的营业时间范围内，从早上8点到晚上8点，为节省费用，尽量避免晚上接货。收货部接到厂商送货后，同配送中心和销售前台进行交接。如果是IS现货，属于常规补货，由商品部相关部门人员负责直接送到不同的货位，收货部也有小面积的仓库，可暂时存放商品；如果属于CAB（已经销售出去的产品）特殊订单，则直接交给配送中心，配送中心再根据不同的送货方式——顾客自提、百送（消费者购物额达到6 000元由百安居负责配送）、电话联系（确定是自提还是百送），不同处理。北京金四季店的收货部平均每天约处理120个订单，每月共3 000~4 000个订单。

收货时，SAP系统的流程控制模块SOP严格规定了每个员工的职责。如，货物送到以后，先要由保安进行送货单登记，再由2名收货员分别签字，然后文员进行送货单信息录入（只需在系统显示的相关品项后面添加数量即可），最后由主管复核（每天傍晚抽查）。有了极为严格的监督机制，经层层把关，有效地减少了漏入、录错现象，将收货差错率控制在1/1 000到2/1 000。

按照百安居的规定，进入门店销售的商品必须有条形码。条形码贴在每个销售单位商品的外包装上，销售时简单地扫一下条形码即可，大大加快了顾客结账时间，也便于了解商品销售情况，更好地实现销售、采购、库存等内部管理。如果供应商的商品自带条形码并可以识读，则直接添加到系统中，以减少工作量与成本，提高运作效率；否则由百安居自己制作、打印条形码后再粘贴在商品上（此项成本由百安居承担）。

配送中心主要承担仓储管理与配送管理两块业务，按照工作职责设立了文员、仓管员、自提组、发车组、调度组5个工作岗位，分工清晰，各司其职。百安居销售出去的90%的商品都从这里送出去。

在配送中心，文员起到物流导航的作用。文员每天到商品部前台取回送货单，再录入到系统中去，并对每天的发货数量进行核实、统计。送货之前，文员需要预先同顾客联系好，约定送货时间；送完货之后，文员马上在系统中登记送货时间、送货司机，便于顾客今后查询商品。

配送中心采用高层货架，商品码放密集但极有条理。库区首先分为自提区与百送区，自提区再按照商品类型划分存储区域，如瓷砖、厨电、浴室设备等分门别类集中存放。货架上层存放整托盘货物，以叉车完成存取；不方便叉车行走的地方，专门存放需要手工搬运的商品，如浴缸等；易碎品如瓷砖等存放在货架上，以避免因不慎造成的损失；对于非标商品，如玻璃淋浴房要垂直竖放，则按照商品的特殊形状与特性专门定做了非标货架。为避免顾客到期限不来提货，占用仓储空间，配送中心有专门人员提醒顾客来提货，并规定如果超过期限，每天收取商品总额的1/1 000作为仓储费。

配送中心收货后为每个送货单位都制作了一张标签，贴在商品包装的显著位置，内容包括订单号、顾客姓名、提货时间等信息。每天收货后对配送中心货物进行整理，只需要3个工作人员即可。

配送中心打印出送货单，交给第三方物流公司的送货员。百安居将北京地区划分为十几条线路，同一线路顾客的商品要集中配送，并保证车辆的满载率。前一天晚上，送货司机到百安居的配送中心装车，第二天早上送货。

发货区设在仓库外面，共划分了15个车位，一辆车对应一个车位。按照送货路线，将一个顾客的商品放在一个托盘上，以免出错。物流公司运输车按照实际需要灵活调动，旺季时每天约需20辆车。百安居规定，每辆车一天要完成20个顾客的商品配送。

做中国市场第一

只用了短短几年时间，百安居已发展成为中国家居装潢建材领域的佼佼者，稳居中国家居建材连锁经营行业销售额第一。2004年上半年，百安居销售额比去年同期增长了76.2%，利润增长400%。良好的销售业绩无疑大大增强了百安居对中国市场的投资信心。

2005年，百安居将重点在中国沿海城市扩大规模，发展13~17家连锁店，并将考虑进军西部地区。目前，无锡、大连、重庆、成都等地新店正在筹备建设。与此同时，分别位于华东、华北、华南的三个区域物流中心正在加紧建设。2005年三个物流中心正式投入运营后，将不仅可以满足百安居的大规模采购、配送的需要，而且有望真正实现自己控制物流体系的运作，使物流成本降到最合理的程度，巩固在行业中的"领头羊"地位。

展望未来，雄心勃勃的百安居计划将业务覆盖中国各大城市。按照百安居的战略部署，在2008年之前，百安居计划在中国内地投资额将突破50亿元人民币。在2009年之前，其在中国内地30多个城市的总店数将达到80家。同时，百安居将加大对市场推广方面的投入，进一步加强连锁店电脑系统和物流体系的改善，为开拓全中国市场、树立第二个里程碑做好准备。

（资料来源：http://www.chinawuliu.com.cn/）

从《红楼梦》看《供应链管理》

1. 《供应链管理》的知识

在教材"10.1.1 客户关系管理的定义"中有如下表述：

客户关系管理（Customer Relationship Management，CRM）的产生是市场与科技发展的结果，是在合适的时间和合适的地点，以合适的价格、合适的质量、合适的数量、合适的包装、合适的来源和合适的方式，向合适的客户提供合适的产品和服务的过程中，所进行的计划、组织、协调和控制的系列活动。

2. 《红楼梦》第九十六回有如下情境

瞒消息凤姐设奇谋　泄机关颦儿迷本性

若说服里娶亲，当真使不得；况且宝玉病着，也不可叫他成亲；不过是冲冲喜。我们两家愿意，孩子们又有"金玉"的道理，婚是不用合的了，即挑了好日子，按着咱们家分儿过了礼。趁着挑个娶亲的日子，一概鼓乐不用，倒按宫里的样子，用十二对提灯，一乘八人轿子抬了来，照南边规矩拜了堂，一样坐床撒帐，可不算是娶了亲了么？宝丫头心地明白，是不用虑的。内中又有袭人，也还是个妥妥当当的孩子，再有个明白人常劝他，更好，他又和宝丫头合得来。再者，姨太太曾说："宝丫头的金锁也有个和尚说过，只等有玉的便是婚姻。"焉知宝丫头过来，不因金锁倒招出他那块玉来，也定不得。从此一天好似一天，岂不是大家的造化？凤姐道："依我想，这件事，只有一个'掉包'的法子。"贾母道："怎么'掉包儿'？"凤姐道："如今不管宝兄弟明白不明白，大家吵嚷起来，说是老爷做主，将林姑娘配了他了，瞧他的神情儿怎么样。要是他全不管，这个包儿也就不用掉了，若是他有些喜欢的意思，这事却要大费周折呢。"王夫人道："就算他喜欢，你怎么样办法呢？"凤姐走到王夫人耳边，如此这般的说了一遍。王夫人点了几点头儿，笑了笑，说道："也罢了。"贾母便问道："你们娘儿两个捣鬼，到底告诉我是怎么着呀？"凤姐恐贾母不懂，漏泄机关便也向耳边轻轻告诉了一遍。贾母果真一时不懂。凤姐又说了几句。贾母笑道："这么着也好，可就只忒苦了宝丫头了。倘若吵嚷出来，林丫头又怎么样呢？"凤姐道："这个话，原只说给宝玉听，外头一概不许提起，有谁知道呢？"

3. 我们的理解

（1）开谈不说红楼梦，读尽诗书也枉然。而说到《红楼梦》不可避免的就是"木石前盟"和"金玉良缘"这段悲剧的三角恋，有人喜欢黛玉，有人喜欢宝钗。而我们今天需要讨论的是通过供应链客户关系管理分析为什么最后宝玉娶的是宝钗而不是黛玉。

（2）供应链管理的决策者贾母选择在宝玉失玉癫疯这个合适的时间定下宝玉的婚事冲喜。

（3）从合适的价格方面说黛玉父亲林如海死后家产应已并入贾家，所以财力上已不如宝钗，从合适的质量上说黛玉身体不好，思想上与宝玉一样追求爱情自由，这是和封建大家庭相抵触的。因为宝玉情感已经为大家所知，所以在后一章"林黛玉焚稿断痴情，薛宝钗出闺成大礼"中为了掉包计不露馅，宝钗成亲行礼的陪同丫头是借的雪雁，这采取的是合

第10章 供应链客户关系管理

适的包装。在迎春去世,宝玉劝服在身且自个儿病着,宝钗哥哥薛蟠仍在狱中的情况下婚事从简遵从的是合适的方式。

(4) 在这一系列的过程中,进行了掉包计划、婚事组织、人员协调和坚决对潇湘馆人员封锁钗玉的婚事控制等系列活动。

4. 给我们的启示

(1) 良好的客户关系管理可以使企业获得强大的竞争优势。

(2) 客户关系管理创造的资源对公司发展有弥补作用。

(3) 客户关系管理可以通过比较,选择性价比较高的一方。

(10级物流一班:潘萍萍、廖雪萍、黄艺珍、潘雪梅、龙辉)

A 卷 试 卷

一、物流术语中英对照翻译（共 15 分，每个 1 分）

BPR _____；MPS _____；CRP _____；QR _____；JMI _____；_____通用商品条形码；_____增值网；_____自动导引搬运车；_____自动化立体仓库；_____主产品结构清单；B2B _____；CRM _____；_____关键因素分析法（价值链分析法）；_____分销需求计划；_____配送中心。

二、单选题（共 12 分，每空 1 分）

1. 采购过程的第一环节是_____，最后环节是_____。
   A. 评价采购活动和供应商　　　　　B. 鉴别供应商
   C. 鉴定和签署订单　　　　　　　　D. 监视和管理交货过程
   E. 识别需求

2. 如今企业则从_____的角度来考虑采购决策对企业竞争优势的影响。
   A. 成本　　　　B. 战术　　　　C. 战略　　　　D. 运营

3. 下述哪个不是购买或外包的原因？_____
   A. 成本优势　　B. 产能不足　　C. 控制提前期　　D. 质量

4. 选择供应商的第一步骤是_____，最后步骤是_____。
   A. 建立供应商选择目标　　　　　　B. 建立供应商评价标准
   C. 实施供应商合作关系　　　　　　D. 分析市场竞争环境

5. 分散采购不具有的优点是_____。
   A. 专业化　　B. 更加了解需求　　C. 当地采购　　D. 较少的官僚主义

6. VMI 的实施第一步骤是_____。
   A. 组织机构的变革　　　　　　　　B. 建立销售网络管理系统
   C. 建立顾客情报信息系统　　　　　D. 建立供应商与分销商的合作框架协议

7. 不是供应链管理下库存控制的目标是_____。
   A. 库存成本最低　　B. 库存保证程度最高　　C. 不允许缺货　　D. 不限定资金

8. 不是 VMI 原则的是_____。
   A. 合作性原则　　　　　　　　　　B. 质量第一原则
   C. 双赢互惠原则　　　　　　　　　D. 目标一致性原则

9. 动态建模需要多种理论方法的支持，其基本流程的第一环节是_____，最后环节是_____。
   A. 精简　　B. 多维系统分析　　C. 协调　　D. 多维系统分析

三、判断（共 20 分，每空 1 分）：（正确标注 R，错误标注 F）

1. 在实际管理运作中，需根据不断变化的需求，相应地改变供应链的组成。（　　）
2. 在供应链管理设计中，创新性产品强调有效实物供给。（　　）
3. 供应链管理是一种集体的管理思想和方法。（　　）

4. 商业增值网络中心：参与交易双方的交易活动，并且提供用户连接界面。（   ）
5. 交易双方交换的信息就是订单和交货通知。（   ）
6. CRP 是 ERP 的核心功能。（   ）
7. 多种形式的反购贸易包括实物交易、补偿性交易和相互赞助等多种形式。（   ）
8. 实物交易就是在有货币交换的完全等价的货物（或服务）交换。卖家可以消费这些商品或服务，也可以再度出售它们。（   ）
9. 年总成本 $TC=(R/Q)\times S+(S/2)\times h\times C$。（   ）
10. 采购要达到的一项目标是提供一个连续的原料流、供给流和服务流。（   ）
11. 采购要达到的一项目标是原材料和元器件应该及时到达。（   ）
12. 采购要达到的一项目标是维持最优的质量标准。（   ）
13. 采购要达到的一项目标是发现或培养合格的供应商。（   ）
14. 采购要达到的一项目标是以最低的价格购买所有需要的物品和服务。（   ）
15. 采购要达到的一项目标是以最低的管理费用实现采购的目标。（   ）
16. 供应链的各个节点的选择应遵循"强—弱—强联合"的原则。（   ）
17. 建立战略伙伴关系的合作企业关系模型是实现供应链最佳效能的目标。（   ）
18. 按需求的重复性划分为独立需求和相关需求。（   ）
19. 虽然供应链的整体绩效取决于各个供应链节点的绩效，但有些目标和供应链的整体目标是不相干的，甚至有可能是冲突的。（   ）
20. 大多数供应链系统都没有建立针对全局供应链的绩效评价指标，这是供应链中普遍存在的问题。（   ）

四、名词解释（共 12 分，每题 4 分）

1. 供应链的定义
2. ERP 的核心管理思想
3. CPFR 的定义

五、填空（共 28 分，每空 0.5 分）

1. 供应链的类型：从_____来看分为内部供应链和外部供应链；根据_____分为稳定的供应链和动态的供应链；根据_____可以分为平衡的供应链和倾斜的供应链；按_____分为盟主型供应链和非盟主型供应链；按_____分为有效性供应链和反应性供应链。
2. 供应链管理涉及的主要问题：_____、_____、_____和_____。
3. 设施无论是生产场所还是储存场所，有关设施的_____、_____和_____决策对供应链的绩效有着决定性的作用。
4. QR 对厂商的优点：更好的_____，降低了_____，降低了_____，更好的_____。
5. 将_____信息、_____信息、_____信息、_____信息等与合作伙伴交流分享，并在此基础上，要求各方在一起发现问题、分析问题和解决问题。
6. ECR 的特征：_____的创新，_____协调，涉及范围广。
7. 店铺空间管理是对店铺的_____、_____、_____等进行最优化管理。
8. ECR 系统应用的信息技术主要有：_____和_____。

9. 有效的产品导入包括让消费者和_____尽早接触到这种产品。

10. EOS 的发展趋势——_____、_____。

11. 准时化运作（JIT）方式最早由_____汽车以"_____"管理的名称开发出来，并应用于电子商务与现代物流生产制造系统，其后 JIT 方式的"_____"哲学被广泛地接受并大力推广。

12. 如果要根据需求的优先顺序，在统一的计划指导下，把企业的"销产供"信息集成起来，就离不开_____这个基础文件。

13. CPFR 的特点：_____、_____、_____、_____。

14. JIT 采购包括将_____，_____的物品运送到核心企业的_____。

15. JIT 的成功实施取决于大幅度地_____和_____，因此从事有关工作的人必须在这个过程中扮演重要的角色。企业的经理必须保证给予强有力的支持，包括提供有关_____、_____、_____和其他必要的资源来发现问题和实施解决方案。企业的高层经理需要营造一种氛围，即_____。

16. 开始于 20 世纪 70 年代的_____促进了采购流程。

17. 集中采购就是一家企业采购部门的人员都在一处办公，制定各种采购决策，包括_____、_____、_____、_____。

18. 一个有效的供应链应该具有良好的客户价值创造能力以及_____、_____、_____等。

六、简答（共 13 分，第一题 8 分，第二题 5 分） 1. ECR 产生的背景。

2. 使用多家供应商的原因。

A 卷 答 案

一、物流术语中英对照翻译（共 15 分，每个 1 分）

BPR 业务流程再造　MPS 主生产计划　CRP 能力需求计划　QR 快速反应　JMI 联合库存管理系统　EAN-13 通用商品条形码　VAN 增值网　AGV 自动导引搬运车　AS/RS 自动化立体仓库　BOM 主产品结构清单　B2B 企业对企业电子商务　CRM 客户关系管理　CVA 关键因素分析法（价值链分析法）　DRP 分销需求计划　DC 配送中心

二、单选题（共 12 分，每空 1 分）

1．E、A　2．C　3．C　4．D、C　5．A　6．C　7．D　8．B　9．B、C

三、判断（共 20 分，每空 1 分）

1．R　2．F　3．F　4．F　5．F　6．F　7．F　8．F　9．F　10．F　11．R　12．F　13．R　14．F　15．F　16．F　17．F　18．F　19．R　20．R

四、名词解释（共 12 分，每题 4 分）

1. 供应链的定义

国家标准《物流术语》供应链的定义：生产及流通过程中，涉及将产品或服务提供给最终用户的上游与下游企业，所形成的网链结构。

2. ERP 的核心管理思想

ERP 的核心管理思想是供应链管理。主要体现在：体现对整个供应链资源进行管理的思想，体现精益生产、同步工程和敏捷制造的思想，体现事先计划与事中控制的思想。

3. CPFR 的定义

CPFR 是一种协同式的供应链库存管理技术，它能同时降低销售商的存货量，增加供应商的销售量。CPFR 的最大优势是能及时准确地预测由各项促销措施或异常变化带来的销售高峰和波动，从而使销售商和供应商都能做好充分的准备，赢得主动。CPFR 采取了双赢的原则，始终从全局的观点出发，制订统一的管理目标以及实施方案，以库存管理为核心，兼顾供应链上其他方面的管理。因此，CPFR 能在合作伙伴之间实现更加深入广泛的合作。

五、填空（共 28 分，每空 0.5 分）

1. 制造企业供应链的发展过程、供应链存在的稳定性、供应链容量与用户需求的关系、供应链的主导主体控制能力、供应链的功能模式

2. 随机性问题、供应链结构性问题、供应链全球化问题、协调机制问题

3. 选址、功能、灵活性

4. 顾客服务、流通费用、管理费用、生产计划

5. 销售、库存、生产、成本

6. 管理意识、供应链整体

7. 空间安排、各类商品的展示比例、商品在货架上的布置

8. 电子数据交换 EDI、POS 销售时点信息

9. 零售商

10. 标准化、网络化
11. 日本丰田、"看板"、"及时"
12. 产品结构或物料清单
13. 协同、规划、预测、补货
14. 小批量、多批次、指定地点
15. 降低浪费、持续改进、技术、工具、时间、鼓励发现问题
16. 电子数据交换 EDI
17. 采购数量、价格策略、磋商、签约、供应商选择和评价
18. 柔性、响应度、市场渗透力

六、简答（共 13 分，第一题 8 分，第二题 5 分）

1. ECR 产生的背景

销售增长放慢，权力的转移，敌对关系的产生，组织职能的紊乱，远期购买和转移购买，附加折扣，自有品牌商品，新的零售形式。

2. 使用多家供应商的原因

① 需要产量；② 分散供应中断的风险；③ 制造竞争；④ 信息；⑤ 处理特殊业务。

B 卷 试 卷

一、物流术语中英对照翻译（共15分，每个1分）

ECR_____；EOQ_____；FCL_____；FEU_____；_____电子商务；_____定量订货法；_____准时化运作；_____物料需求计划；MRPII_____；_____管理信息系统；_____区域分拨中心；RF_____；_____无线射频识别技术；VL_____；VMI_____。

二、单选题（共12分，每空1分）

1. 采购过程的第一环节是_____，最后环节是_____。
   A. 评价采购活动和供应商　　　　　B. 鉴别供应商
   C. 鉴定和签署订单　　　　　　　　D. 监视和管理交货过程
   E. 识别需求

2. 如今企业则从_____的角度来考虑采购决策对企业竞争优势的影响。
   A. 成本　　　　B. 战术　　　　C. 战略　　　　D. 运营

3. 下述哪个不是购买或外包的原因_____。
   A. 成本优势　　B. 产能不足　　C. 控制提前期　　D. 质量

4. 选择供应商的第一步骤是_____，最后步骤是_____。
   A. 建立供应商选择目标　　　　　　B. 建立供应商评价标准
   C. 实施供应商合作关系　　　　　　D. 分析市场竞争环境

5. 分散采购不具有的优点是_____。
   A. 专业化　　　　　　　　　　　　B. 更加了解需求
   C. 当地采购　　　　　　　　　　　D. 较少的官僚主义

6. VMI的实施第一步骤是_____。
   A. 组织机构的变革　　　　　　　　B. 建立销售网络管理系统
   C. 建立顾客情报信息系统　　　　　D. 建立供应商与分销商的合作框架协议

7. 不是供应链管理下库存控制的目标是_____。
   A. 库存成本最低　　B. 库存保证程度最高　　C. 不允许缺货　　D. 不限定资金

8. 不是VMI原则的是_____。
   A. 合作性原则　　　　　　　　　　B. 质量第一原则
   C. 双赢互惠原则　　　　　　　　　D. 目标一致性原则

9. 动态建模需要多种理论方法的支持，其基本流程的第一环节是_____，最后环节是_____。
   A. 精简　　　　B. 多维系统分析　　C. 协调　　　　D. 多维系统分析

三、判断（共15分，每空1分）：（正确标注R，错误标注F）

1. 集成的设计策略包括基于过程优化、基于商业规则、基于案例分析、商流的综合设计策略。（　　）

2. 过程优化最关键的是过程诊断。（   ）

3. 不同的供应链系统具有不同特点。有的供应链系统成本控制能力较强，主要适合于创新速度较快的产品。（   ）

4. 定量订货法（经济订购批量法）原理：对库存进行不间断检查，当库存下降到再订购点时，就会再次订购批量为 Q 的货物。两次订货之间的间隔时间不可能是变化的。（   ）

5. 定期订货法原理：定期检查库存状况，当库存一旦下降就再次订货，从而将库存水平提高到指定的初始水平。在该策略中，每次订货的数量相同。（   ）

6. 有些企业采用库存周转率作为供应链库存管理的绩效评价指标，但是没有考虑对客户的反应时间与服务水平。（   ）

7. 为减少不确定性对供应链的影响，首先仅应了解不确定性的影响程度。（   ）

8. 1994 年、1997 年美国斯坦福大学的李教授（Hau L.Lee）对需求放大现象进行了深入的研究，把其产生的原因归纳为 4 个方面：销售决策、订货批量决策、价格波动、短缺博弈。（   ）

9. 订货决策指两种现象，一种是周期性订货决策，另一种是订单拉动。（   ）

10. 供应链上的不确定性，是三个方面原因造成的：① 需求预测水平造成的不确定性；② 决策信息的可获得性、透明性、可靠性、信息的准确性对预测同样造成影响；③ 决策机构的影响，特别是决策组织的影响。（   ）

11. VMI 是一种很好的供应链库存管理策略。（   ）

12. VMI 的主要思想是供应商在用户允许下设立库存，确定库存水平和补给策略，拥有库存控制权。（   ）

13. VMI 不是关于成本如何分配或谁来支付的问题，而是关于减少成本的问题。通过该策略使双方的成本都减少。（   ）

14. 库存状态透明性（对供应商）是实施供应商管理用户库存的关键。（   ）

15. 联合库存的库存管理不再是各自为政的独立运营过程，而是供需连接的纽带和协调中心。（   ）

四、名词解释（共 12 分，每题 4 分）

1. 供应链管理的定义
2. 企业资源规划 ERP 的定义
3. JIT 的基本思想

五、填空（共 26 分，每空 0.5 分）

1. 供应链由_____组成，其中一般有_____，节点企业在_____的驱动下，通过供应链的职能分工与合作（生产、分销、零售等），以_____、_____或和_____为媒介实现整个供应链的_____。

2. 供应链管理的理念：_____、_____、_____、_____。

3. 供应链成长过程体现在企业在市场竞争中的成熟与发展之中，通过供应链管理的_____、_____、_____、_____等来实现满足顾客需求、使顾客满意以及留住顾客等功能目标，从而实现供应链管理的最终目标：社会目标（_____）、经济目标（_____）、环境目标（_____）的统一。

4. 零售店铺是_____系统的起始点。

5. 与供应链相关方建立战略伙伴关系，具体内容包括以下两个方面：一是_____。二是_____。

6. 供应商和采购商在交付货物时，需要用合适的协议。要在协议中体现以下方面：_____的最低和最高限度；_____的周期；_____的分割和转移的原则。

7. ECR 系统的构建：ECR 作为一个供应链管理系统，需要把_____、_____、_____和_____有机结合起来作为一个整体使用，以实现 ECR 的目标。构筑 ECR 系统的具体目标是实现_____、_____、_____、_____满足消费者需要。

8. ECR 的战略：有效的_____、有效的_____、有效的_____、有效的_____。

9. 各批发、零售商场或社会网点根据自己的销售情况，确定所需货物的品种、数量，按照同体系商场根据实际网络情况补货需求或通过_____或通过_____发送给总公司业务部门。

10. 在实施 MRP 时，与市场需求相适应的_____是 MRP 成功的最基本的要素。

11. ERP 在整个供应链的管理过程中，更注重对_____和_____的控制。

12. 通过一个产品结构就能够说明制造业生产管理常用的"_____"。

13. 基于活动的成本控制——ABC 方法作为一种现代战略管理工具，ABC 方法克服了传统的成本会计过程中的许多不足。它的出现，是基于这样一个概念，即_____，_____。

14. 设计 JIT 布局的主要目标就是减少_____。

15. JIT Ⅱ 对于合作伙伴双方有着显著的好处。首先，采购公司用到了_____，而供应公司得到了_____。

16. 供应链上的库存无非有两种，一种是_____过程中的库存，一种是_____过程中的库存。

17. 一个有效的供应链应该具有良好的客户价值创造能力以及_____、_____、_____等。

六、简答（共 20 分，第一题 7 分，第二题 13 分）

1. 供应链设计原则。

2. 影响库存决策的成本因素包括什么？

B 卷 答 案

一、物流术语中英对照翻译（共 15 分，每个 1 分）

ECR 有效客户反应　EOQ 经济订货批量　FCL 整箱货　FEU40 英尺集装箱　EC 电子商务　FQS 定量订货法　JIT 准时化运作　MRP 物料需求计划　MRPII 制造资源划　MIS 管理信息系统　RDC 区域分拨中心　RF 射频技术　RFID 无线射频识别技术　VL 虚拟物流　VMI 供应商管理客户库存

二、单选题（共 12 分，每空 1 分）

1. E、A　2. C　3. C　4. D、C　5. A　6. C　7. D　8. B　9. B、C

三、判断（共 15 分，每空 1 分）

1. F　2. R　3. F　4. F　5. F　6. R　7. F　8. F　9. F　10. F　11. R　12. R　13. R　14. R　15. R

四、名词解释（共 12 分，每题 4 分）

1. 供应链管理的定义

国家标准《物流术语》GB/T 18354—2001：利用计算机网络技术全面规划供应链中的商流、物流、信息流、资金流等并进行计划、组织、协调与控制。

2. 企业资源规划 ERP 的定义

企业资源规划 ERP 就是在 MRP II 和 JIT 的基础上，通过前馈的物流和反馈的物流和资金流，把客户需求和企业内部的生产活动，以及供应商的制造资源结合在一起，体现完全按用户需求制造的一种供应链管理思想的功能网链结构模式。

3. JIT 的基本思想

JIT 的基本思想是库存就是浪费，消除库存就是消除浪费。这就要求企业只在必要的时间，按必要的数量、生产必要的产品，不过多、过早地生产暂不需要的产品。

五、填空（共 26 分，每空 0.5 分）

1. 所有加盟的节点企业、一个核心企业、需求信息、资金流、物流、服务流、不断增值

2. 面向顾客理念、双赢和多赢理念、管理手段、技术现代化

3. 合作机制、决策机制、激励机制、自律机制、满足社会就业需求、创造最佳利益、保持生态与环境平衡

4. 垂直型 QR

5. 积极寻找和发现战略合作伙伴、在合作伙伴之间建立分工和协作关系

6. 仓储水平、补给、库存财产权

7. 市场营销、物流管理、信息技术、组织革新技术、低成本的流通、基础关联设施建设、消除组织间的隔阂、协调合作

8. 店内布局、补货、促销、新产品导入

9. 增值网络中心、实时网络系统

10. 销售计划

11. 信息流、资金流

12. 期量标准

13. 活动消耗资源、产品和服务消耗活动

14. 多余的移动

15. 免费的员工、未来采购的保障

16. 生产制造、物流

17. 柔性、响应度、市场渗透力

六、简答（共20分，第一题7分，第二题13分）

1. 供应链设计原则

① 自上向下和自下向上相结合的设计原则；② 简洁性原则；③ 集优原则（互补性原则）；④ 协调性原则；⑤ 动态性（不确定性）原则；⑥ 创新性原则；⑦ 战略性原则。

2. 影响库存决策的成本因素，包括什么

（1）订购成本：① 订购手续成本；② 运输费用；③ 接收成本。

（2）库存持有成本：① 资本成本；② 仓储成本；③ 搬运成本；④ 报废成本；⑤ 其他成本。

（3）短缺成本：库存短缺时所引起的成本，如停工待料的经济损失、未完成合同而要承担的罚款、销售损失及信誉的损失等。

C 卷 试 卷

一、物流术语中英对照翻译（共 15 分，每个 1 分）

_____ 全面质量管理；_____ 标准集装箱、20 英尺集装箱、换算箱；TPL _____；WMS _____；ERP _____；_____ 电子自动订货系统；_____ 拼箱货；_____ 电子数据交换；FIS _____；QC _____；WM _____；_____ 供应链管理；供应商关系管理；_____ 销售时点系统；_____ 虚拟物流。

二、单选题（共 12 分，每空 1 分）

1. 采购过程的第一环节是_____，最后环节是_____。
   A. 评价采购活动和供应商　　　　B. 鉴别供应商
   C. 鉴定和签署订单　　　　　　　D. 监视和管理交货过程
   E. 识别需求

2. 如今企业则从_____的角度来考虑采购决策对企业竞争优势的影响。
   A. 成本　　　　B. 战术　　　　C. 战略　　　　D. 运营

3. 下述哪个不是购买或外包的原因_____。
   A. 成本优势　　B. 产能不足　　C. 控制提前期　　D. 质量

4. 选择供应商的第一步骤是_____，最后步骤是_____。
   A. 建立供应商选择目标　　　　B. 建立供应商评价标准
   C. 实施供应商合作关系　　　　D. 分析市场竞争环境

5. 分散采购不具有的优点是_____。
   A. 专业化　　　　　　　　　　B. 更加了解需求
   C. 当地采购　　　　　　　　　D. 较少的官僚主义

6. VMI 的实施第一步骤是_____。
   A. 组织机构的变革　　　　　　B. 建立销售网络管理系统
   C. 建立顾客情报信息系统　　　D. 建立供应商与分销商的合作框架协议

7. 不是供应链管理下库存控制的目标是_____。
   A. 库存成本最低　　B. 库存保证程度最高　　C. 不允许缺货　　D. 不限定资金

8. 不是 VMI 原则的是_____。
   A. 合作性原则　　　　　　　　B. 质量第一原则
   C. 双赢互惠原则　　　　　　　D. 目标一致性原则

9. 动态建模需要多种理论方法的支持，其基本流程的第一环节是_____，最后环节是_____。
   A. 精简　　　　B. 多维系统分析　　　　C. 协调　　　　D. 多维系统分析

三、判断（共 15 分，每空 1 分）：（正确标注 R，错误标注 F）

1. 在供应链管理体系中，单一企业库存优化策略的实施，不一定能够带来整个供应链体系库存的优化。（　　）

2. 有的厂家有既为入点又为出点的情况。（   ）
3. 供应链的方向，依照信息流的方向来定义供应链的方向，以确定供应商、制造商和分销商之间的顺序关系。（   ）
4. 正确设计供应链是实施供应链管理的基础。（   ）
5. 一个设计精良的供应链在实际运行中并不一定能按照预想的那样，甚至无法达到设想的要求。（   ）
6. 构建和设计一个供应链，只要考虑供应链的运行环境（地区、政治、文化、经济等因素）的变化对实施的供应链的影响。（   ）
7. 供应链的设计或重构不是要推翻现有的企业模型，而是要从管理思想革新的角度，以创新的观念武装企业。（   ）
8. 物流的价值和价值增值由下游企业流向上游企业。（   ）
9. 从结构上讲，外部供应链是指企业产品生产和流通过程中所涉及的采购部门、生产部门、仓储部门、销售部门等组成的供需网络。（   ）
10. 供应链的特征是复杂性、动态性、面向用户需求、平行性。（   ）
11. 供应链管理研究的内容主要涉及四个主要领域：供应、生产计划、物流、合作。（   ）
12. 库存的改变会在很大程度上影响整个供应链的反应能力和盈利水平。（   ）
13. 在企业内部的组织革新方面，需要把采购、生产、物流、销售等按职能划分的组织形式改变为以客户流程为基本职能的横向组织形式。（   ）
14. 在管理思想上，MRP 讲求推动概念和计划性，而 JIT 讲求拉动概念和及时性。（   ）
15. JIT 过程的大批量生产是通过使用"看板"完成的。（   ）

四、名词解释（共 12 分，每题 4 分）

1. QR 的含义
2. 电子订货系统的定义
3. VCA 概念

五、填空（共 30 分，每空 0.5 分）

1. 供应链上集成了_____、_____、_____等要素。并且，这些要素常常是_____、_____，甚至是_____的。
2. 反应性供应链也称灵敏反应型供应链。主要体现供应链的_____的功能。在供应链管理设计中，功能性产品强调_____，创新性产品强调_____。
3. 供应链管理者必须对影响供应链运营的相对独立的主要驱动要素——_____、_____、_____和_____，在_____和_____之间进行平衡。
4. 一般来说，供应链共同目标包括：_____、_____。
5. 通过_____等销售信息和成本信息的相互公开和交换来提高各个企业的经营效率。
6. 合作的目标即要_____，又要避免_____的发生。
7. ECR 的战略主要集中在 4 个领域；效率的_____、效率的_____、效率的_____和效率的_____。
8. 在 ECR 系统中采用的营销技术主要是_____和_____。

9. 自动订货（CAO）是基于_____和_____信息利用计算机进行自动订货的系统。
10. 有效的促销战略的主要内容是简化贸易关系，将经营重点从采购转移到_____。
11. 1981年在物料需求计划的基础上，将MRP的领域由生产、材料和库存管理扩大到_____、_____和_____等方面，提出了制造资源计划（MRPII）。
12. 未来的ERP将在_____、_____、_____和_____方面得到发展，若将ERP与卖方管理库存技术（VMI）相结合，可以开发出_____。
13. MRP把传统的账务处理同发生账务的事务结合起来，不仅说明账务的_____，而且追溯_____。
14. 在识别可比较的机遇方面，关键在于_____、_____。
15. 所有JIT项目的贯穿始终的目标就是尽可能减少浪费。企业通过减少生产系统中的浪费，实现产品的_____和_____。
    这里的浪费包括_____、_____、_____、_____、_____、_____以及任何其他不产生价值增加的行为。
16. 为保证小批量生产，生产流程中的内部和外部交流，都需要一个_____，这是保证JIT顺利实施的一项关键内容。
17. 供应链上的不确定性表现形式有两种：一种是_____不确定性。另一种不确定性是_____不确定性。
18. 基于成本就是根据供应链中的_____原则，来选择供应链中的节点企业。总成本中考虑_____、_____、_____、_____和其他变动成本等因素，同时考虑_____对劳动力成本的影响、相关国家的_____和_____等影响因素。

六、简答（共16分，第一题8分，第二题8分）

1. 小额采购订单的方法。
2. ECR产生的背景。

C 卷 答 案

一、物流术语中英对照翻译（共 15 分，每个 1 分）

TQC、TQM 全面质量管理　TEU 标准集装箱、20 英尺集装箱、换算箱
TPL 第三方物流　WMS 仓库管理系统　ERP 企业资源规划　EOS 电子自动订货系统
LCL 拼箱货　EDI 电子数据交换　FIS 定期订购法　QC 质量管理　WM 仓库管理　SCM 供应链管理　SRM 供应商关系管理　POS 销售时点系统　VL 虚拟物流

二、单选题（共 12 分，每空 1 分）

1. E　2. A　2. C　3. C　4. D、C　5. A　6. C　7. D　8. B　9. B、C

三、判断（共 15 分，每空 1 分）

1. R　2. R　3. F　4. R　5. R　6. F　7. R　8. F　9. F　10. F　11. F　12. R　13. F　14. R　15. F

四、名词解释（共 12 分，每题 4 分）

1. QR 的含义

QR 是指在供应链中，为了实现共同的目标，至少在两个环节之间进行的紧密合作。目的是减少原材料到销售点的时间和整个供应链上的库存，最大限度地提高供应链的运作效率。

2. 电子订货系统的定义

电子订货系统 EOS 是指将批发、零售商场所发生的订货数据输入计算机，即通过计算机通信网络连接的方式将资料传送至总公司、批发业、商品供货商或制造商处。

3. VCA 概念

VCA 意味着，企业应根据拟定的变革方案对各贸易伙伴所产生的综合影响来确定削减成本的重点，以避免供应链某个环节的变化导致的整个价值链成本增加、效率下降。价值链分析的过程包括搜集数据并把数据输入到一系列模型中，现在这些模型可以用计算机程序来实现。企业利用这些模型作为工具来分析数据并形成报告。

五、填空（共 30 分，每空 0.5 分）

1. 物流、信息流、资金流、跨部门、跨企业、跨行业
2. 市场中介、有效实物供给、市场灵敏反应
3. 库存、运输、设施、信息、反应能力、盈利水平，
4. 提高顾客服务水平、降低供应链的总成本
5. POS 数据
6. 削减库存、缺货现象
7. 店铺空间安排、商品补充、促销活动、新商品开发与市场投入
8. 商品类别管理 CM、店铺货架空间管理 SM
9. 库存、需要
10. 销售

11. 营销、财务、人事管理

12. 动态性、集成性、优化性、广泛性、供应链规划 SCP

13. 资金现状、资金的来龙去脉

14. 订单预测的整合、销售预测的协同

15. 成本降低、价值增加、额外的等候时间、多余的库存、物料、人员移动、处理步骤、变化

16. 合理的时间进度安排

17. 衔接、运作

18. 总成本优化、物料、劳动力、运输、设备、经验曲线、汇率、通货膨胀率

六、简答（共 16 分，第一题 8 分，第二题 8 分）

1. 小额采购订单的方法。

① 采购信用卡或合作采购卡；② 空白支票采购订单；③ 一揽子采购订单或无限制采购订单；④ 无库存采购或系统合约；⑤ 小额现金；⑥ 物料和部件的标准化和简单化；⑦ 积累小额订单生成大订单；⑧ 针对特定的物料应用固定间隔期

2. ECR 产生的背景

销售增长放慢，权力的转移，敌对关系的产生，组织职能的紊乱，远期购买和转移购买，附加折扣，自有品牌商品，新的零售形式。

物流相关术语中英对照

ABC 分类法的基本思想：关键的少数对全局具有决定性的影响
AGV 自动导引搬运车　　　　　　　　AGVS 自动导引搬运车系统
AS/RS 自动化立体仓库　　　　　　　ASN 预先发货通知
AM 敏捷制造　　　　　　　　　　　APS 高级计划与定时系统
B2B 企业对企业电子商务　　　　　　B2C 企业对顾客电子商务
BOM 主产品结构清单　　　　　　　　B/L 提单
BPR 业务流程再造　　　　　　　　　B2G 企业对政府电子商务
CM 商品类别管理　　　　　　　　　　CFAR 整合预测和库存补偿系统
CRP 能力需求计划　　　　　　　　　CPFR 连续补偿系统
CRM 客户关系管理　　　　　　　　　CPU 中央处理器
COSU 中远集装箱　　　　　　　　　　COSCO 中国远洋运输公司
CVA 关键因素分析法　　　　　　　　CBM 立方米
CAO 自动订货　　　　　　　　　　　CIF 到岸价
CIO 信息总监　　　　　　　　　　　CRO 知识总监
DO 运送单　　　　　　　　　　　　　DRP 分销需求计划
DC 配送中心　　　　　　　　　　　　EFC 电子化运作仓库
EPCS 事件驱动的流程链　　　　　　　EAN-13 通用商品条形码
EAN-128 贸易单元 128 码　　　　　　EDLP 天天低价战略
EVA 经济上增值　　　　　　　　　　ERP 企业资源规划
EOS 电子自动订货系统　　　　　　　EC 电子商务
EDI 电子数据交换　　　　　　　　　ECR 有效客户反应
EOQ 经济订货批量　　　　　　　　　Extranet 外联网
FQS 定量订货法　　　　　　　　　　FOB 离岸价
FCL 整箱货　　　　　　　　　　　　FEU 40 英尺集装箱
FIS 定期订购法　　　　　　　　　　FIFO 先进先出作业
FMS 弹性制造系统　　　　　　　　　FLT stocker 高架叉车仓库
FGI 产成品库存　　　　　　　　　　FA 柔性自动化
GPO 集团采购组织　　　　　　　　　GSM 短消息服务
GPRS 实时在线短消息服务　　　　　　GDP 国内生产总值
GNP 国民生产总值　　　　　　　　　GPS 全球卫星定位系统
GIS 地理信息系统　　　　　　　　　GSN 货物分发通知单
GB 国家标准　　　　　　　　　　　　GFSS 全球预测和供应关系
GOH 挂衣式集装箱　　　　　　　　　GNS 全球卫星导航系统
HRP 人力资源规划　　　　　　　　　INV 发票

ISO 国际标准化组织
ISCM 集成供应链管理
JMI 联合库存管理系统
KPI 关键指标
LCL 拼箱货
LEO 物流总监
LC 信用证
MR 物料申请单
MPS 主生产计划
NVOCC 无船承运人
OEM 贴牌生产
POS 销售时点系统
PO 采购订单
QC 质量管理
RF 射频技术
ROP 再订购点
SCM 供应链管理
SOP 标准操作程度
SM 店铺货架空间管理
TQC、TQM 全面质量管理
TPL 第三方物流
TEU 标准集装箱、20 英尺集装箱、换算箱
TM 运输管理
VOC 价值链
VL 虚拟物流
VCA 价值链分析法
VE 价值链
WM 仓库管理
WIP 在制品

ITF-14 储运单元条码
IC 信息链
JIT 准时化运作
LIS 物流信息系统
LP 精益生产
LM 精益管理
MRP 物料需求计划
MRPII 制造资源计划
OLAP 在线分析处理
OPT 优化生产技术
PMS 配送中心管理系统
QR 快速反应
RDC 区域分拨中心
RFID 无线射频识别技术
SDR 特别提款权
SRM 供应商关系管理
SCE 供应链整合软件
SCP—matrix 供应链计划矩阵
TMS 运输管理系统
TC 技术链
TOC 约束理论
UPC 通用产品代码
VMI 供应商管理客户库存
VSP 车辆安排程序法
VAP 增值加工
VAN 商业增值网
WMS 仓库管理系统
WWW 万维网

"教学做"一体化的相关要求

1. 从"四大名著"看《供应链管理》的思想（全班封面，共一张）
2. 学生分组要求
3. 从"四大名著"看《供应链管理》的思想（封面，每组1张）
4. 从"四大名著"看《供应链管理》的思想（样本）
5. 小论文的撰写要求
6. 课堂作业（封面）
7. 课堂作业要求

"教学做"一体化

《供应链管理》

之

"从'四大名著'看《供应链管理》的思想"

20__—20__ 学年第__ 学期
____ 级物流管理__ 班
20__ 年__ 月__ 日

学生分组要求

　　分组要求：每组 4~6 人，全班共分 10 组，每组推选组长 1 名，组员要求由男同学和女同学共同组成，一般不主张单一性别同学组成。

　　全班分组名单，放在全班封面的后面；全班分组名单的后面，是 1~10 组已经装订带小组封面的小论文。

　　组员的平时成绩由组长提出，组长的平时成绩由班长、考勤班长与学习委员提出，最终成绩由老师确定。

"教学做"一体化

《供应链管理》

之

"从'四大名著'看《供应链管理》的思想"

20__—20__学年第__学期

____级物流管理__班

第__组

20__年__月__日

从"××××"看《供应链管理》的思想

> 文章标题：三号、中文：楷体、居中、单倍行距

一、《供应链管理》的知识

在教材"×.××××××"中有如下表述：

××。

二、《××××》第××回有如下故事情境

××。

> 小标题：小四号、楷体、两端对齐、加粗、单倍行距

三、我们的理解

1. ××。

> "××××"中的×××代表四大名著名，如《三国演义》。以下同

2. ××。

3. ××。

4. ××。

5. ××。

> 正文：五号、宋体、两端对齐、首行缩进：2字符、单倍行距；不少于4点，每点文字每点字数不少于150字，4行以上

四、给我们的启示

（1）××××××××××××。
（2）××××××××××。
（3）×××××××××。
（4）××××××××，××××××××。
（5）×××××××××，×××××××。

××级物流管理××班
组长：张三
组员：李四、王五、赵一、钱二
完成时间：20××年××月××日
指导老师：×××

页面设置—页边距

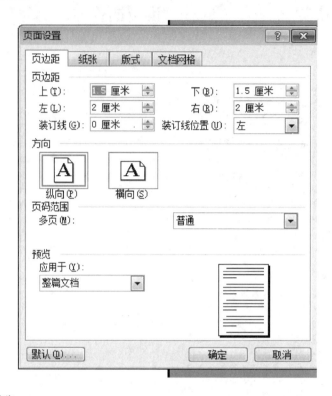

页面设置—纸张

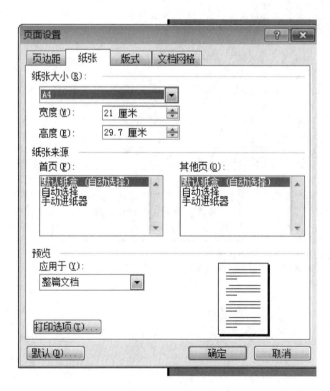

页面设置—版式

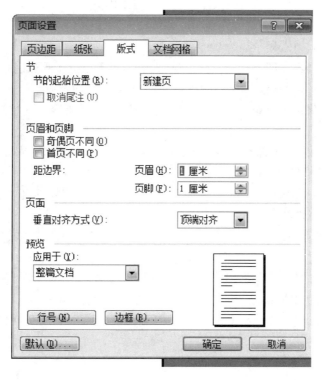

页面设置—文档网格

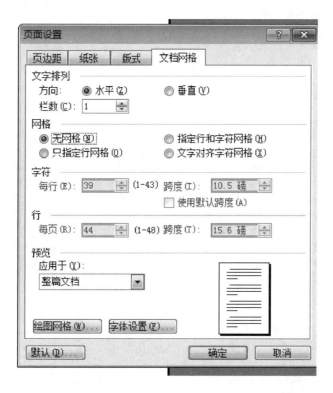

小论文的撰写要求

1. 每小组 1 份，要求用 A4 复印纸打印完成。
2. 内容：读中国古典四大名著（《三国演义》《水浒传》《西游记》《红楼梦》），完成"从'四大名著'看《供应链管理》的思想"的作业。
3. 方式：抽签决定，每组 4 个章节。完成 4 篇 Word 纸质稿，其中选出本组最满意的 1 篇做成 PPT 电子稿。
4. 内容：包含以下四部分：①《供应链管理》的知识，要求字数在 150 字以内；②《××××》第××回有如下故事情境，要求字数在 250 字以内；③ 我们的理解，要求不少于 4 点，每点字数不少于 150 字；④给我们的启示；要求不少于 5 点，每点 1~3 句话概括，字数在 100 字以内。
5. Word 纸质稿要求：① 按照所抽章节完成，每章节 1 份；② 文本正文用 5 号宋体，其余格式按样本格式；③ 文本一般不超过 1 页。
6. PPT 电子稿要求：① 从本组所抽四个章节中选出一个本组最有心得的章节，做成 PPT 电子稿；② 以小组形式上台展示（讲解）。展示时间为 10~15 分钟，由任课老师和其他各小组代表简单点评，各小组（百分制）打分，按去掉一个最高分和一个最低分，然后计算平均分记录在案。

"教学做"一体化

《供应链管理》

之

"课堂作业"

20__—20__ 学年第__ 学期

____ 级物流管理__ 班

20__ 年__ 月__ 日

课堂作业要求

1. 每人1份,要求用A4复印纸,手写完成。
2. 作业内容:(建议作业内容)

P21 简答题 2	P135 简答题 6	P206 选择题 7
P67 简答题 2、5	P155 简答题 2	P225 简答题 5
P100 简答题 8	P187 简答题 6	P239 简答题 2
P121 简答题 6		

参考文献

[1] 马士华，林勇．供应链管理［M］．北京：高等教育出版社，2003．
[2] 马士华，林勇，陈志祥．供应链管理［M］．北京：机械工业出版社，2000．
[3] 赵林度．供应链与物流管理——理论与实务［M］．北京：机械工业出版社，2003．
[4] 阎子刚，吕亚军．供应链管理［M］．北京：机械工业出版社，2003．
[5] 刘伟．供应链管理［M］．成都：四川人民出版社，2002．
[6] 查先进．物流与供应链管理［M］．武汉：武汉大学出版社，2003．
[7] 吴晓波，耿帅．供应链与物流管理［M］．杭州：浙江大学出版社，2003．
[8] 徐章一．敏捷物流［M］．北京：中国物资出版社，2004．
[9] 郭毅，梅清豪．物流与供应链管理［M］．北京：电子工业出版社，2002．
[10] 张继焦．价值链管理［M］．北京：中国物价出版社，2001．
[11] 牛鱼龙．需求链物流：成本与利润［M］．北京：海天出版社，2004．
[12] 乔尔·D·威斯纳，梁源强，陈加存．供应链管理［M］．朱梓齐，译．北京：机械工业出版社，2006．
[13] 戴维·J·布隆伯格，斯蒂芬·勒梅，乔·B·汉纳．综合物流管理入门［M］．雷震甲，杨纳让，译．北京：机械工业出版社，2003．
[14] 宋建阳．企业物流管理［M］．北京：电子工业出版社，2005．
[15] 刘永胜．供应链管理基础［M］．北京：中国物资出版社，2009．
[16] 杨晓雁．供应链管理［M］．上海：复旦大学出版社，2007．
[17] 林勇．供应链库存管理［M］．北京：人民交通出版社，2008．
[18] 张文杰．供应链管理［M］．北京：化学工业出版社，2008．
[19] 杨思远．供应链管理［M］．北京：冶金工业出版社，2008．